图解 精益制造035

工业4.0之3D打印

3Dプリンター

日本日经制造编辑部 著

石露 杨晓彤 译

人民东方出版传媒
People's Oriental Publishing & Media
東方出版社
The Oriental Press

目录

04 智能生产（3D 技术在工业生产过程中的应用）

05 3D 设计

06 3D打印新产品开发

07 价格与成本革命

08 未来商业模式

09 3D打印+医疗

10 3D 打印 + 印刷技术

11 3D 打印与商业伦理

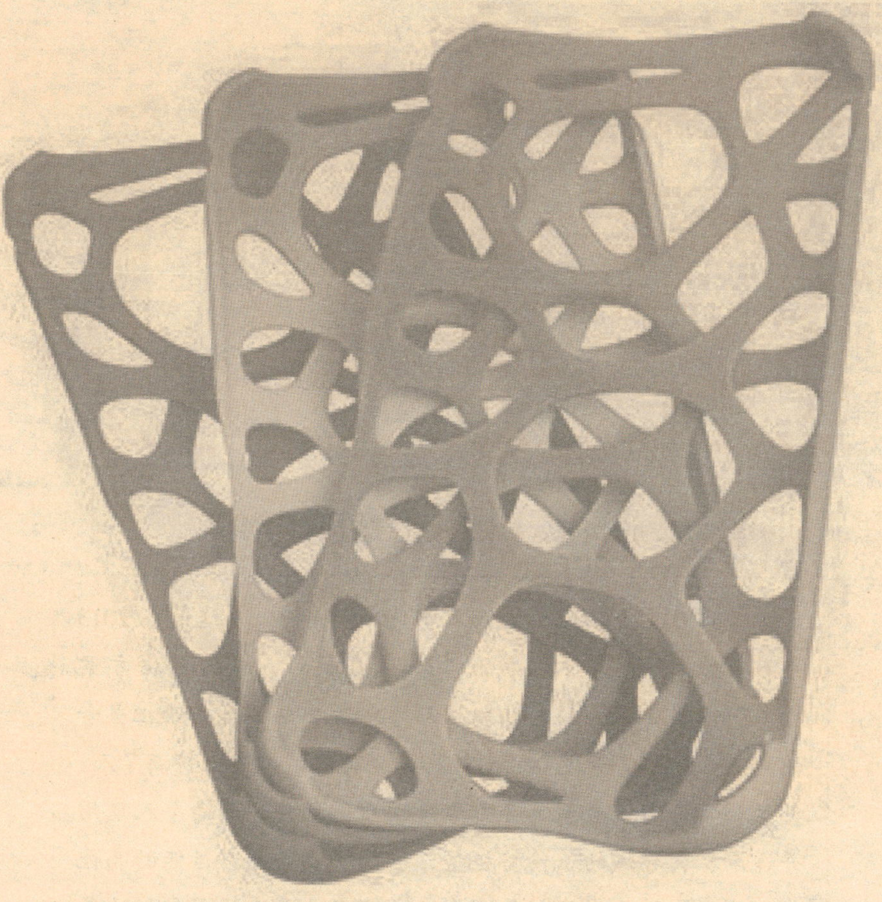

01 制造业 3D 打印应用新趋势

随着人们对 3D 打印机所持观念的变化，以及 3D 打印机设备、材料性能、功能的进步，3D 打印机的应用范围也随之扩大了。本章节将介绍 3D 打印机在制造业中呈现的应用趋势。

能令人着迷的 3D 打印机

▶ 魅力篇“设计、制造解决方案展（DMS 展）”现场报告

▷▷ 树脂、纸、金属等，多样化的造型用材料

“与 2012 年相比，到场人数增加了两倍。”这是在 2013 年 6 月 19 日—21 日举办的“第 24 届设计、制造解决方案展（DMS 展）”的 3D 打印机区域参加展出的许多企业担当者的同感。加上拿着设备的电视台的媒体人，过道上挤满了人，甚至到了连看见展示物品都十分困难的程度。面向个人使用并逐渐扩大领域的低价格机型，包括提高了材料性能的高性能机型在内的几个刚销售不久的新产品，各个公司积极地展出各自公司的产品。作为造型用材料的不仅仅有树脂，还出现了一种以纸为材料的 3D 打印机，能够制造金属零件和金属模型、砂铸模型等的 3D 打印机也吸引了参展者的眼球。

▶ 低价格 3D 打印机引关注

这次展出中最受关注的，是从十万日元到五十万日元的低

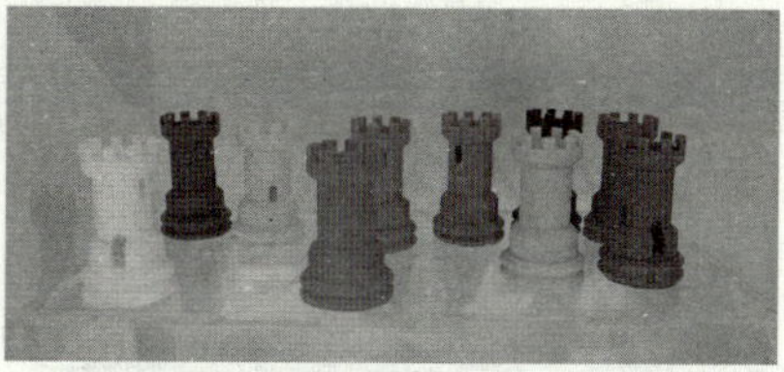

图 1-1 美国 3D Systems 公司的 3D 打印机“Cube”（见左图）和由它制作的立体模型（见上图）：虽然最大造型尺寸很小，只有 140 毫米 ×140 毫米 ×140 毫米，但因其十六万日元的低价格，且具备了五种本体颜色的变化功能，购买的个人用户很多。该公司还分别准备了十六种颜色的 PLA 和 ABS 材料。

于一百万日元的价格区间带的 3D 打印机。这些 3D 打印机采用的是由内置发热可移动喷头，通过喷出 PLA（聚乙烯乳酸）或 ABS（丙烯腈–丁二烯–苯乙烯共聚物）等热可塑性树脂线材，实现造型目的的方法。

这其中的代表，是美国 3D Systems 公司在 2013 年 6 月发售的低价格机型“Cube”和“CubeX”（如图 1–1）。关于价格，最大造型尺寸较小为 140 毫米 ×140 毫米 ×140 毫米的 Cube（一个喷头），售价十六万日元；最大造型尺寸比 Cube 各边都大 100 毫米左右，可选一到三个搭载喷头的 CubeX，售价为四十万至五十万日元。这两款销售状况都很好。

该公司的日本法人 3D Systems Japan（本公司位于东京）在这次展会上与几个代理店共同设置了很大的展台[①]，展示了数台

① 具体是与 iGUAZU、SOLIZE Products、东朋科技、武藤工业共同出展的。

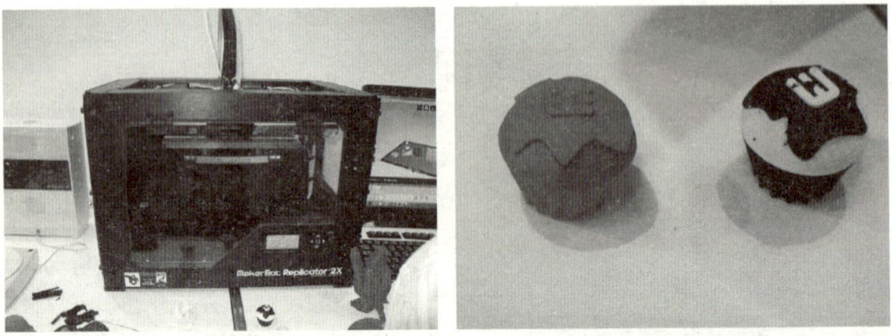

图 1-2 美国 MakerBot 公司的产品“Replicator2X”（见左图）和由它制作的立体模型（见右图）：配置了两台打印机喷头，可以制作出由两种颜色构成的立体模型。在打印机的前面、侧面和上面设置了低端机型所不具备的覆盖物（照片是拿下覆盖物后的样子），用来减轻冷却不均的状况。

Cube 和 CubeX 和由它们制造的模型。该公司还向参展者演示了 3D 打印的实际操作过程，吸引了大批参展者。

低价格 3D 打印机的首席生产商美国的 MakerBot 公司的产品“Replicator2”和“Replicator2X”是由该公司的正规代理店——日本 Binary（本公司位于东京）展出的（如图 1-2）。MakerBot 公司生产的 3D 打印机累计销售台数突破了 22000 台，而 Replicator2 的销售台数更是在不到九个月的时间里达到了 11000 台。DMS 展会期间，在美国和以色列设立总公司的 Stratasys，宣布在 2013 年 6 月 19 日收购 MakerBot 公司[①]。

Replicator2X 是该公司在 2013 年 1 月刚发布不久的新机型。拥有两个造型用喷头，可以制作出由两种颜色材料组成的模型。

---

① MakerBot 是 Stratasys 公司的子公司。预计于 2013 年第 3 季度完成合并工作。MakerBot 公司在 2012 年的销售额为 1570 万美元，2013 年度的第 1 季度销售额就达到了 1150 万美元。

▶ 各公司争相竞争可用树脂材料的物理性质

说到以树脂为造型用材料的高性能 3D 打印机，Keyence 公司在本次展会上展出了于 2013 年 6 月 18 日发售的新机型 “AGILISTA-3100”（如图 1-3）。通过喷墨喷头喷出光硬化性树脂材料，并用紫外线（UV）灯照射使树脂硬化形成断面形状，AGILISTA 就是通过这种方式实现造型目的的 3D 打印机。Keyence 公司是现今唯一研发这种制造方式的日本生产商。

AGILISTA 的最小基层厚度仅为 15 微米薄，还使用了可溶于自来水的支持材料。AGILISTA-3100 同时改良了使用材料和机械，提高了薄片模型和精密边缘部位的再现性，能够制作更高精细的模型。而呼吁要丰富 3D 打印机使用树脂种类的，正是宣布收购 MakerBot 的 Stratasys 公司。该公司是在 2012 年 12 月

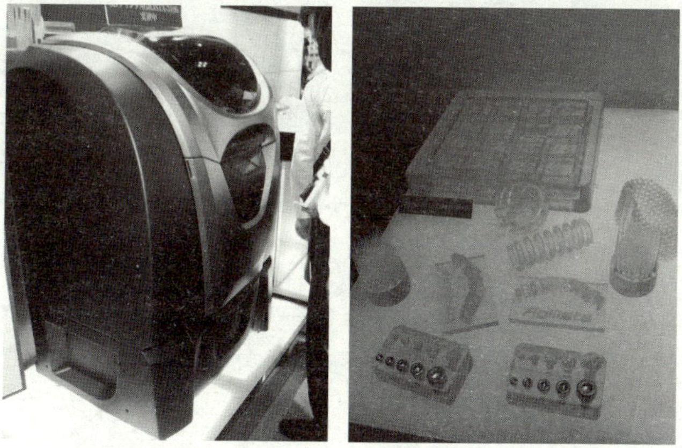

图 1-3 Keyence 公司的产品 “AGILISTA”（见左图）和由它制作的立体模型（见右图）：AGILISTA 所使用的树脂兼备强度和韧性，也可以用作弹簧和螺纹孔。在研发新机型 “AGILISTA-3100” 时，提高了它对立体模型细微部分的再现性。

与原美国 Stratasys 公司、原以色列 Objet 公司合并后的新厂商。以新生 Stratasys 公司的身份第一次参加 DMS 展，该公司展示了使用热可塑性树脂的原美国 Stratasys 的 3D 打印机，以及使用光硬化性树脂的原 Objet 公司的 3D 打印机制作的模型，呼吁要扩大可实现的材料的性质，以及可制作的模型大小等变化范围（如图 1–4）[①]。

例如 Stratasys 公司的 3D 打印机“Connex”系列能把多种树脂混合在一起制作模型，同一位置能够喷出不同树脂材料来创造出新型属性的材料 。还可以靠使用部分透明的树脂让模型具

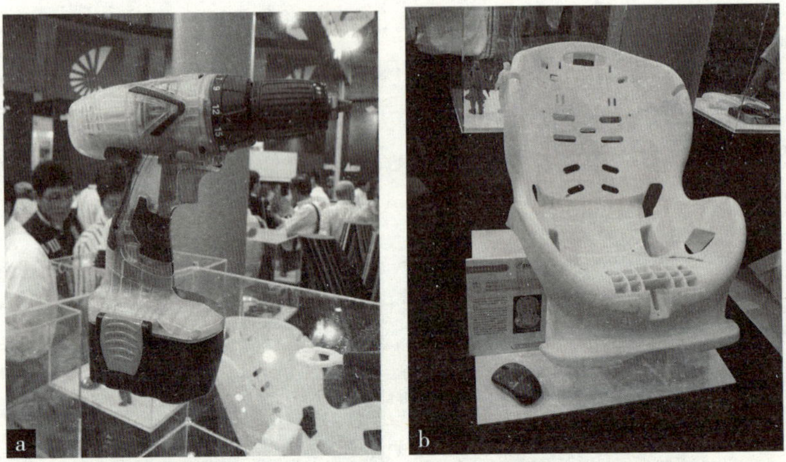

图 1–4 用 Stratasys 公司的 3D 打印机制作的立体模型：“Connex” 系列 3D 打印机因为可以用喷墨喷头喷出数种材料，所以能在一个立体模型中混入不同性质的材料（a）。“Fortus” 系列可以使用具备出色强度和耐热性的热可塑性树脂，其中最高端的机型具有能够制作出实物大小的儿童安全椅的大型造型区域（b）。

① Stratasys 公司根据用途的不同，将产品阵容分类到“Idea”“Design”“Production”三个范畴里。原 Objet 的产品全部划分到 Design，而原 Stratasys 公司的产品则主要被分类在 Idea 和 Production 里。

有橡胶一般的性质。

另一方面，该公司的3D打印机“Fortus”系列不仅可以使用ABS树脂材料，还可以使用具备出色强度和耐热性的工程塑料。具体来说有约140度耐热性的PC（聚碳酸酯树脂），兼备了更高耐热性（约200℃）和耐药性的PPSF（聚亚苯基），阻燃性高的PEI（聚酰亚胺）等材料。

通过激光扫描硬化光硬化性树脂，也就是所谓的采用了光造型法的3D打印机，所使用的材料也在不断改良。比如CMET公司（本公司位于横滨市）展出的就是使用了由高强度且高透明度、高韧性的新型材料所制作的模型（如图1–5）。

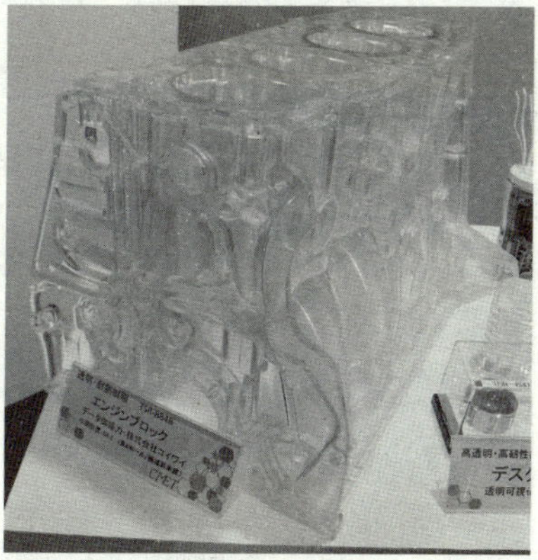

图1–5 CMET公司展出的用高透明性树脂材料制作的模型：为了响应希望看到试品内部的这种需求，提高了立体模型透明度。

现在，作为3D打印机造型材料主角的是树脂。不仅可以用于制造实际产品，还可以通过其他的加工方法达到应用的目的。虽然并不包含所有的树脂，但每年可以用在造型方面的树脂种类在增加。

▶ 使用普通纸张进行低成本造型

使用树脂材料以外的材料，进行造型的3D打印机也吸引了不少目光。使用虽然特殊但成本低的普通纸张为制作材料的

3D 打印机登场了。JBM（本公司位于东京）展出的是由爱尔兰 Mcor Technologies 公司生产的“Mcor IRIS”（如图 1-6）。JBM 公司预计在 2013 年 8 月开始在日本市场销售这款 3D 打印机。

说到积层用纸，利用普通的二维彩色喷墨打印机需要预先印刷出断面形状，才能制作全彩色模型。而一直以来能够直接制作出全彩色模型的 3D 打印机，只有 3D Systems 公司生产的“ProJet x60”系列①。

Mcor IRIS 首先使用彩色喷墨打印机把造型用纸（普通纸）全部印刷完并准备出来。具体来说就是印刷出相当于造型物表面的部分（轮廓线），以及积层时对位用的标记。

再将使用喷墨打印机上色后的纸，按照将造型物最下一层放到最上面的顺序进行叠放，造型时从上面开始每一张纸的造

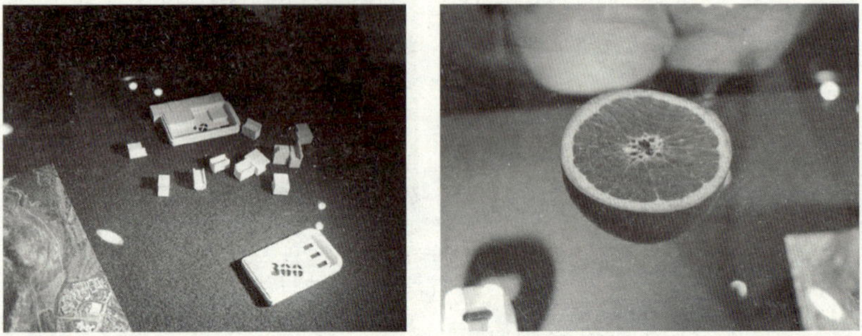

图 1-6 采用积层普通纸张方式的 3D 打印机“Mcor IRIS”制作的全彩立体模型：将积层前的纸张通过喷墨打印机进行上色，可以制作出全彩色立体模型（见左图）。右边的照片为造型后正在去除多余部分的情景。

① “ProJet x60”是采用将石膏类粉末用彩色黏合剂固定的方式的 3D 打印机。以前叫作“ZPrinter”系列，但在 2013 年 5 月强化机器性能后改变了名称。这届 DMS 展上是其首次参与实体机的展出。

型区域都会被移动。这时，因为参照前面所述的标记来决定位置，所以可以确保轮廓线相对位置的精确度。

运送到造型区域的纸张，首先会被切削工具切断轮廓线，之后被涂满黏合剂[①]。

以这种状态将下一层上的纸运送到造型区域叠加并压实固定。通过重复这个过程实现制造立体模型的目的。

▶ 烧结金属粉末

这次展览还展出了许多能够直接制作金属零件的3D打印机和其制作的立体模型。实际参与展出的，是NTT数据工程系统（本公司位于东京）凭借德国EOS公司的3D打印机制作的样本（如图1–7），以及CKB（本公司位于东京）凭借德国Concept Lazer的3D打印机，HTL（本公司位于东京都立川市）凭借瑞典Arcom公司的3D打印机分别制作的立体

图1–7 用3D打印机“EOSINTM”制造的金属零件：通过激光烧结镍合金粉末材料制作而成。

---

① 切断时除了轮廓线，模型（断面形状的轮廓）之外的部分也要被刻上痕迹。这是为了方便制作结束后取出模型，也就是为了方便去除模型以外的部分。要在与纸张表面相接处、周围带有突起的小圆板状零件上涂满黏合剂。在突起附着黏合剂，一边慢慢地转动圆板一边往纸上压。在纸张表面带记号的点上涂满黏合剂。

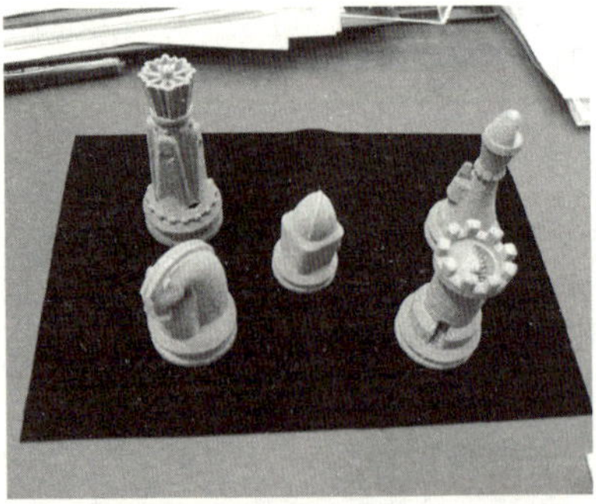

图 1–8 ASPECT 公司展出的金属零件样本：烧结树脂粉末方式的 3D 打印机已经被产品化了，现在能够以金属粉末为材料的 3D 打印机的研发正在进行之中。

模型。

国内生产商的 ASPECT（本公司位于东京都稻城市）也展出了由研发中的“RaFaEl V”系列 3D 打印机制作的金属零件样本（如图 1–8）[①]。该公司已经把以树脂粉末为材料的 3D 打印机产品化，现在更是把使用钛合金等金属粉末的 3D 打印机产品化作为目标。

虽然 DMS 展的 3D 打印机区域并没有设立展台，但松浦机械制造所的 3D 打印机还是引起了参展者的关注（如图 1–9）。在 DMS 展之前，报纸上就登载了松下电器使用松浦机械制造所的打印机装置来制作量产零件用的金属模型，因此前来咨询的人骤增。

图 1–9 松浦机械制造所参与展出的金属模型的加工样本：左侧的是由该公司独创的程序以及切削加工制作的样本。右侧的是只由积层造型制作的样本。

① 新能源、产业技术综合研发机构（NEDO）的“下一代激光原料加工技术研发计划”，由“下一代激光原料加工技术研究所（ALPROT）”亲自参与研发工作。ASPECT 作为 ALPROT 的一员参与其中。

这款 3D 打印机在积层制作过程中，采用了与机床的切削加工相结合的特殊方法。因此可以得到表面平滑且精确度高的立体模型。

能够制作金属模型的 3D 打印机，基本上是通过激光或电子射线烧结金属粉末来制作模型的断面形状。据说在国外，不断涌现出了使用 3D 打印机制作真正金属零件的用户。

▶ 制作蜡质模型和砂铸模型

想要用 3D 打印机制作金属零件的话，就要先用 3D 打印机制作出金属零件的铸造用模型，这个方法正在普及中。这次展会上，多个公司不仅展出了能制作精密铸造用的蜡质模型的 3D 打印机，还展出了由能制作铸造用砂铸模型的 3D 打印机制作的模型①。

例如田边研电（本公司位于东京）展出的专门制作蜡质模型的 3D 打印机“3Z Pro”（如图 1-10）。由喷墨喷头把融化的蜡喷在断面形状的部分不断叠加积层。每次当蜡积层到一定程度时就会被切去指定的厚度，重复这项制作工程就可以制作出高精确度的蜡质模型。另外，XY 轴方向的分辨率更是高达 5000×5000dpi。

为了提升国内制造业的竞争力，一项研发可制作砂铸模型

---

① 作为能够制作砂铸模型的 3D 打印机，ExOne（本公司位于小田原市）展出了用 2013 年 6 月发售的新产品“S-Print HHS”制作的砂铸模型。S-Printer 可以将碱性酚醛树脂作为黏合剂的材料。

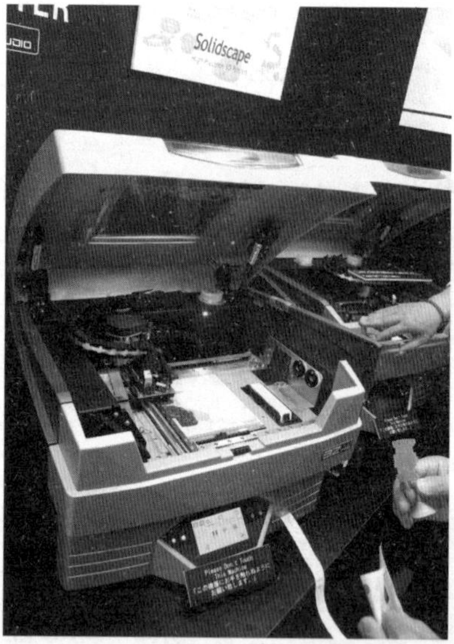

图 1-10 以蜡作为材料的 3D 打印机“3Z Pro”（见左图）和由它制作的立体模型（见右图）：先使用 3D 打印机制作蜡质模型，再通过紧密铸造工艺铸造出金属零件。右侧照片中前面的就是蜡质模型，后面的则是通过精密铸造工艺铸造出的金属零件。

的 3D 打印机的国家计划已经展开了。今后 3D 打印机在这个领域的应用会更加广泛。

低价格 3D 打印机能够在国内进行气势上的反击吗?

本文中所介绍的像“Cube”“CubeX”和“Replicator 2”那样，采用边熔解边喷出树脂线材的制作方式的 3D 打印机，现如今占据了低价格机型的主流市场。然而这些 3D 打印机的生厂商几乎都是国外的势力，日本企业的话，现在只有 Hotproceed（本公司位于福冈市）一家公司的产品“Blade-1”在孤军奋战着。

其中，OpenCube 公司（本公司位于横滨市）研发出了装置本身售价为十八万日元（不含税）的 3D 打印机“SCOOVO

C170”，并于 2013 年 7 月发售[①]。以 PLA(聚乙烯乳酸)的长纤维作为材料。最大造型尺寸为高 175 毫米 × 宽 150 毫米 × 纵深 150 毫米，最小积层厚度为 100 微米，配置了一个喷头。采用 1.2 毫米厚的钢板用于机箱构架，引导打印喷头和造型台移动的轨道则是用铝合金制作而成的。以此确保各部分的刚度，还能提高精确度的稳定性。

SCOOVO C170 还附带一年免费保修。该公司的设计团队在日本设立据点，并且因为大部分零件由日本制造，所以零件在国内工厂组装，免费保修期结束后的售后服务和购买后对应用户的咨询回答也能做到迅速准确，这一项国外生产制造的 3D 打印机所不具备的优势充满了吸引力。该公司还提供独立研发的造型用软件“SCOOVO Studio”，以及日语书写的使用说明。

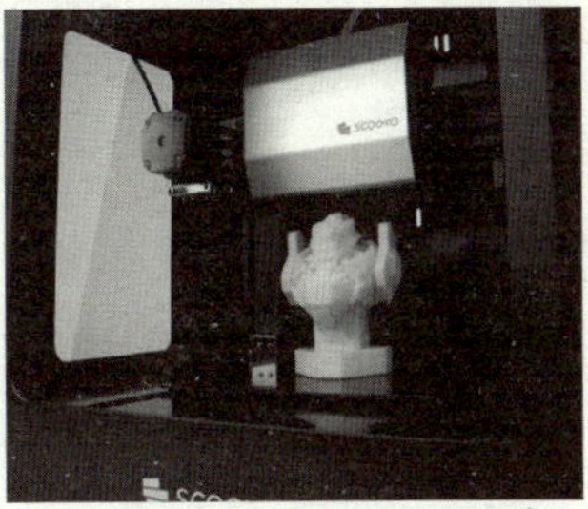

图 1–11 Open Cube 公司研发出的 3D 打印机“SCOOVO C170”：使用说明和操作软件的菜单均采用日语书写，使用简单。并因为零件在国内制造，所以修理和售后服务也能迅速执行。

① SCOOVO C170 除了 3D 打印机本体外，还配置了 120 瓦的专用适配器、传输文件数据用的 USB2.0 A–B 类型电缆、一卷 PLA 长纤维（白色、1 千克），以及硬件保修书。USB 的储存器中，收入了造型用软件“SCOOVO Studio”和使用说明书的数据，还有测试用 3D 数据（STL 文件）。装置本身的外形尺寸为高 404 毫米 × 宽 376 毫米 × 纵深 333 毫米，重量为 15 千克。关于材料价格，一卷 PLA 长纤维每千克售价是 4000 日元（不含税）。可选的丙烯制安全配电板（三件组合）售价是 1 万日元（不含税）。

▶ 使用篇“CubeX”操作体验报告

▶▶ 设定的优劣会影响造型品质

十万日元就能购买的低价格使得3D打印机成为了非常贴近生活的装置。今后在制造业中，“设计者一人一台”的时代也有可能会到来。但是，3D打印机与已经普及的家用喷墨打印机不同，一定程度上的事前准备和事后处理是十分必要的，操作设定也会改变模型的品质。因此记者亲自尝试使用了3D打印机。

▶ 首先使用样品数据进行制作

这一次记者挑战的是美国3D Systems公司的产品“CubeX”（如图1–12）。它是2013年6月刚出厂不久的新产品。虽然四十万到五十万日元的售价对个人用户来说也不便宜，但据说还是有大量订单纷至沓来。于是记者从销售代理店之一的武藤工业借来了实体机，并亲自操作3D打印机进行了制作。

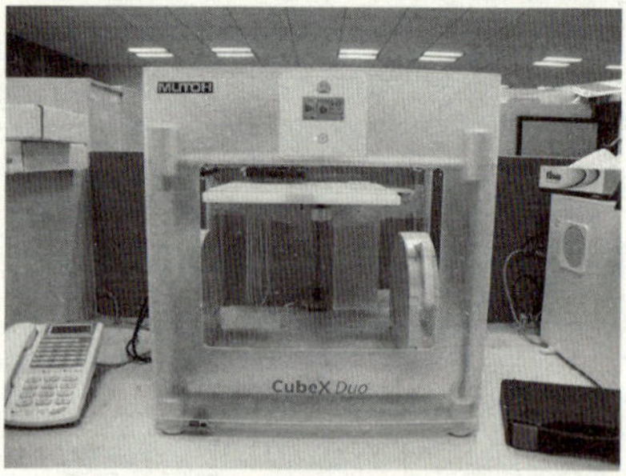

图1–12 操作体验用的3D打印机“CubeX”。

原本是需要做从包装中取出并除去防止运输时破损的缓冲材料、安装材料管芯和装置台（装载模型的板子）等的准备工作的，但这次只能放弃这些安装作业了。装置附带工具箱，像这样需要工具的安装作业也不在少数（如图1–13）。

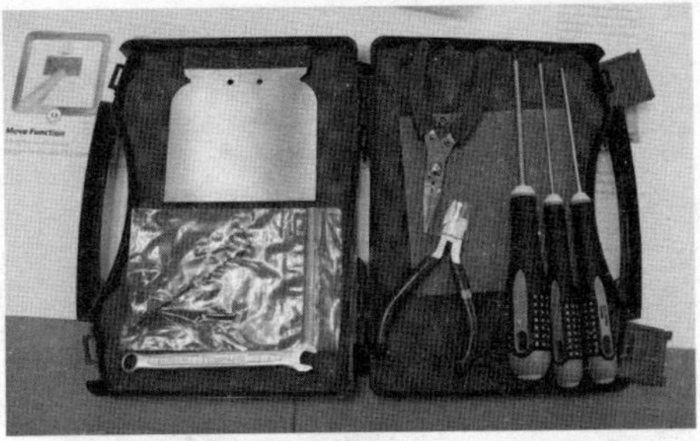

图1–13 附带的工具：不仅是分离装置台与模型、切断线材等制作过程中，机械的调整等也需要工具。

言归正传，要开始制作，3D数据是不可少的。附带的USB储存器中装入了几个测试用数据，所以先使用其中之一（螺旋桨数据）进行了制作。直径约34毫米，高约29毫米。

测试用数据以STL的形式被保存，直接被3D打印机读取但不进行机械动作。这是因为必须要把机械动作转换为控制代码。因此，把附带的转换软件安装进电脑并启动，就能读取目标STL文件了[①]。

这时画面上就会呈现出装置台的形状和装载在台上的红色3D模型（如图1–14）。虽然方向和位置是自动调整的，但若想改变大小的话，也可以使用画面上方的菜单来进行平行移动、旋转、扩大、缩小。

方向和大小没有问题的话，就点击“Build”按钮。这时会显示出一个弹出窗口，在这里选择积层厚度、密度、被称为“铸型”根基部分的有无以及材料等。这次的基层厚度为0.1毫米、密度为最高等级的第四等级，没有选择根基。设定结束后，

① USB储存器中存入了电脑安装程序。从美国3D Systems公司的网站“Cubify”上也可以进行下载。

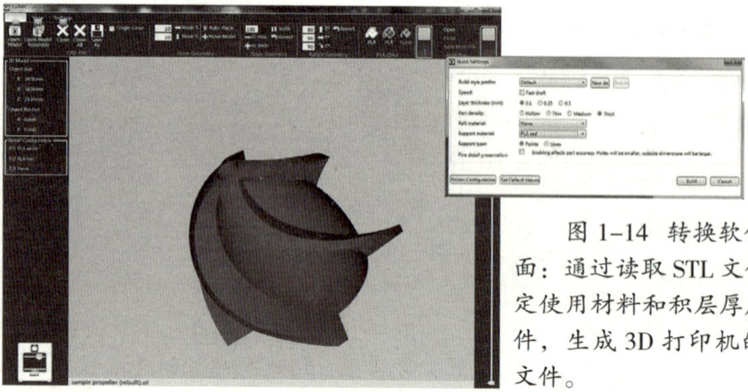

图 1–14 转换软件的画面：通过读取 STL 文件并设定使用材料和积层厚度等条件，生成 3D 打印机的操作文件。

在弹出窗口的右下方按下“Build”按钮，STL 数据就会按照之前所设定的条件计算断面形状，并进一步被转化为能控制现实打印机喷头动作的数据[①]。这个数据作为拓展名为“cubex”的打印机文件被存入 USB 储存器。

▶ 开始制作

把已经存入文件的 USB 储存器插入 3D 打印机正面左下方的插口。虽说选择目标文件就能开始制作，但在此之前还需要一项准备作业。为了让第一层的树脂牢固地黏在一起，事先要涂装置台附带的胶棒。因为之前在数据转换时已经显示出会在操作台上

---

① STL 数据只表示 3D 形状的表面（边界）的信息。为了让 3D 打印机运作，将 3D 形状作为断面形状（片状数据）的集合体来表现的同时，各断面形状是怎样用材料填充的这类信息也很必要。具体来讲，就是喷出材料的喷头是由什么样的路径和什么样的速度进行活动，树脂的温度和喷出量是怎么决定的这些操作信息。

的哪个位置制作，因此只要在差不多的位置涂上大致的宽度就可以了。

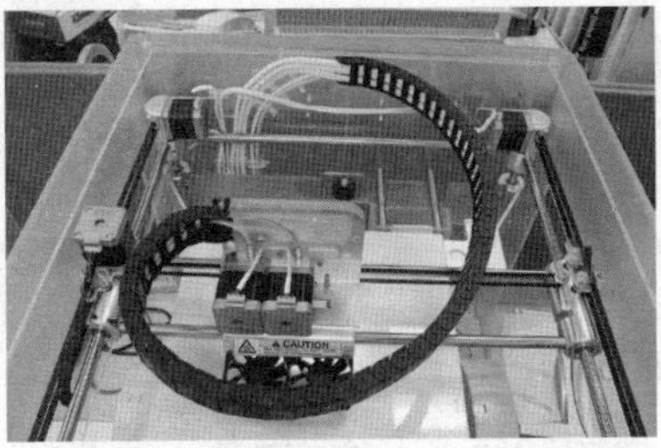

图 1–15 开始制作后的 3D 打印机（从上方看装置时）：位于中央的是喷头部位，可以前后左右移动。

装置台准备就绪后，从装置正面上方触摸屏的“Print”菜单中选择目标文件，制作就会开始。

喷头的温度逐渐上升直至达到所设定的温度就会移动到制作区域，慢慢地叠加红色的树脂（如图 1–15）。

这次制作的模型设定为积层厚度小密度高，因此制作大约需要一个半小时时间。图 1–16 为每十分钟对模型的积层状态的

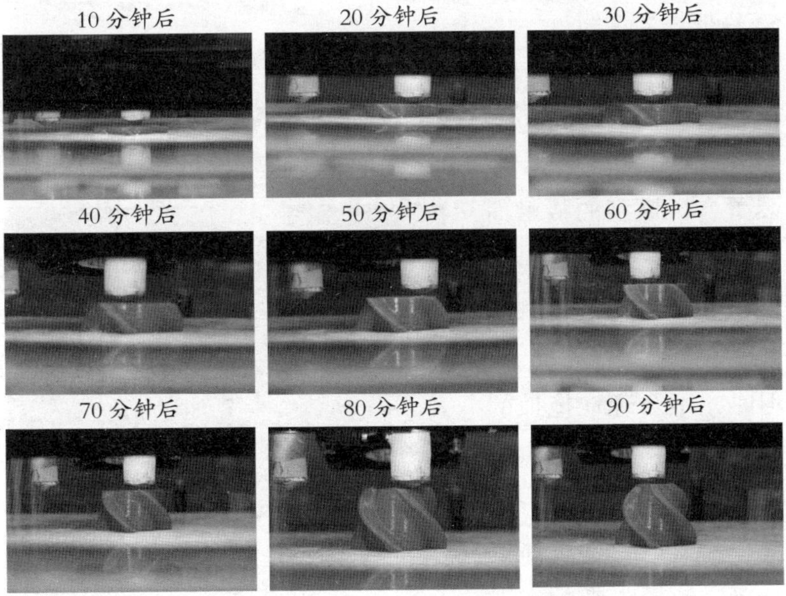

图 1–16 积层过程中的模型：差不多每隔十分钟进行一次摄影。可以逐步了解积层是怎样进行的。

拍摄结果。为把内部全部涂抹上，喷头基本上是沿着断面形状的轮廓线进行移动。断面面积小的话，涂抹一层所需要的时间也会减少。

喷头的活动最具特色的，就是开始制作后立刻进行的步骤（底部），以及临近结束（顶部）时的活动。可能是为了加大底部与装置台的黏着力，因此使用较高的温度来制作。之后，一旦喷头退避就稍稍降低温度，开始制作下面的积层。

顶部的话，可以看出每完成一层的制作，喷头都会进行退避活动。因为断面面积小，刚制作完的树脂温度不会一下子下降，或许是需要等待温度的变化。

▶ 从装置台上取下

制作结束后，装置台向下移动并停止。将被固定住的模型从装置台上取下，把模型分离（如图 1–17）。虽然这也是根据装置台、模型的接触面积、胶的涂抹方式决定，但仅靠手就能简单剥离开的情况也不是没有。但是，不合理地拖拽的话，好不容易制作出来的模型就会被损坏。

图 1–17 从装置台上分离模型：将金属铲刀插入装置台与模型间的空隙进行分离。黏合过于顽固时，边使用温水熔解胶边作业就能轻而易举地分离开来。

所以记者这次谨慎行事，使用附带的小刀状的工具（刮刀）把模型分离开来。将工具的顶端插入装置台与模型之间的空隙，慢慢地向里侧钻入，某个位置就能慢慢脱落。过分施加力的话，黏着面剥离开的瞬间势头过猛，就会造成模型飞散，这一点必须要注意。

指南上所写的模型分离的最佳方法，步骤是把装置台整个浸入温水中让胶融化，之后再使用工具进行分离。实际上，每次制作结束后都必须用水除去装置台上残余的胶（如图 1–18）。这个时候是分离装置台与模型的好时机，因此应该不会太费工夫。

图 1–18 用温水洗净装置台：模型制作结束后需要用流动水冲洗掉附着于装置台表面的胶。仅靠温水冲洗并用手轻轻擦拭就能把胶轻松除去。

尝试改变积层厚度

经过这些过程后，所制作出来的模型，虽然顶部的形状被稍微挤压，但大致上也做到了如实将 3D 模型实体化[①]。接下来尝试制作了同种形状下不同设定条件的模型（如图 1–19）。具体的不同就是把基层厚度由原来的 0.1 毫米增加到 0.5 毫米。

① 虽然螺旋状叶片的部分稍微有些拱起形成了突出处，但这也是完全靠自己制作出来的。

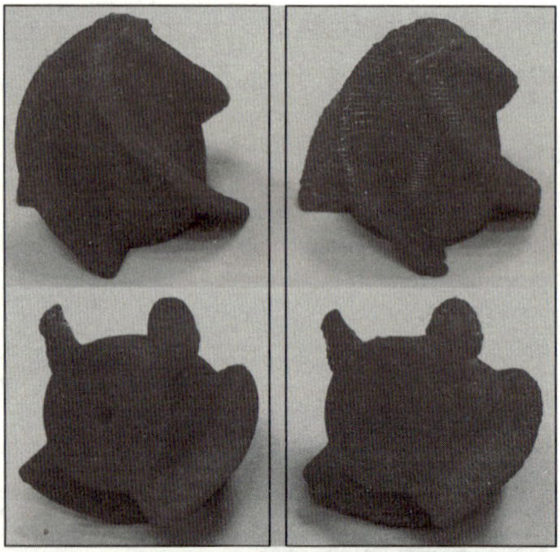

图 1–19 积层厚度的差异：左侧是积层厚度为 0.1 毫米的模型，右侧是积层厚度为 0.5 毫米的同样形状的模型。

虽然乍一看像是几乎一样的形状，但仔细看会发现积层厚度为 0.5 毫米的模型，积层的间隔较大。模型顶部的还原性比积层厚度为 0.1 毫米的还要差。但相应的，制作时间也由之前的约一个半小时大幅缩短到了十六分钟。

记者还把积层厚度试着设定为 0.25 毫米，根据用户想要的精确度、还原性来制作形状，来决定积层厚度怎么设定。掌握这些技巧很有必要。

▶ 制作原型的形状

既然仅制作样本数据的模型少些乐趣，不妨试着制作一些独创的模型形状。其实，CubeX 附带的名为“Cubify Invent”的 3D 模拟制造软件就可以实现从零开始定制 3D 模型。但是需要很多与模型制造相关的知识[①]。记者虽然想尝试挑战制作，但怎么也不能顺利制作出完全独创的形状，只好放弃了。

① 虽然附带了与 3D 打印机装置本身、转换软件相关的日语指南，但并没有附带与 Cubify Invent 有关的指南。

图 1–20 可以定制 3D 模型的网站应用程序：能够在事先准备好的形状上自由地安置文字。

因此记者决定使用一个叫作“Cubify”的网站公开的 3D 模型制作应用程序。具体来说，这个应用程序可以按需求定制货物上张贴的标签[①]。选择基本形状，在此基础上添加各种装饰。

记者选择了传统长方形作为基本形状，并尝试在上面排列英文字母“NIKKEI MONOZUKURI”（如图 1–21）。因为可以选择的文字大小有限，虽然一行容纳不下“MONOZUKURI”这几个字母，但还是设法把它安置在了两行。这份数据可以以 STL 形式保存，通过前面所提到的转换软件读取，就能使用 3D 打印机进行制作了（如图 1–21）。

字母的部分很清晰，也着实确保了文字间的空隙。其实，

① 直至保存数据的前一个阶段，谁都可以自由使用，但要保存数据的话，就必须通过登陆 Cubify 的用户。

在用转换软件读取网站应用程序所制定的 STL 文件时，模型的大小扩大了两倍。由宽 50 毫米 × 纵深 25 毫米 × 高 4.5 毫米变为了宽 100 毫米 × 纵深 50 毫米 × 高 9 毫米。

图 1–21 制作完成的原始标签："NIKKEI MONOZUKURI"的文字部分大致能够被正确地制作出来。

虽然最初是在读取 STL 文件后，原封不动地转化并制作模型，但文字的部分受到了挤压。把基层厚度减少 0.1 毫米后，也是一样的结果，因此，把与制作装置台平行方向（XY 方向）的分辨率、积层方向（Z 方向）视为是独立的这种思考方式似乎比较好些。

▶ 慎重进行设定

像这样改变设定条件，反复制作找出差异，但最后以失败告终的也不在少数。反省制作的失败之前，作者认为最重要的，是调整喷头活动平面与装置台的平行度，以及装置台与喷管的间隔。虽然在指南中写到要在最开始做调整，但经历了失败后才能明白它的重要性。

首先来调整喷头的活动平面与装置台的平行度。也就是当喷管在 XY 方向移动时保持装置表面与喷头（喷管顶端）之间的间隔不发生变化。这一步的调整失败的话，根据断面形状的位置厚度会发生变化。

3D 打印机具备确认平行度的功能。在触摸屏中选择这个功能，喷头就会分别在装置台四角边停留边移动。这是为了观察处于四个角落的喷头与装置台之间的间隔，从而确认是否处于倾斜状态。如果有倾斜的状况出现，只要转动支撑装置台的螺栓来进行调整就行了。

调整完平行度后，就该进行装置台与喷头之间间隔的微调整了。二者间隔太大的话，就会导致第一层的树脂不能固定在装置台上，而制作还在继续；间隔太小的话，喷管顶端好不容易造型的树脂就会受到缓冲。

这部分的调整按照指南，通过上下移动3D打印机装置台来实现。首先缓慢抬升操作台，轻轻触碰到喷头时停止。紧接着下降0.1毫米来确保有存在的空隙。

当然，记者在最开始时就想进行这项调整，但好像有些乐观了。实际上，第一层树脂还没有接触到装置台时就剥落了，此外一旦积层的树脂碰到喷头就会被破坏，这样的故障也屡次发生。

因为有像这样伴随着艰苦恶战的操作体验，所以无法掌握最开始计划的全部制作过程。其实还准备了3D扫描钥匙圈后的原始数据，但因过于复杂，作为初学者的记者，也是束手无策。

虽然条件的设定并不是那么复杂，但机械调整等会对制作的成功与否，以及品质产生巨大的影响。通过这一次的操作体验，记者深切感受到必须要积累使用技巧。

“EuroMold 2013”：最新型专业 3D 打印机盛况

2013 年 12 月 3 日—6 日，在德国的法兰克福会展中心，举办了展出模具的“EuroMold 2013”展会。3D 打印机[①]是该展会上近几年备受关注的产品对象。在以德国为代表的欧洲国家，使用金属等材料生产专业 3D 打印机的制造商很多，而且所生产的 3D 打印机的功能日趋强大，可灵活广泛地用于打印实际产品等多种场合[②]。在此次 EuroMold 上，更加致力于提高产品的生产性能，如增大最大成型尺寸及缩短成型时间等各项指标，并且进一步投入产品适用的新材料（如表 1）。

▶ 一次性投入六种新机型

此次发布新产品最多的首推美国 3D Systems 公司。实际上共计十二个品种（包括六种新机型以及六种新材料）。其中，

---

① 尽管本文将该产品写成 3D 打印机，但 EuroMold 展会将其划分到“Additive Manufacturing”（附加制造）一类。

② EuroMold 也展出了面向消费者的产品。但在 2014 年 1 月，在美国拉斯维加斯举办的“CES2014”展会上，更多发布了面向消费者的新产品。

"ProX"系列产品增加了三个新机型。这些新产品的特点不在于演示特定的成型方法，而主要和被用作制造设备的高级机型通用。

具体为"ProX 950"采用了光成型系统，其原理为利用激光扫描光硬化性树脂液面，成型尺寸的宽度可达到1.5m（以前的机型为"iPro"系列）。"ProX 500"则是属于激光烧结粉末材料类型的3D打印机，尽管是小型机，激光的输出功率已提高到100W，并且加快了成型的速度（以前的机型为"sPro"系列）。该公司于2013年收购了法国Phenix Systems公司的产品，将其重新注册成使用金属材料的3D打印机新品牌"ProX 300"。

表1 在"EuroMold 2013"展会上发布的主要3D打印机相关产品

制造商名称	产品名称	简介
3D Systems 公司	ProX 950	采用激光扫描光硬化性树脂液面的光成型系统。可打印宽度为1.5m的大型立体模型。最大成型尺寸为1500mm×750mm×550mm，最大成型质量为150kg。
	ProX 500	属于烧结树脂粉末材料类型的3D打印机。并提供新材料"DuraForm ProX"。
	ProX 300	原型为法国Phenix Systems公司的产品，由3D Systems公司收购后重新品牌化。Phenix Systems公司的其他产品也都变更成"ProX 100""同200"等名称。
	ProJet 4500	从喷墨嘴挤喷出黏合剂到粉末材料上的3D打印机。尽管已有的"ProJet x60"系列使用石膏系列的粉末材料，ProJet 4500则使用"VisiJet C4光谱"树脂粉末。黏合剂使用了CMY（蓝色、洋红、黄色）三种颜色。
	ProJet 5500X	此3D打印机采用了从喷墨喷嘴选择性挤喷出光硬化性树脂光硬化的方式。可打印几种材料混合的立体模型。

（续表）

制造商名称	产品名称	简介
3D Systems 公司	ProJet 1200	适用于珠宝饰品及牙科用蜡模具的小型 3D 打印机。在 2014 年第一季度中开始以 4900 美元的价格供货。
Arcom 公司	Q20	采用电子束烧结金属粉末类型的 3D 打印机。与现有机型“Q10”相比，成型领域扩大到直径为 350mm×280mm 的圆筒形区域。
Envisiontech 公司	XEDE 3SP	利用 DLP（Digital Light Processing）技术硬化光硬化性树脂类型的 3D 打印机。和已有机型相比，成型领域更趋于大型化。
EOS 公司	EOS M 400	烧结金属粉末类型的 3D 打印机。成型领域扩大，几个模块共同分担整个成型进程。
	EOS P 396	从喷墨嘴挤喷出粉末材料类型的 3D 打印机。是现存产品“EOSINT P 395”的改良版机型。通过采用高输出功率的激光等方式，缩短了成型的时间。
Mcor Technologies 公司	IRIS	在着色纸上切出截面形状的轮廓线后积层的 3D 打印机。和以前的机型相比，新产品的成型时间大概缩短为原来的一半。
Stratasys 公司	FDM Nylon 12	适用于树脂熔解型 3D 打印机“Fortus”系列的聚酰胺（PA）系列材料，和以往的材料相比，耐破断性能上最高提高了 5 倍，并且具有高冲击强度。颜色为黑色。
	Xtend 184	大容量的材料容器。尽管尺寸和以前相同，但容量扩充到 2 倍，并可实现最多 100 小时的连续运转。适用于 Fortus 系列材料“ABS-M30”“聚碳酸酯（聚乙烯碳酸盐）”“Ultem 9085”。
Voxeljet 公司	VX2000	利用黏合剂固定粉末类型的 3D 打印机。是已有产品中的中型机，成型领域约为 $2m^2$。

另外三种为“ProJet”系列产品。其中之一是可打印全彩树脂制品的“ProJet 4500”（图1–22）。该公司的“ProJet x60”系列打印机，采用了从喷墨嘴挤喷出黏合剂固化石膏粉末材料的方式，并由此衍生出新的全彩机型。

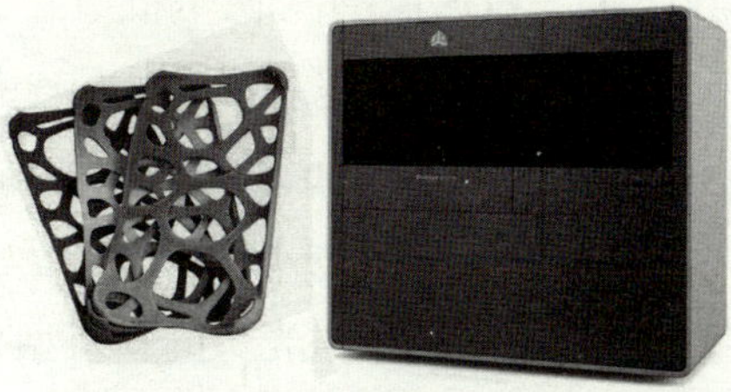

图1–22 可打印全彩树脂制品的“ProJet 4500”机型从喷墨嘴挤喷出三色黏合剂到树脂粉末上。

与ProJet x60不同，此次发布的ProJet 4500同样是采用了用黏合剂硬化粉末材料的方式，但粉末材料不再是石膏，而是树脂，从而使打印“全彩树脂制立体模型”成为可能。尽管黏合剂仅为CMY（蓝色、洋红、黄色）三种颜色，却是最早实现打印全彩色树脂模型的3D打印机①。

发布的其余两种机型分别为“ProJet 5500 X”（可打印由几种不同物理性能的材料混合的立体模型）和“ProJet 1200”（小型低价机）。

▶ EOS公司也展出了两种机型

在EuroMold展上，3D Systems公司以外的其他3D打印机制造商也相继发布了新的产品。德国EOS公司发布了“EOS M

① x60系列的最高级机型采用了CMYK四色的黏合剂，可表现出600万色。

400”和“EOS P 396”两个机型。

EOS M 400是采用激光烧结金属粉末类型的3D打印机。不仅成型尺寸更大，可达到最大400mm×400mm×400mm，并且采用了几个单元同时处理整个成型进程的方式。并计划在2015年投入搭载了四个激光头的新机型，进一步提高其生产性能。

另一种机型EOS P 396是使用树脂粉末材料进行激光烧结类型的3D打印机，同时也是已有的“EOSINT P 395”的改良机型。最大输出功率由以前的50W提高到70W，并搭载了CO_2激光，缩短了成型时间。

▶ 延长了连续成型的时间

尽管总部位于美国和以色列的Stratasys公司并没有发布3D打印机新产品，但针对其公司最高级的“Fortus”系列热熔解型3D打印机，发布了大容量材料容器“Xtend 184”以及强度高且具有柔软特性的材料“FDM Nylon 12”（图1–23）[①]。

图1–23 是由Stratasys公司研发的大容量材料容器“Xtend 184”；可收纳2倍材料的量，并可实现最长100小时的连续运转。

① Xtend 184对应使用的材料为Fortus系列的“ABS–M30”“聚碳酸酯”“Ultem 9085”，FDM Nylon 12对应的机型为Fortus系列中的“Fortus 360”“同400”“同900”。

尽管 Xtend 184 和原来容器的外形尺寸相同，其中可收纳的材料量却多达 2 倍。由此可实现最长 100 小时的连续运转。从而缩短了材料交换的时间以及实现打印大型物件时无人操作等效果是很令人期待的。

而 FDM Nylon 12 采用了黑色的聚酰胺（PA）系列材料，不仅具有很高的耐破损性，而且抗冲击的强度高。适用于反复受力的产品。同系列产品中，还是第一次使用 PA 系列的材料。

让 3D 打印机“沸腾”的 DMS 展

▶ 制造业对 3D 打印机的关注度大为提升

这一年，人们对 3D 打印机所持的观念发生了很大的变化。随着设备、材料性能以及功能的进步，应用范围也随之扩大。设备本体、周边机器配件、软件的不断升级和更新，涉足这一领域的日本企业也日益增多。

从 2014 年 6 月在东京举办的“第 25 届设计及制造解决方案展”（DMS 展）中，即可窥见 3D 打印机未来的发展动向。

2014 年 6 月 25 日—27 日，在东京国际展示场举办了“第 25 届设及计制造解决方案展”（以下称为“DMS 展”）。继 2013 年后，3D 打印机的相关产品展示依然备受关注。“去年是来观望的人很多，今年则是探讨具体引进事宜的人多”（某 3D 打印机生产厂商负责人），到场的人对 3D 打印机的关注度提高了很多。下面从应用实例、3D 打印机主体以及建模软件三方面，介绍值得大家关注的展示内容。

▶ 应用实例

从试验样品到实际产品制造的整个过程都可用到 3D 打印机。以下就来介绍使用 3D 打印机直接制造部件、原型或成型用模型的应用实例。

▶ 赛格威的定制部件

丸红信息系统（MSYS，总部位于东京）展出的站立式电动两轮车“赛格威”[①]上，实际安装了试验性的定制零件。除配置车把上的智能手机支架之外，还配置了平板电脑终端的底座、安装自行车用前灯的部件，以及轮盖、搭乘部下面的设置脚灯用的部件等定制配件（图 1–24）[②]。

图 1–24 装备了定制零件的赛格威丸红信息系统和赛格威日本将在今后一年合作开展实际验证实验。

① MSYS 和赛格威日本公司（总部位于日本横滨市）于 2014 年 6 月 24 日开始共同开发以 3D 打印机成型为前提的用于赛格威的定制零件项目。

② 定制零件由 MSYS 公司销售的“FORTUS”系列（Stratasys 公司产品）3D 打印机制作而成。

“一旦活用了 3D 打印机技术，可制造出设计自由度很高的零件。而且，还能按照少数用户的需求，迅速进行少量定制零件的制作。”（MSYS 制造解决方案事业总部建模解决方案技术部门的丸冈浩幸）MSYS 和赛格威日本将在今后一年的时间，合作开展针对各项用途的定制部件的开发和实际验证实验，推进实用化的举措。

形状和生产时间自由都是 3D 打印机成型的几大特点之一。从这些特点来看，可用来制造精密的定制选品以及长期不定期供货的修理用部件，作为一种制造方法，使用 3D 打印机的实例会大幅度增加。

▶ 大规模成型服务登陆日本

在 ALTECH 和 Stratasys Japan（总部位于日本东京）的联合展位上，展出的 Stratasys 公司 RedEye 事业部利用 3D 打印机制作出了大型部件（图 1–25），证实了上述观点。其中包括了树脂制前格栅、仪表板以及滑雪板等，尺

图 1–25 Stratasys 公司 RedEye 事业部的成型样品

成型后看不出打印层，并且涂上了光泽感涂层，质感上无法和量产品相区分。但如果看内侧，可辨别出由 3D 打印机成型的痕迹。

寸达到2~3m[①]。

该事业部利用Stratasys公司的3D打印机以及最新技术，提供了制造实用制品以及夹具进程“DDM（Direct Digital Manufacturing）”服务。即在线接收顾客发送来的数据，自动制定成型计划，在距离顾客近的网点成型并寄送成型物的服务。在遍布世界的数十个网点，设置了500多台的3D打印机在工作。

成型对象不仅限于试验样品，最终还要覆盖产品生产用的夹具，以及少量生产的最终产品等。还提供利用3D打印机如何减少部件数量，以及不易损坏的成型方法等咨询服务。ALTECH正在考虑将此项服务在日本国内推广。

七星徽章

SOLIZE Products（总部位于日本东京）展示了JR九州的“九州的七星”车辆配置的徽章（图1-26）。利用3D打印机成型原型，然后铸造完成。

图1-26 “九州的七星”的徽章
使用光成型系统成型原型，然后铸造砂型。

具体的制作流程如下。首先，根据2D的插图数据和手写规格书（关于立体化的指示）生成3D数据。使用美国

① 超出3D打印机成型尺寸的部件，分割后逐个成型，再用和成型品使用的相同树脂接合成一个整体。

3D Systems 公司的光成型系统“iPro 8000”输出此 3D 数据。实际操作时，将其分割成几部分成型后黏合在一起。对成型物品的表面进行抛光上漆，制造出原型。

接着，将树脂制原型的形状转印成铝（Al）合金制原型。使用此铝合金的原型，制作砂型，浇注金属熔浆铸造，完成了最终金属（黄铜）制的徽章。

这种使用 3D 打印机成型原型的方法已相当普及。比起手工制作木制原型，大幅度缩短了时间，并且只要有 3D 数据，就可忠实重现包含曲面在内的复杂形状。可使用和一般的砂型铸造相同的金属作为成品的材料①。

▶ 现场演示射出成型

SWANY（总公司在日本长野县伊那市）将小型射出成型机带入了 Stratasys Japan 的展位，利用 3D 打印机制造的原型（嵌件），现场演示了成型的过程（图 1-27）。使用和实际制品相同的树脂，反复执行成型工序的操作。

原型使用了被 Stratasys 公司称作“数字 ABS”的强度和耐热性俱佳的材料。是由成型时混合了多种树脂而成，可用于该公司的“Objet Connex”系列的 3D 打印机。

Stratasys Japan 将使用此材料制作的原型和铝合金制的原型相比较，通过面板展示了其效果。例如，聚甲醛（POM）制的

---

① 有的 3D 打印机直接成型砂型，而不用先成型原型。可制造不容易脱模、形状更复杂的砂型。

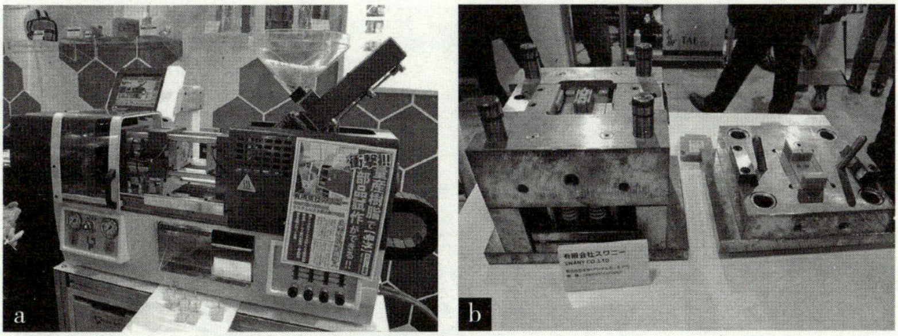

图 1–27 配置 3D 打印机制模型的射出成型机

SWANY 将小型射出成型机带入会场，装上 3D 打印机制造的模型。现场演示了和实际产品相同树脂的成型过程（a）。嵌件（绿色的部分）是用 3D 打印机成型的树脂制模型（b）。

风扇转子的模具，可从以往 7 天的前置期缩短为 1 天；聚丙烯（PP）制的汤匙（6 把）的模具，可从以往的 30 日缩短为 7 日。费用减少为原来的一半左右。

▶ 3D 打印机

2013 年 12 月在德国举办的“EuroMold 2013”展以及 2014 年 1 月份在美国举办的“International CES”展中，发布了很多海外 3D 打印制造商的新产品。DMS 展上，首次在日本展出了实体机以及成型样品（图 1–28）[①]。

---

① 3D Systems Japan 除了展示了图 5 中所示的成型样品外，还展示了使用陶瓷粉末材料的“CeraJat”机型、使用树脂粉末的全彩机“ProJet 4500”，以及针对个人开发的 3D 打印机新产品“Cube3”“CubePro”等实体机和成型样品。另外，Stratasys Japan 也展出了 Stratasys 公司的子公司美国 MakerBot 公司的 3D 打印机新产品。而且，不仅在以往的代理店有售，2014 年 6 月 25 日，Stratasys Japan 公布 Stratasys Japan 也将开始供应该产品。

图 1–28 新 3D 打印机打印的成型样品

3D Systems Japan 展示了使用新产品“ProX 300”金属 3D 打印机成型的轮胎模具（照片左）以及使用食品作材料的 3D 打印机“ChefJet”打印的成型样品（照片右）。

尽管 3D 打印机至今几乎都是日本之外国家的产品，但日本的生产制造商开发的产品也在增加。以下，介绍了由日本制造商开发的三个新产品。

▶ 用于开发材料的 3D 打印机

此次 DMS 展示的 3D 打印机中，大放异彩的是由 MICROJET（总部位于日本长野县盐尻市）开发的“MateriART-3D”型（图 6）3D 打印机。不仅被用作制造试验样品和部件，更是用来开发 3D 打印机用材料的特殊 3D 打印机。

MateriART-3D 带有从喷墨嘴挤喷出材料的结构。也就是说，可模拟喷墨型 3D 打印机。有模拟挤喷出光硬化树脂成型材料的 3D 打印机，又有挤喷黏合剂到粉末材料上的 3D 打印机，可用来开发各种材料[①]。“开发的目的为在 3D 打印机的领域，充分发挥日本优秀的材料技术优势。（该公司代表董事山口修一）”

图 1-29 MICROJET 开发的“MateriART-3D”
为开发喷墨式 3D 打印机用材料使用的特殊的 3D 打印机。可观察成型材料以及黏合剂的挤喷出状态。

在主体内部的成型构件前，安装了照相机，以便观察从喷墨嘴挤喷出的成型材料或黏合剂。而且，可设定积层厚度、打印头的移动速度、硬化树脂用紫外线的强度等各种成型条件的参数。

例如，积层的厚度可调整到最小 1 微米的单位。在用照相机观察树脂液滴的状态或黏合剂浸透到粉体等情况时，既可调整搭配材料，又可逆向探寻适合材料的成型条件。

其他如同时成型两种材料，提供可搭载 256~1000 多个喷嘴的很多品种。因而可进行各种各样条件下的材料开发实验。在材料制造商购买此设备时，还提供了评测液滴或粉体专有技术知识的服务。

---

① 预定 2014 年 8 月发售挤喷出光硬化性树脂成型材料的打印机，同年 11 月发售挤喷黏合剂到粉末材料上的 3D 打印机。根据机器的构成不同，预计价格在 1000 万 ~2000 万日元。

▶ 设计了避让打印头结构，以防出现问题

MUTOH-ENGINEERING（总部位于日本东京）展出了该公司自行研发的桌面型 3D 打印机“MF-2000”（图 1-30）。2014 年 7 月开始发售。是继同年 1 月发售的“MF-1000”的“Value 3D MagiX”系列的第二弹[①]。

图 1-30 MUTOH-ENGINEERING 出产的 3D 打印机“MF-2000”

搭载了两个挤喷出材料的造型头。其结构具有正在使用和未使用的造型头的高度位置相对变化的特点。如右侧的照片所示，右侧的造型头（正在使用）的位置稍微下降。

成型方法和 MF-1000 相同，都采用了由内置加热器的喷嘴中挤喷出熔化的树脂的方法。最大成型尺寸为长 300mm × 宽 300mm × 高 300mm，比 MF-1000 的长 200mm × 宽 200mm × 高 170mm，要大出一圈。满足用户“希望比 MF-1000 的成型再大点儿”的反馈（该

① MF-2000 的定价为 45 万日元（不含税）。与 MF-1000 相比，增加了成型台面内置加热器，可抑制因树脂温度的急剧变化引起的伸缩问题。并在打印头处搭载了风扇，可冷却挤喷出的树脂。

公司某工作人员）。最小基层厚度为 100 微米 ~500 微米，共分五个档，可按照每档 100 微米调节。

成型用树脂分为丙烯腈－丁二烯－苯乙烯的三元共聚物（ABS）和聚乳酸（PLA）两种。近来，还计划增加水溶性聚乙烯醇（PVA）。

MF-2000 不仅增加了最大的成型尺寸，而且增加到两个造型头，比 MF-1000 改进了许多。从两个造型头分别挤喷出各自的树脂，使用颜色不同的树脂，制作出双色的成型物，还可以一边挤喷出 ABS 树脂，另一边挤喷出 PLA，使用方法更加灵活。

尽管 MF-2000 搭载了两个造型头，但因为成型过程中不使用的造型头的相对位置会较高，不会干扰到成型物，是 MF-2000 独有的结构特点。从正面可看到右侧的造型头上下移动，当使用左侧的造型头时，右侧的造型头位置偏高，而用到右侧的造型头时，其位置较低。

▶ Roland DG 的加入

Roland DG 参考性展出了仍在开发的桌面型的小型 3D 打印机“ARM-10”（图 1-31）。预定于 2014 年秋天开始发售。

ARM-10 采用的光积层成型系统，使用光硬化性树脂，可成型长 130mm × 宽 70mm × 高 70mm 的工件。从下侧开始照射投影仪的光，一边向上提升成型台，一边积层。积层厚度为 100 微米，积层速度为 10mm/h。

此次的 DMS 展不仅展出了 3D 打印机，还展出了和 3D 打印机搭配使用的小型切削加工机的新产品。可制作复杂形状的

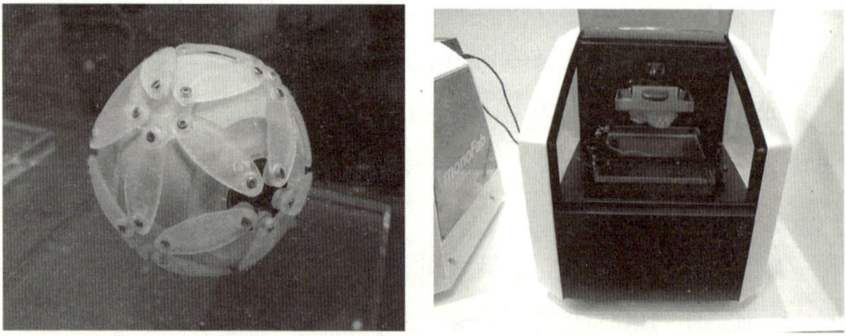

图 1-31 Roland DG 参考展出的 3D 打印机

采用了从下面利用投影仪照射光线的方式。右侧展出的球体音箱，其表面覆盖的部件就是由该 3D 打印机打印而成。

3D 打印机，再配上加工精度高的切削加工机，将各自制造的不同部件组合在一起，制造出新的试验样品。该公司提出“桌面制造”的理念，即尽管不具备数码加工相关的专业知识，但如果充分利用到电脑，仍可以制造出需要的物品。3D 打印机正是基于此理念设计出的产品。在有关 ARM-10 的价格方面，仍未明言。

▶ 3D 建模

3D 打印机被普及的过程中，在生成 3D 数据（输入数据）方面也获得了很高的关注。尽管网上公开了 3D 数据，并且可简单生成 3D 数据的 Web 应用网站也相继出现，但希望利用手边的电脑自由生成 3D 数据的用户需求依然很多。

例如，MUTOH -ENGINEERING 等 3D 打印机厂商采取了和 3D 打印机绑定出售简易建模工具的办法。而美国 SpaceClaim 公司则在其3D-CAD"SpaceClaim 2014 SPI"的选项中，增加了用于3D打印机的"STL编集模块"，从建模工具方面满足用户的需求。

▶ STL数据最佳化

Andor（总部位于日本东京）展出了用于生成3D打印机用数据的多边形编集工具"STL工作室"（图1-32）[①]。针对大容量的STL数据（多边形集合），在尽可能保持原有的形状不变的基础上，减少多边形的数量，并具备将本应平坦部分的数据修改得平滑无凸凹等功能。目标是在较短的时间内，生成稳定且更加自然成型物的STL数据。

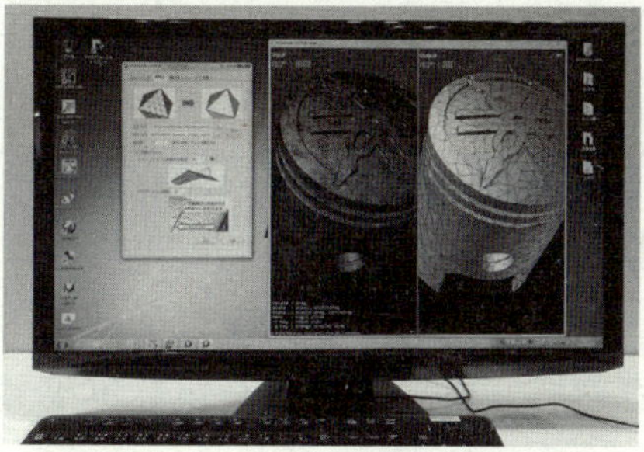

图1-32 Andor展出的多边形编集工具"STL工作室"

维持形状的同时，将多边形的数量最佳化。

保持原有的形状不变，削减多边形数时，将相邻多边形形成角度大的部分看作边棱线，在不改变边棱线的基础上，将距离边棱线远的多边形删除。使用3D扫描测试立体物时，得出的

① 日本UEL（总部位于日本东京）利用了理化学研究所的"与产业界融合的联合研究制度"，开发了STL工作室。每项功能（消减多边形数、同细分化、平滑均匀化）的价格定为10万日元（不含税）。

3D 点群数据的边棱线部分与平坦部分的密度相同，如果直接生成多边形，平坦部分的多边形过多。将此数据直接输入 3D 打印机，不但 3D 打印机要花费一定的时间处理数据，并且成型的状态也不稳定。但如果仅简单地减少多边形，又可能会出现边棱线形状变形等情况，而 STL 工作室的办法是将边棱线附近的多边形细化，确保边棱线的样态不变。

平滑均匀化功能的特点也是维持外形、边棱线以及小半径圆角形状不变。平滑均匀化以一定范围的点群为对象，作平均化处理，对平坦面很有效果，但在边棱线部分，易出现圆角的半径变大等副作用。STL 工作室不改变外形和边棱线，在粗糙的部位（点群的凸凹）按照十分之一的程度划分。

另外设置了细化多边形的功能。粗划分的多边形的数据在成型后，模型的表面会粗糙不平并且边棱线紊乱。为避免出现这种情况，使用了细化多边形的功能[①]。

▶ 用于 3D 打印机的云版功能

Dassault Systemes（总部位于日本东京）在 Stratasys Japan 的展位上展出了云存储数据的 3D-CAD“CATIA on the Cloud”（图 1-33）。根据生成 3D 打印成型时需要的 3D 数据等用途，“展出的同时，顺便做一下市场调查”（该公司某工作人员）。因此，

① 此时，如果简单地将多边形按照平滑物状态分割后，形状仍很粗糙，就要采取再次分割多边形措施。

在限定期间的活动中，标明每月的使用费“10万日元起价”①。

之所以将价格设定在10万日元起价，是因为“享受十几厘米以上的大模型的成型服务需要花费10万日元左右，而订购生成此模型的3D数据同样需要花费相同的金额。所以，现在有支付相同的金额，即可利用一个月高端建模功能的市场需求”（该公司某人员）。很多以前就知道“CATIA”的到场者表示可以接受。

图1-33 Dassault Systemes 在 Stratasys Japan 的展位上展出的“CATIA on the Cloud”

CATIA on the Cloud是各种CATIA的功能模块中综合设计用产品，签订以三个月为单位的合同后即可使用②。

可从其他CAD读入STEP（ISO 10303）等形式的数据，再写成3D打印机用的STL数据。

▶ 稳步前进的日本产砂型3D打印机开发项目

在美特（总部位于日本东京）的展位中，展示了作为国家

① 活动中，功能模块之一“Concept Creative Design”在一年的合同期间，月使用费为10万日元。

② 从云端下载，安装到电脑中，数据储存到云端。

项目开发的砂型3D打印机（砂型积层成型设备）的试验样机打印出的砂型（如图1–34所示）。项目的开发主体是“TRAFAM（技术研究组合新一代3D积层成型技术综合开发机构）”，除美特外，还包括产业技术综合研究所、群荣化学工业、KOIWAI、木村铸造所、日产汽车、Komatsu Castex以及IHI等和砂型3D打印机相关的联合成员。

展示的砂型分为两种。一种是气缸盖用砂型，由2个主型、11个型芯构成。精度为 ±70微米，成型时间360分钟，后续处理时间60分钟。

另外一种为缸体用砂型。由2个主型、7个型芯构成。尺寸精度同样为 ±70微米，成型时间360分钟，后续处理时间60分钟。

今后，计划于2015年度将初始类型机实用化，2016年度后期起，开始销售积层成型速度达到5万cc（50L）/h的砂型3D打印机。计划将于2018年度起开始销售最终目标为积层成型速度10万cc（100L）/h的设备。

图1–34　砂型3D打印机打印出的砂型

左边为气缸盖用砂型，右边为缸体用砂型。

02 3D 打印原型机应用

对于制造业来说，通过活用 3D 打印机技术，可在短时间内得到试作品、制造出设计自由度很高的零件，还能按照少数用户的需求，迅速进行少量定制零件的制作。而且，3D 打印机的应用将不会只局限在试作工程中。

3D 打印机，成果宣言

社会对 3D 打印机的认知度已经急剧上升。3D 打印机市场即将走向繁荣，并将给制造业带来巨大变革。这个变化对制造业来说，会成为威胁还是有利情况呢……下面让我们一起来弄清楚它的未来发展。

第一部分　对社会的冲击

▶ 3D 打印机在制造业以外的应用的急剧扩大，任何人都能企划、设计、制作

3D 打印机[①]的普及将大幅度改变生产制造领域的常态。凭借以往的常识想不到的用途，使真实的产品、服务应运而生。

例如，芬兰的 Nokia 公司为了让用户能够用 3D 打印机制作

---

① 在本专集中提到的 3D 打印机是指以 3D 数据为基础制造断面形状，通过积层叠加实现立体造型的 Additive Manufacturing 技术装置的统称。一般可以用可移动喷嘴喷射材料，多指那些运用了打印技术的装置。把那些通过扫描激光使光硬化树脂固化、烧结金属和树脂粉末的装置也叫作 3D 打印机。

该公司生产的智能手机后盖，于 2013 年 1 月公开了 3D 数据。生产商把本公司产品的 3D 数据公开，并将制造委托给用户，这是一项具有划时代意义的举措。

作为 CAD/CAM 供应商的 FASOTEC（本公司位于日本千叶市）与妇产科诊所广尾 Ladies 联合，开始提供一种能用 3D 打印机制作腹中婴儿形态模型的服务。更加值得一提的是，2013 年 2 月在东京都内举办的一场关于情人节主题的研讨会上，普通女性在制作以自己脸为造型的巧克力时，还可以用 3D 打印机进行制作。

这些事例到底有什么意义呢？意义在于仅能履行购买职能的用户，负担了物品制造的职能，以往由制造业供应、制作的商品，如今用户可以参与到新产品的企划与设计当中。进一步来说，根据每个用户的差异提供产品的顶级定制生产也成为可能。因此，随着 3D 打印机的普及，也正在引发一场使用户参与其中的大变革。

▶ 引起变化的三个理由

3D 打印机开始在制造业的试作工程中得到应用。正如它被称作“快速成型”一样，与以往的方法相比，在短时间内就能够得到试作品是它最大的优势。所以，尽管装置价格达到数百万日元，但 3D 打印机能得到与其价格相对的充分效果。

近年来，如在制造业使用射出成型和冲压工艺来制造模型，在制造车间制造设备工具等，3D 打印机的应用范围正在扩大。然而这是替换了制造业中已存在的基本的工程方式，而不是与现如今可以看到的巨大变化相关联的事物。

那么为什么与3D打印机相关的实际产品和实际服务开始猛烈兴起了呢？这个背景中存在着三大原因。就是“装置的低价化”，“网络服务的充实”以及“造型用材料的品种多样化”正在急速地进展。

关于装置的低价化，近年来，可动喷管的尖端市场有钢丝状树脂，一边熔解喷管的树脂来塑造立体模型的3D打印机制品以10万日元的价格相继发售。因此，即使是过去从未想过要尝试使用3D打印机的个人或除制造以外的企业都萌生了导入3D打印机的想法。

图2-1显示了3D打印机的出货台数的增加趋势。特别是面向个人的3D打印机在2011年的出货台数大约有23000台，与2010年相比约是四倍的增加。期待2012年以后将更进一步增加。

在网络服务的充实方面，由于SNS（社交网络服务）的信息互换变得活跃，与3D打印机相关联的网络市场（电子市场）

图2-1 3D打印机出货台数剧增

3D打印机出货台数的增加趋势。特别是在2011年，个人用3D打印机的出货台数增加明显。

的服务也正相继出台。因此，“3D 打印机是什么样的产品”“它究竟能做些什么”这样的消息也正在深入人心。再进一步说，即使不购买 3D 打印机本体也能买到 3D 造型物件这样的市场环境也有。

作为造型材料的种类，3D 打印机能够使用的新型材料也被陆续开发出来，制造业以外，例如在医疗、食品等业务用相关领域也在扩展。

▶ 技术开发的加速

因为社会对于 3D 打印机的认知度的急速提高，今后又会引起什么现象呢？那就是产品开发的进一步加速与市场的扩大。

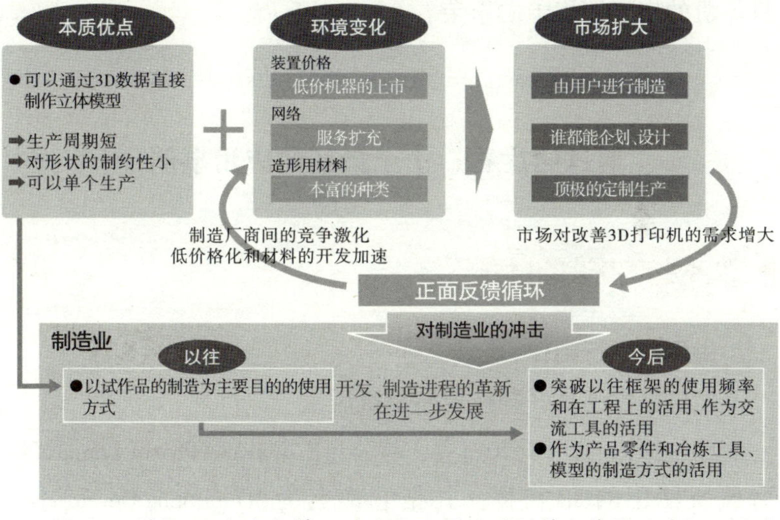

图 2–2 围绕 3D 打印机情况的变化：因造型材料和装置的升级以及产品低价化，随即 3D 打印机的用途和用户层也得到了扩大。而正面反馈循环进一步导致材料和装置的升级、低价化。

如果因为3D打印机的低价化，从而促使3D打印机市场扩大，那么加入这一市场的生产商会相应地增加。生产商之间的竞争逐步加剧，导致3D打印机更加低价化、网络服务的扩充、材料品种的增加，也就是“正面反馈”的正面循环（如图2–2）。

以往制造商使用3D打印机，在一定程度上也推动了材料性能以及低价化这一循环。

但是，现在产生的正面循环，与以往的循环在本质上完全不同。因为除了包含普通个人的制造业以外，3D打印机的业务部分也在拓展，并能够充分利用社会的丰富资源和技术，所以技术开发以一种以往完全无法匹敌的速度进行着[①]。低价化脚步会加速，造型材料的品种也会急剧增加。

就像普通手机在一瞬间就被智能手机所取代那样，一旦正面反馈开始循环，这个市场便不会突然萎靡。因此，可以说3D打印机的市场即将走向繁荣。

通过照片看：十个最新的应用事例

▶ 改变生产制造的世界

由用户进行制作

1. 根据自己喜好制作智能手机后盖

芬兰Nokia公司于2013年1月公开了Windows Phone（Lumia 820）后盖所使用的3D数据。并把它命名为3D–printing Development

---

① 期待突破以往制造业的常识、向崭新的方向进化。

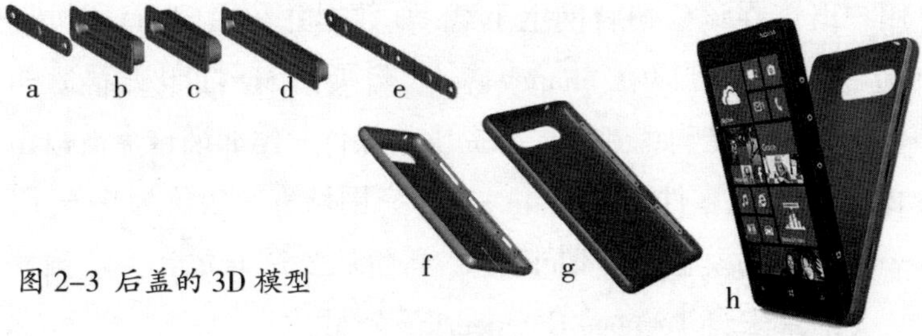

图 2-3 后盖的 3D 模型

Kit。用户既可以直接使用此数据，用自己喜欢的颜色来进行 3D 打印，也可以定制造型。公司提供了汇编状态的 3D 数据（图 2-3h），以及六个组装零件各自的 3D 数据（图 2-3a ~ g）。因为该手机产品的后盖原则上是可以替换的，比方说美国就有以 25 美元的价格出售的后盖。（照片来源于 Nokia 公司。）

2. 零件可选，由你来制作

瑞典的 Teenage Engineering 公司也公开了本公司产品使用的 3D 数据，让用户能够用 3D 打印机自主制造零件。该公司还在官网上公开了其产品（OP-1）合成器的可选零件（挂件等）的 3D 数据。在购物网站（Shapeways）上也能下载这些 3D 数

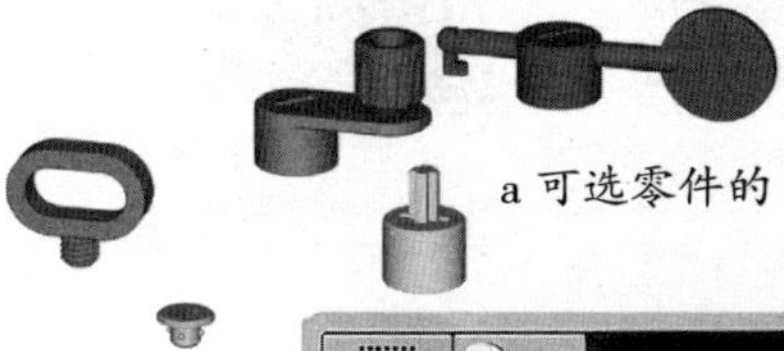

a 可选零件的 3D 数据

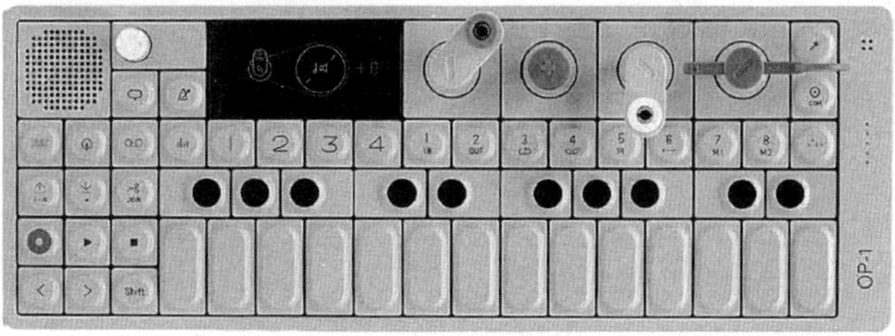

b 安装了可选零件的合成器

图 2-4

据。用户既能在该公司官网上下载 3D 数据并利用 3D 打印机自主制造零件，也可以在 Shapeways 上购买由 3D 打印机制造的模型。此外，还能购买到由厂家提供的零件。比如说这个被称作 Pitch Bend 的可选零件（图 2–4a），厂家网站直销售价为 9 美元，Shapeways 销售的模型根据不同颜色，售价从 3.57 美元至 4.47 美元不等。（照片来自 Teenage Engineering 公司。）

顶级的定制服务

3. 依据用户决定的信息来设计造型

由 imcth 公司（本公司位于东京）运营的“国际文化”销售的是用 3D 打印机制作的各种产品的一项 3D 打印服务。右下角的照片是被安装在红酒瓶上的装饰品。虽然基本形状已经确定，但文字信息部分是能让用户定制的。图 2–5b（火箭发射台）和图 2–5a（运输车）则是为了和万代“大人的超合金土星 V 型火箭”一起进行装饰的产品。运输车的造型是在与消费者交换意见的过程中诞生的。即使是销量难以预估的产品，有了 3D 打印机，也能随机应变地进行制造。

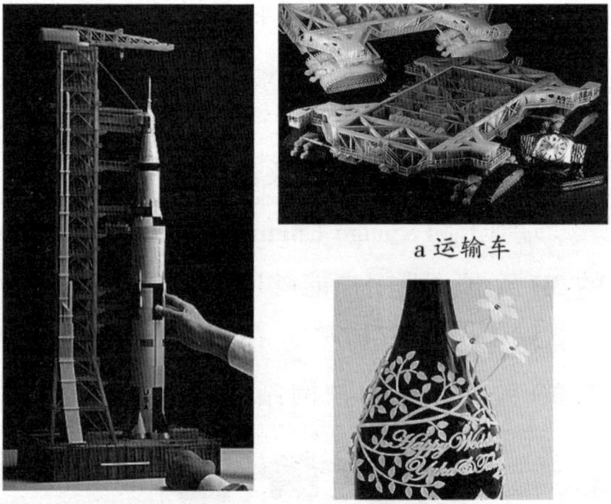

a 运输车

b 发射台

c 瓶子的装饰

图 2–5

4. 任何设计都可以进行应对

利用 3D 打印机可以制作出设计非常有个性的产品。图 2–6 中的照片是 3D 打印机制造商——美国 3D Systems 公司的关联公司——芬兰 Freedom Of Creation 公司在网站上销售的凳子与灯罩。（照片来自 3D Systems 公司。）

a 凳子

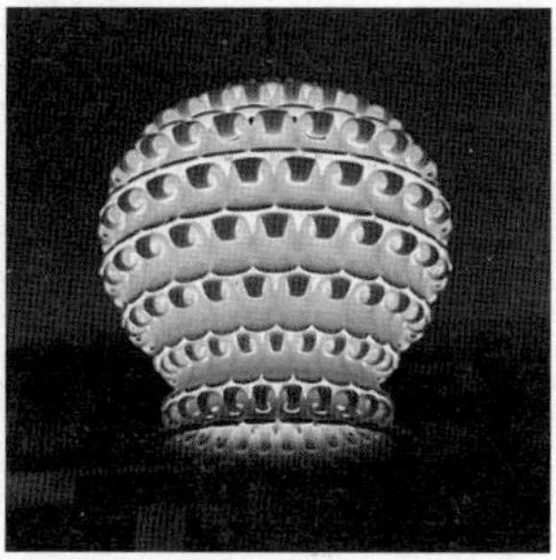

b 灯罩

图 2–6

任何人都能企划、设计

5. 依照自己脸的形态来制作世界上独一无二的情人节巧克力吧

由东京涉谷的创意咖啡店“FabCafe”和本公司位于东京的 KS DESIGNLAB 联合，于 2013 年 2 月 2 日和 9 日举办了研讨会“制

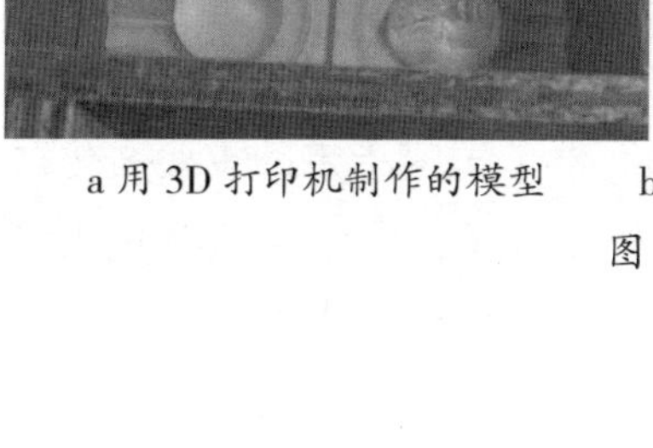

a 用 3D 打印机制作的模型

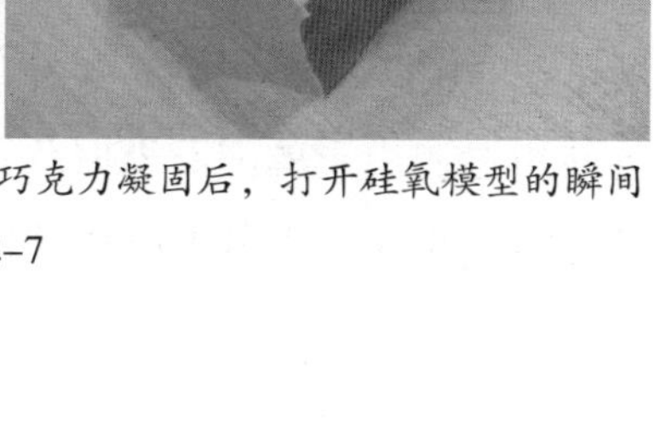

b 巧克力凝固后，打开硅氧模型的瞬间

图 2–7

作一个超高水准的本人造型的巧克力送人吧”。在这个研讨会上，通过扫描参加者的脸所得到的 3D 数据可以经由 3D 打印机制造出模型（图 2–7a）。脸部形状可以转换为硅氧模型，在其中灌入巧克力并使其凝固，就制作出了自己脸形的巧克力（图 2–7b）。参加这个研讨会的 20 名年轻女性是平时几乎接触不到 3D 打印机的普通人。3D 打印机让普通人也体验到了不曾想到过的服务。据说这个研讨会还受到了著名巧克力工匠的关注。即使是在食品加工领域，3D 打印机的活跃场面似乎也会增加。

6. 艺术家对 3D 打印机的活用

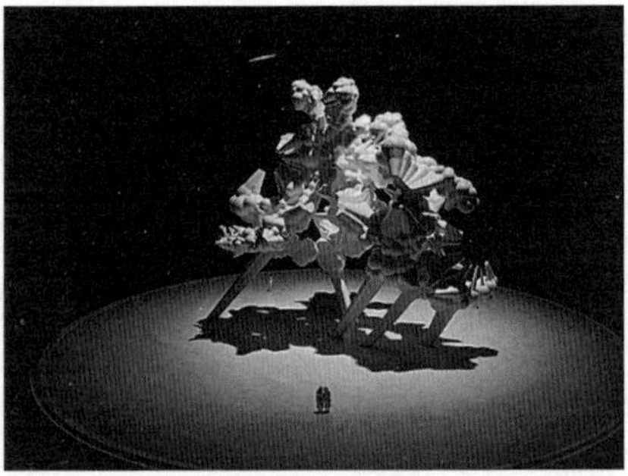

图 2–8

连艺术家都开始使用 3D 打印机了。右侧照片中展示的是雕刻家名和晃平的作品。这个叫作“Manifold”的巨大作品高 13 米、宽 15 米、深 12 米。而使用 3D 打印机制作的模型只有其尺寸的三十分之一，并于 2012 年在韩国进行了展览。那么为什么要制作这个模型呢？这是为了研究其在光线照射下通过观察得到的感官印象。作品前面的是人体尺寸三十分之一的模型。

7. 能让参观展览会的人触碰的石器复制品

由明治大学博物馆、南山大学人类学博物馆、名古屋市博物馆共同企划的“令人震惊的博物馆收藏、超越世界的好奇心”展览在 2013 年 2 月 2 日—3 月 17 日举办。该展览展出了在琦玉县砂川遗迹出土的旧石器时代的石器（国家指定的重要文化财产，图 2–9a）。并用 3D 打印机制作出它的复制品，参展的人可以用手触摸。3D 打印机在考古和文化财产领域也活跃着。（照片来自明治大学博物馆、名古屋市立大学研究生院艺术工学研究科。）

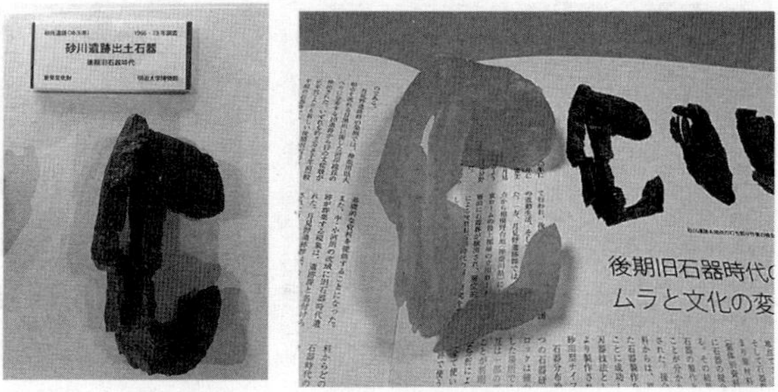

a 真的石器　　b 用 3D 打印机制作的石器复制品

图 2-9

8. 帮助医生提升专业技能

医疗机构也在发展对 3D 打印机的应用。骨骼的立体模型（图 2-10a）不仅仅有骨骼的外观形状，切开时的质感也能被再现出来。据说为了达到内部多孔质结构而采用树脂材料，可以得到与真实的骨骼相同的触感。内脏的立体模型（图 2-10b）则是根据患者的 CT 扫描数据，用 3D 打印机制作出来的。因为使用了透明材料，所以可以识别出血管和病变处的内部构造。另外还实际应用于对患者的解释说明以及手术时的参照物。（照片来自 FASOTEC 医疗工程中心。）

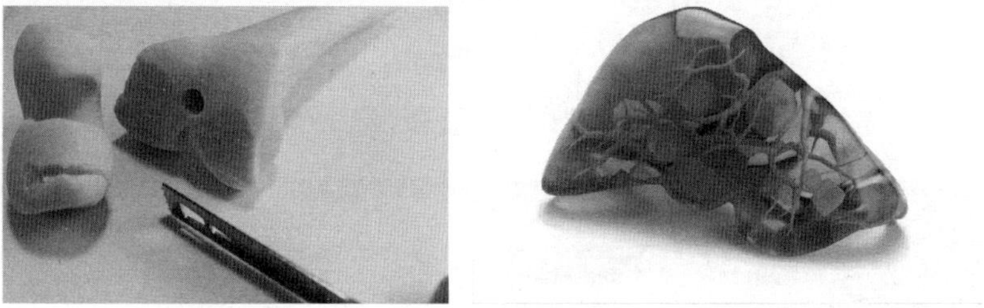

a 骨骼的立体模型　　b 内脏的立体模型

图 2-10

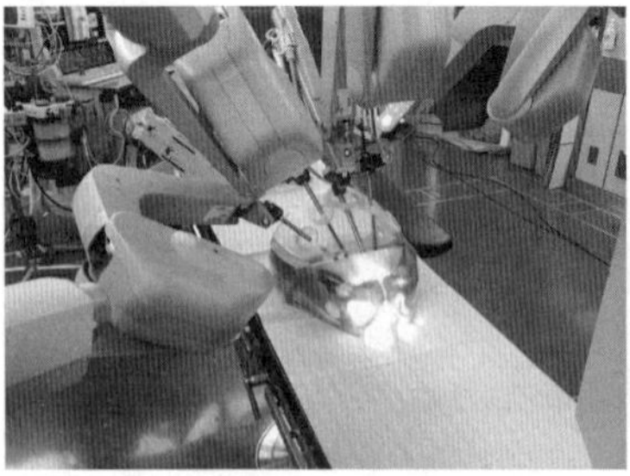

a 腹腔镜仿真模型

b 胸腔镜仿真模型

图 2-11

9. 验证医疗器械的功能

为了对医疗器械的功能进行解释说明，以及掌握其操作技巧，各种体型的人体仿真模型是不可或缺的。因此用于腹腔手术的骨盆仿真模型（图 2-11a）和用于胸腔手术的仿真模型（图 2-11b）正在被实际应用着。听说不仅是医师，连医疗器具生产商对这一用途也反映出强烈的需求。

10. 留下腹中胎儿的成长记录

FASOTEC 公司的医疗工程中心于 2012 年 7 月，与妇产科诊所广尾 Ladies 合作开始了一项被称为“天使之形”的 3D 打印服务。能用 MRI 对孕妇的腹部进行摄影，并用透明树脂制作母

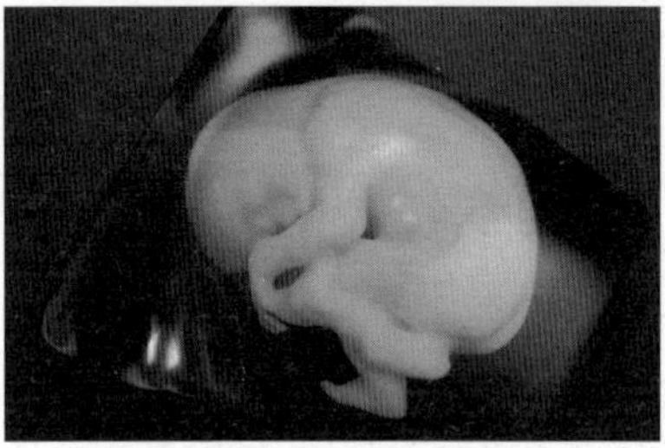

a 根据 MRI 画像制作的模型

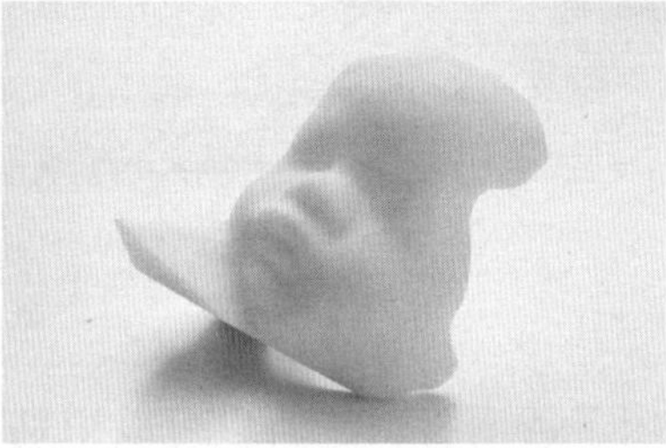

b 根据 3D 回声技术制造的模型

图 2-12

体模型、白色树脂制作婴儿模型（图 2–12a）。在广尾 Ladies 诊所诊断时，也能使用 3D 回声（超声波）画像制作一部分婴儿外形的模型（图2–12b）。前者售价10万日元，后者售价5万日元。（照片来自 FASOTEC 医疗工程中心。）

第二部分　对制造业的冲击

▶ 试作难度降低革新开发进程的时机的到来

随着 3D 打印机产品价格的降低及造型材料的扩充，相关的网络服务也充实起来了。3D 打印机在制造业以外的其他领域的用途大大扩展了，个人用户层也在扩大。在这样的潮流下，虽说有一种主张“谁都能成为制造商”的倾向，但实际上，正是对于那些身处制造业的企业来说，3D 打印机将成为帮助提高现有业务的竞争力以及谋求开拓新业务领域的关键。

想要提升前者的竞争力的话，就要通过①革新开发进程，②提高应对少量生产的能力，而关于后者的新业务领域的开拓，则是③提供制造诀窍等方法来实现。

下面让我们来详细看看这三个驱动力吧。

▶ 重新审视试作的作用

首先，开发技术的革新能通过把 3D 打印机作为沟通工具来实现。

在以往制造业的开发进程中，一直把 3D 打印机当作制造试作品的工具来使用（如图 2–13）。因为 3D 打印机位于“快速设计模型”的延长线上，使用它能够快速、便宜地得到试作品。它有将设计信息实体化、组装后确认产品形状、通过实验确认产品机能的用途。

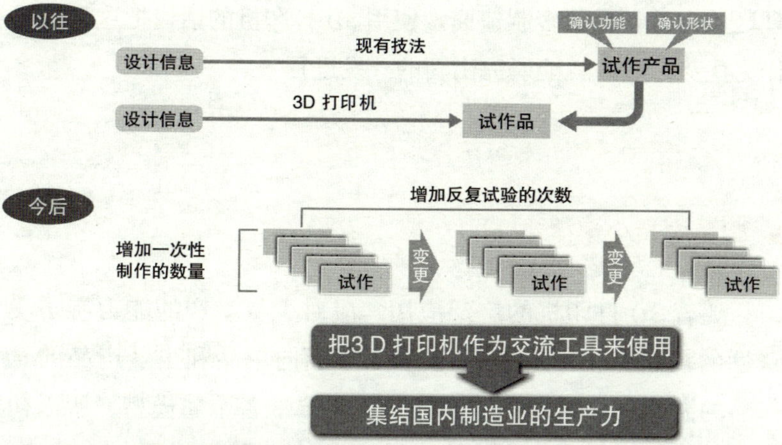

图 2-13 试作程序的变化图：以往，多以缩短试作时间、降低生产成本为目的使用 3D 打印机。今后，因制造模型变得更加方便，将进一步扩大 3D 打印机作为上层工程交流手段的应用范围。

利用 3D 打印机制作立体模型也着实降低了成本、缩短了时间。但不是只把它当作替换以往制造方式的工具，而是重新审视试作的作用。就是说把 3D 打印机作为交流工具来使用。

即便是那些以往从成本和时间考虑，“没有必要进行试作”之类犹豫不决的情况，也变得开始依靠 3D 打印机来制作试作模型了。对于一次成型的试作品，加以修正之后重新进行制作的次数也明显增加。

像这样被制作出的试作品，不是像以往的试作品那样只用来确认产品形状和功能，还被用于决定设计的过程中，也就是反复试验的阶段。通过对实物的讨论，人们对 3D 试作品加深了了解，并且能指出仅凭画面上的 3D 模型和设计图所难以察觉到的地方。

随着全球化的发展，运用 IT 技术进行远距离交流的必要性提高了，3D 打印机也得到了更广泛的应用。在日本，较小的地理区域内就存在很多制造商。使用 3D 打印机的话，把这个情况作为优势，应该就能研究出新的开发进程[①]。

▶ 容易应对少量生产

随着 3D 打印机的广泛应用，应对少量生产的能力有了飞跃性的提高。3D 打印机还被应用于面向单品和少量产品的试作品的制作（如图 2–14）。因为不需要准备金属模型，所以初期投资少，对于产量的变化也容易应对。更加值得一提的是，

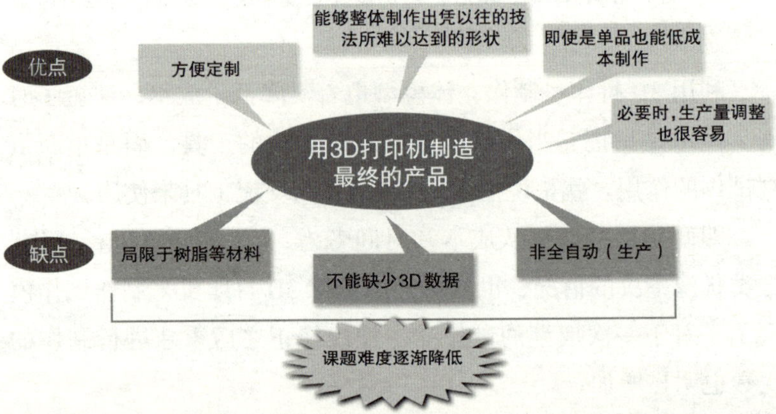

图 2–14 用 3D 打印机制作的最终产品：与以往的技法相比，3D 打印机拥有容易定制生产、形状的自由度高、面向单品生产的优点。而作为课题被指出的是使用的材料、3D 数据的准备、使用难易度等问题。

---

① 这个想法也能在承包产品的成型、加工工作的城镇工厂中发挥作用。若能用 3D 打印机将顾客的想法实体化，则会容易扩大顾客层，同时还能减少因为误解的返工，最终能提高顾客满意度。

因为不用考虑工具的途径以及模型的取出方向，所以形状的自由度很高。改变每个模型形状的定制生产也很容易实现。

想要用3D打印机制作出最终产品的话，选择能够使用自己所需材料的3D打印机是必要的。10万日元左右的低价3D打印机基本上只能使用ABS（丙烯腈－丁二烯－苯乙烯共聚物）材料和PLA（聚乙烯乳酸）材料①。

如果这些材料无法应对的话，就要使用更高价的业务用3D打印机了。比方说能够使用PC（聚碳酸酯）和PPSF（聚纤维酯）等高耐冲击性/高耐热性树脂、具备透明性或弹性的树脂材料的3D打印机。

更值得一提的是，能够确保对人体的安全性、满足飞机装载的规格要求、能使用控制带电性树脂的3D打印机也上市了②。

这样，3D打印机能够使用的材料种类越多，单品和少量产品的生产就越容易应对。

保证强度的同时实现轻量化

3D打印机拥有能对复杂形状进行整体造型的优点。比如，制造模型中弯曲、密布的冷却管就是3D打印机的独特技能。若能有效利用这个特征，以前必须靠组装零件才能完成的部件就能被整体制作出来了。

---

① 能够使用光硬化树脂材料的几十万日元的3D打印机也在开发中。

② 虽对于是否把它叫作3D打印机的说法不一样，但通过烧结粉末材料实现造型目的的这种装置，也能使用金属和砂状材料。尽管现在它的价格还很高，但能够被继续改良的可能性也很大。

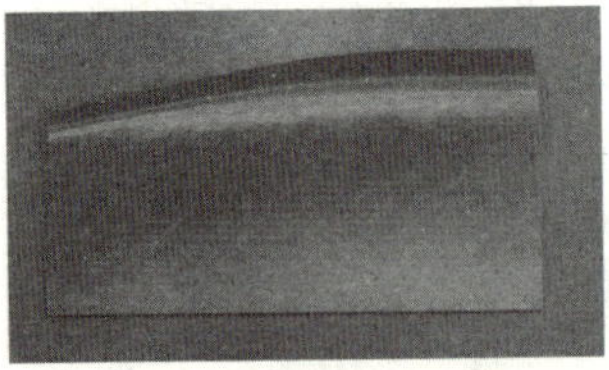
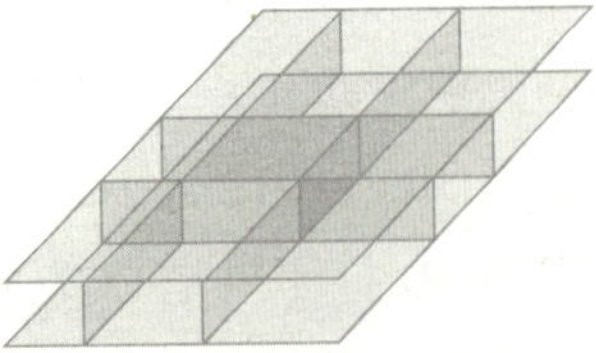

2-15 被整体制作出的全密闭空间中的中空形状：一部分的3D打印机还能够整体制作出全密闭空间的形状。根据3D打印机的制作方法来变换设计方式是很必要的。

例如，树脂熔融型3D打印机，就能够整体制作出全密闭空间中的中空形状（如图2-15）。一般来说，突出部分需要一个支撑，但如果使用树脂熔融型3D打印机，即使在一定角度有凸起的情况，不依靠支撑也能直接造型。利用这个特性，把凭借以往的制作方法不能实现的形状的制造变为可能。保证强度的同时实现轻量化，成为3D打印机被使用的一大动机。

▶ 大量生产成为课题

3D打印机甚至都能应付单品生产，但从现在的生产观点来看，却难以担负应对大量生产的这样一个难题。事实上，美国的Stratasys公司虽然尝试将本公司生产的3D打印机的一部分零件（31零件）用3D打印机制造，但该产品产量仅停留在每年10台而已。

但是，提高3D打印机能制造的产品数量也是很有可能实现的。这是因为生产数量的限制是随时代的变化而改变的。大企业EMS

（电子机器委托生产服务）的台湾公司 Hon Hai Precision Industry（通称 Foxconn），主要负责美国 Apple 公司的产品 iPad 和 iPhone 金属外壳的切削加工工作。如果是大量生产 iPad 和 iPhone 的产品的话，一般会使用模具冲压和模铸工艺。但 Foxconn 公司是准备了数万台的作业机器，通过切削加工从而达到大量生产的目的。

同样，使用 3D 打印机进行大量生产在不远的将来会成为可能。最近还出现了能制造大规模模型的 3D 打印机[①]。它不仅适用于制造大规模的模型，还适用于一次性大量制造的小规模模型。

虽说这也是由 3D 打印机的造型方式决定的，但考虑到制作程序和后期处理，在造型范围内尽可能多地安置零件、减少制作次数，在很多情况下就能加快合计的造型速度并降低生产成本。

▷▷ 将 3D 打印机与其他技法工艺相结合

3D 打印机作为制造各种产品的方法，全程无需自己动手。把 3D 打印机与其他技法工艺相结合，就有可能扩大它的用途。

比如说，创意咖啡厅 FabCafe 与 KS DESIGNLAB 联合举办了“将自己脸的形态制作成巧克力”的研讨会。在该研讨会上，以扫描参加者的脸得到的 3D 数据为原型经由 3D 打印机制造出脸部模型。脸部模型再转换为硅氧模型，在其中灌入巧克力并使其凝固成型。作为制造企业给予协助的是亲自制作树

① 例如 Stratasys 公司生产的 3D 打印机“Objet 1000”，其造型范围有 1000 毫米 ×800 毫米 ×500 毫米之大。据说是基于日本汽车厂商的意愿开发出来的。

脂容器等试作品的 Work Cam 公司（本公司位于东京），该公司在挑选注入巧克力的盛放容器的材料时，考虑到要适用于巧克力这样的食品，而且因为是研讨会，所以选择了能在短时间内凝固且适用于3D打印机制作模型等条件的硅氧树脂。

该公司为了确认是否能使板材成型，在这次研讨会上制作的模型上开了一个小洞（如图2-16）。结果很成功。想创造出脸的凹凸之类的微小的形状变化，凭借以往的切削加工工艺是很难实现的，但与3D打印机的这种史无前例的组合，提高了板材成型的可能性。

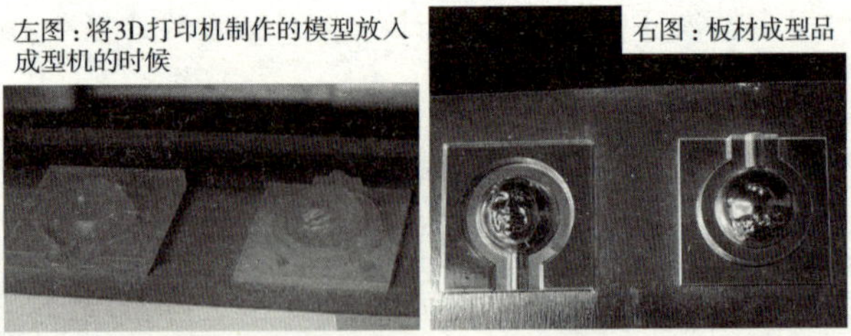

图2-16 用3D打印机制作的模型与板材成型品：使用3D打印机制作的模型可以使板材成型。凭借以往的切削加工工艺所不能达到的形状也可以被制作出来了。将3D打印机与以往的技法相结合，就可以创造出新的附加价值。

▶ 不需要有库存

容易应对少量生产的3D打印机，有着能显著改变生产商与用户之间关系的潜在能力（如图2-17）。比如在第一部分中介绍的 Nokia 公司和 Teenage Engineering 公司，如果由用户担任零

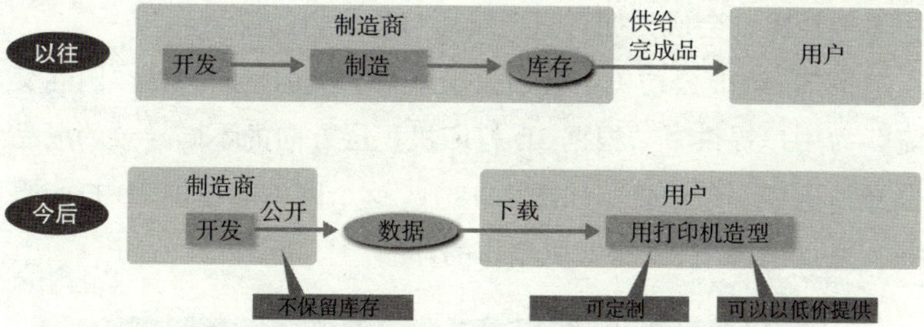

图 2–17 制造商和用户各自所提当的角色的变化

随着 3D 打印机的导入，制造商和用户各自所担当的角色发生了变化。在制品方面，原本由制造商生产产品的局面有可能变成由用户开始自主生产。特别是在有可选择部件或维修部件的领域，这种由用户制造的方式有很大的优势。

件的制造，对于生产商来说，没有产品库存也无须担心。

从这样的观点来看，制造商所期待的是那些零件的维护。比方说，业务机器的零件维护想要长时间进行的话，成本并不低。

量产结束后，将大量不必要的产品维护零件作为 3D 数据保留下来。以这些数据为基础，用户可以根据自己的需要，去附近的营业厅或找 3D 打印服务人员将零件制作出来。这样，就能让生产商的库存最少化①。

▶ 指导用户

对于制造业来说，在自身熟练使用 3D 打印机这个过程中所

① 虽然很多制造商专注于产品制造的这个责任，但从零件性能，以及零件破损时的安全性等方面综合考虑的话，必须要有能应用的零件。

积累的经验，会成为拥有生产技巧与竞争力的源泉。

例如 imcth 公司（本公司位于东京）所运营的网站“国际交流”为用户提供了“根据 3D 打印机积层方向的不同导致的成品差异”这样一条信息（如图 2-18）。这个网站能提供 3D 打印服务，并且销售用 3D 打印机制作的产品。

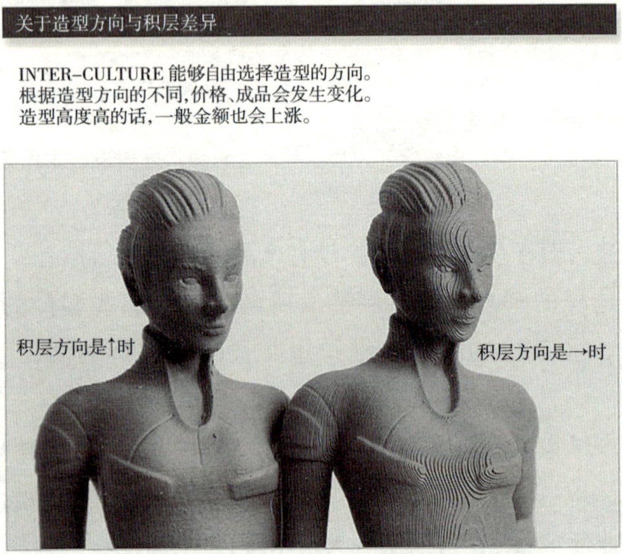

图 2-18 网络服务的核心介绍：想要熟练使用 3D 打印机，数据的制作方法以及造型方向的设定的相关技巧是必不可少的。而拥有这样的技巧，与制造业的产业扩大紧密相连。

该公司主要是为从事制造业的企业提供 3D 打印机试作服务。但网站“国际交流”却把重心基本上放在面向个人的服务上[①]。因为交货期被设定为大约两周，所以产品价格相当便宜。

① 据说实际上来自中小企业的订货需求很多。

正因为该公司贯彻执行“用从客户那里得到的数据来制作模型”这一明确的服务原则，所以使交货期长但价格低成为可能。也就是说，这一切都是以“想让用户在了解 3D 打印机的特性后给予我们 3D 数据的制作和造型方向的指示”为前提来实行的。

制造并不只是在公司内“闭门造车”，而是根据需要向用户传达制作信息。业务划分的优劣或许可以决定今后能否顺利发展事业。

见证 3D 打印机的实力

对于制造业来说，3D 打印机能否成为最终产品或部件的制造设备具有很大的意义。当前，使用 3D 打印机的很大原因在于可以又快又便宜地得到试作品。尽管效果不错，但一旦能制作出最终产品或部件，从设计阶段起即可以实施最佳的设计，从而获得更高的附加价值。使用 3D 打印机制作最终产品或部件，其水平和应用领域仍是个未知数，值得不停地进行研发和探索。

第一部分　最后的难关

▶ 制造业 3D 打印机从“试作品”阶段向“成品制造”的目标靠近

从制造试作品到实际产品的设备的转变……3D 打印机进入了新的阶段。

在日本国内，某汽车生产制造商正考虑把新概念汽车投入市场，该车更易定制内装等部件。根据本杂志取得的材料显示，该制造商倾向于把 3D 打印机作为制造设备。如果能够得以实现，就意味着新型概念汽车上将搭载由 3D 打印机制作的部件。

智能手机同样开始显现此趋势。美国 Google 公司正在推进新智能手机开发项目“Project Ara”（图 2–19）。其特点是将智能手机的各功能模块化，用户可以按自己的喜好自由组装智能手机。而制造模块的方法也同样考虑要使用 3D 打印机。实际上，该公司和 3D 打印机的大型制造商美国 3D Systems 公司联手，正在开发较以往产品生产性能更高的新型 3D 打印机。由 3D 打印机制作大生产量的智能手机功能模块等部件的时代确实越来越近了。

不仅是汽车和智能手机行业在使用 3D 打印机，我们可以预见到今后利用 3D 打印机制作成品的企业会越来越多[①]。

图 2–19 美国 Google 公司正在开发的“Project Ara”智能手机

假定以模块为单位进行组装。该公司还与美国 3D Systems 公司合作，正在开发生产性能高的 3D 打印机。出自 3D Systems 公司。

① 现在，市面上已出现了由 3D 打印机制作的产品。随着成型服务和低价 3D 打印机的普及，考虑使用 3D 打印机制作自己喜欢的物品的个人用户在增加。同时，3D 打印产品在网络上的销售也会增加。用 3D 打印机制作的配件和办公用品已经出现在市面上了。带 3D 扫描功能的个性化制作服务也在发展进步。

▶ 为何会选择 3D 打印机呢？

目前为止，制造业使用 3D 打印机的实例中，绝大多数仍是用于打印试验样品。目的是为缩短产品开发进程的时间、降低生产成本，并且因为检验实物的次数增加，可获得品质提升的效果。

然而如开头所介绍的一样，今后使用 3D 打印机制造最终产品或部件的实例会不断增加。3D 打印机被用作产品或部件的制造设备的优点和制造试验样品的用途略有不同（图 2–20）。

第一，产品缴纳期缩短（图 2–21）。设计三维（3D）化发展到现在，3D 打印机的优点之一已经显现出来，即设计数据几乎可以直接用作制造数据使用。当然，在一次性大量生产相同形状的产品时，尽管使用模具成型的方式在缴纳期方面比较有

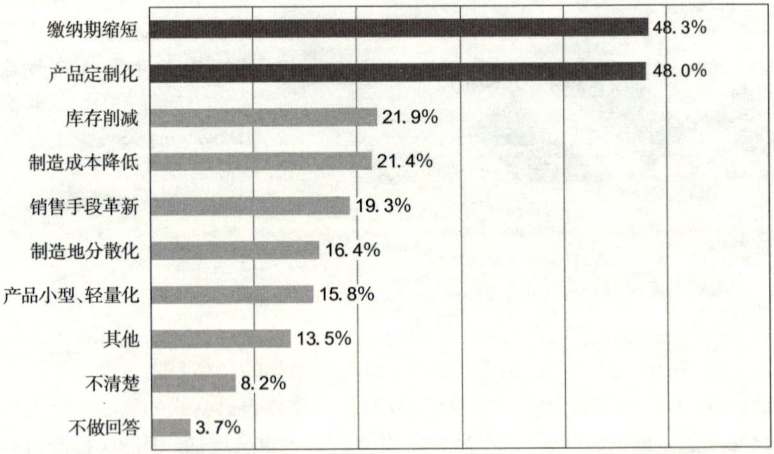

图 2–20 向技术工作者询问“使用 3D 打印机制作最终产品或部件的优点有哪些？”的调查结果。回答数为 379。

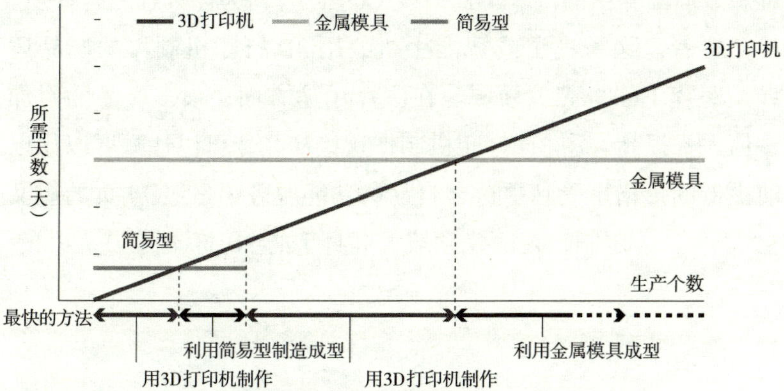

图 2-21 生产个数和生产时间的关系图

以上是利用 3D 打印机、简易型或金属模具成型的对比结果。根据个数不同，所需天数（生产周期）最少的方法也不同。（引自《新制造研究会报告书》）

利，但当数量不多时，则是 3D 打印机更具优势。而且，即使是保守部件这类很难预知需要的个数以及订购期的产品，在没有库存的情况下，也可以即时生产。

第二，容易定制产品。如果除去生成数据的工作量，制造个体形状不同的物品和制造数个相同物品的生产时间基本上不变。产品、部件的体积或积层方向的高度决定了成型的时间。也就是说，和现有的制造手段相比，3D 打印机[①] 在产品定制上具有压倒性优势。

因此，即使是产量难以确定或少量（或单品）生产的产品，都可以毫无悬念地进入销售阶段。如果对 3D 打印的这个特点加以利用，可生产出从来没有过的汽车或智能手机，那么也就不

① 尽管在定制产品方面切削加工机也很具有优势，但如果从能否自由实现形状上来看，3D 打印机的优势更加突出。

难想象前面介绍的汽车厂商以及 Google 公司为什么趋之若鹜了。

再者，除了汽车或智能手机，用 3D 打印机制作的产品还涉及医疗（medical）领域。在医疗用途方面，很多产品的附加价值大幅提高。用 3D 打印机制作这些产品，可以让顾客以比以前更低的价格享受到更适合自己的功能服务（参照 74 页的短文“少量生产、定制，在医疗领域大展身手的 3D 打印机”）。

▶ 3D 打印机的间接应用

将 3D 打印机当作最终产品或部件的制造设备时，大致采取三种方法。（1）使用 3D 打印机直接制作产品的方法；（2）用 3D 打印机制作金属模具等模型的方法；（3）先用 3D 打印机制作原型，然后复制获得产品的方法（如图 2–22）。

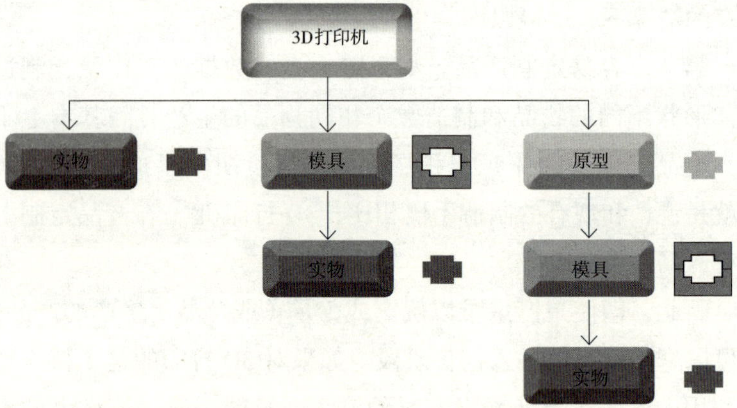

图 2–22 使用 3D 打印机获得实际部件的三种途径

3D 打印机不仅可以直接成型，还可以采取先制作模具后成型，或者是先制作原型再复制等方法。特别是后面两种方法，在材料的选择上更加多样化，但有时形状的自由度可能会受损。

其中，（2）中的模型，如射出成型用的模型（产品的嵌件），使用了树脂或金属材料。这些利用 3D 打印机制作模具（试验样品模型）之后再用模具成型试验样品的方法以前就有[①]。现在已经开始试验用 3D 打印机，制作实际产品成型用的树脂模型或金属模具。

例如，关于树脂模型，随着 3D 打印机可使用的树脂材料的强度及精度的提高，“如果产品的形状简单并且生产量少，可以用 3D 打印机制作的树脂模型来成型产品。”[SWANY（公司总部位于日本长野县伊那市）代表总经理桥爪良博。][②] 关于金属模具，例如松下在使用 3D 打印机制作模具。从直接制作模型这一点上，利用 3D 打印机制作砂型也越来越多地得到广泛的应用[③]。

使用 3D 打印机制作原型的（3）已经在珠宝饰品以及牙科技术等领域得到了应用。为了采用精密铸造法铸造金属，需要制作蜡质模具等原型，以便复制模型（参照 76 页短文“用 3D 打印机制作模型齿原型”）。有的 3D 打印机厂商还供应蜡制材料以及消失性高的材料。

---

① 有的企业是采用吹气成型或冲压加工的试验样品模型。

② 为了削减量产用模具的修改成本，减少修改的次数，并且缩短产品的缴纳期，用 3D 打印机制作树脂模型，然后用和产品同样的树脂材料制作试验样品，并进行评测，是灵活应用 3D 打印机的典型实例之一。

③ 例如，几家公司研制的使用黏合剂硬化粉末材料类型的 3D 打印机已经实现了产品化，而此类型的 3D 打印机采用的成型方法和使用木制模具固定砂型的过程很相近。尽管有制造木制模具的熟练技工减少的原因，但 3D 打印机可一体化成型以往仅木制模具才能制造的砂型，可以说是 3D 打印机的一大魅力。

▶▶ 少量生产、定制，在医疗领域大展身手的3D打印机

日本八十岛YASOJIMA使用3D打印机制作医院使用的收纳器具的灭菌盒（如图2–23所示）。尽管这种收纳盒也可以在市面上买到，但因为需要收纳各种各样的器具，不仅盒子又大又沉，价格也很高。

使用烧结树脂粉末类型的3D打印机制作灭菌盒，表面涂氟。用3D扫描仪扫描将要收纳的器具等盒内物品，生成型状数据后特别定制。和以往的产品相比，更大幅度地实现了小型、轻量化。

医疗方面，人体形状的需求很大。但因为单个生产数量极少，价格很高。以往只能生产具有最小公倍数功能的产品，才能靠数量实现低价格化。而3D打印机不仅可以制作出最适合的形状，价钱也不高。

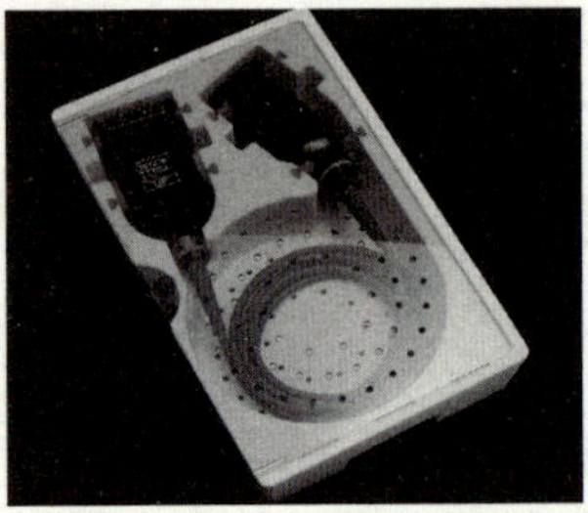

图2–23 符合器具形状的医疗用灭菌盒定制品

使用3D扫描仪扫描器具的形状后，尺寸大小正合适，而且比现有的产品更轻、更小。

▶ 水平还不够

3D打印机作为制造设备，不仅可以直接成型，还能应用包

含原型在内的模型，应用范围比较广。但在现实情况中，制作实际产品的水平仍不够（图 2–24）。还有很多课题有待解决。

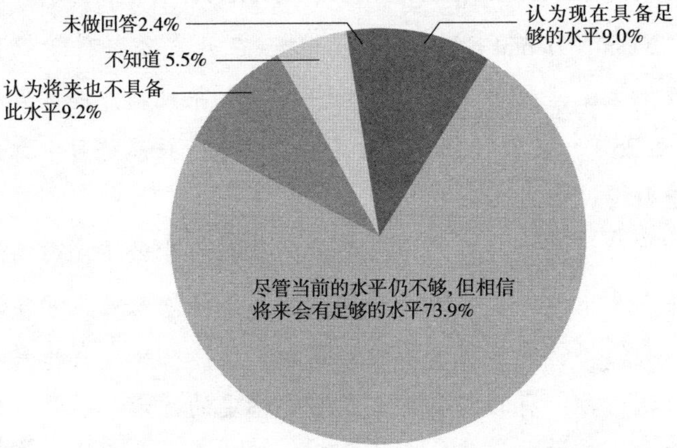

图 2–24 向技术工作者咨询“3D 打印机作为最终产品或部件的制造手段，具备足够的实力吗？”的调查结果。回答人数为 379 人。

代表性的课题：①可使用的材料种类受限；②成型品的物理特性（如机械强度等）不够；③精度不够等问题。

例如，树脂系的材料基本上仅限于热可塑性树脂或光硬化性树脂。尽管 ABS（丙烯腈－丁二烯－苯乙烯三元共聚物）、PLA（聚乳酸）等热可塑性树脂面向低价机得到了广泛的应用，适用于高性能机的 PC（聚碳酸酯）、PPSF（聚苯砜）等高强度、高耐热性的树脂也出现了。甚至还出现了已通过航空机部件、医疗等认证的材料。正处于开发阶段的材料还有纤维强化树脂（FRP）系列的材料。

用 3D 打印机制作模型齿原型

NISSIN Dental Education Company 在开发牙科科学教育用的模型齿上，应用 3D 数据，使用 3D 打印机制作模型齿原型（图 2–25）。在牙科大学等教育机构的治疗技能练习中都会使用模型齿。

制作模型齿时，因为模型齿具有表面牙釉质、内侧的象牙质以及中心部的牙髓三层构造，需要详细设定各部分的厚度。有的还需要重现虫牙的位置和深度。相反，有的要求左右形状对称，有的需要扩大或缩小特定的牙齿。总之，用户的需求千差万别。而以前都是手工制作牙齿原型，一直难以满足如此细致的要求。

而且，单个手工制作的模型齿，如果切削过度或损坏，会很难进行修复，小的模型还有丢失的风险。一个熟练的技术人员也难以进行多项作业。

但如果使用 3D 打印机，则可以立刻重新制作形状完全相同的模型。因为 3D 数据可以被多人查看，所以可以通过 DR（数字成像检测）检测所显示的 3D 数据，以确保产品的品质。

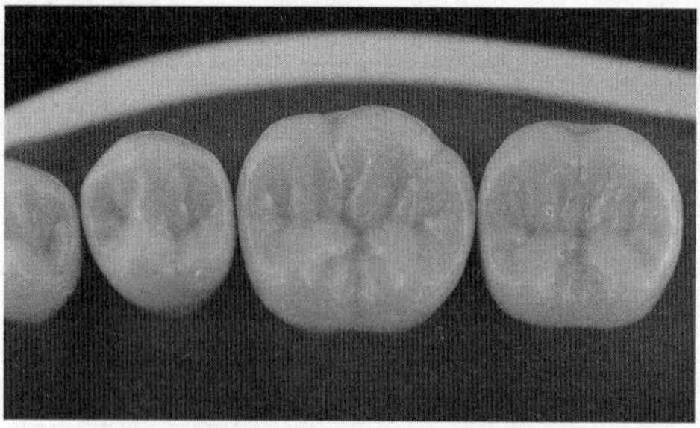

图 2–25 用 3D 打印机制作出的原型的模型齿

和原来手工制作的原型相比，3D 打印机制作出的原型制品形状更清晰。

继续开发，绝不放弃

起初探讨 3D 打印机的应用时，尺寸精度等成型品水平还很低，是“不如手工制作的原型好的状态”。还存在无法再现表面的层次感、精细的神经等问题。

而且，尽管有的品种可以用 3D 打印机制造，但和以往的手工制作方法相比，所需要的时间反而更长。因此，“即使可以使用 3D 打印机制造，也基本不用这种方式”的状态持续了很长时间。但市场需求已经明朗化，“今后，技术会进步，技术水平一旦提高，一连串的问题都会迎刃而解”，不能放弃 3D 打印机的开发项目。

大概从 2010 年起，使用 3D 打印机（光成型系统）制作的 3D 数据模型齿开始被当作原型使用。一段时期内，还应用 3D 数据进行切削加工试验，但要求操作切削加工机的人员必须具备专业技能，还有无法加工中空形状等难题，这些仍是需要克服的瓶颈。

该公司不仅使用了采用光成型系统方式制造原型的 3D 打印机，还使用了采用激光烧结树脂粉末的粉末积层方式的 3D 打印机。使用粉末积层方式的 3D 打印机可以直接制作部件。

要想利用模型齿再现真的牙齿，树脂的材料特性非常重要。例如，表面的牙釉质部分需要有比象牙质部分硬的物理特性，而神经部分需要有粘的物理特性。如果可以再现这些物理特性，使用 3D 打印机直接制作模型齿将成为可能。

事实上 3D 打印机能使用的材料种类仍然不够。尽管有和橡胶的物理特性相近的成型材料，但因为其毕竟不是橡胶，弹性限界低和容易被切断的缺点成为课题。尽管有透明且具有耐热性的光硬化性树脂材料，热可塑性树脂却无法达到此标准。即使是 ABS，也必须注意到其并不具备和射出成型使用的材料的物理特性完全相同的特点。

另一方面因构造材料等高需求，在金属 3D 打印机方面，随着粉末材料品质的提高，以及直接烧结等技术的进步，近年来，材质的纯度和密度得到了大幅度提升。“这几年，开发的发展势头强劲。（日本近畿大学教授、工学部长京极秀树）”在欧美，已经开始应用于航空宇宙领域，即使在日本国内，宇宙航空研究开发机构（JAXA）也正在研究适用于火箭发动机等部件的产品。

由于对和金属粉末有关的高耐热合金以及耐腐蚀合金等新合金的需求很高，颗粒直径细微化、颗粒直径分布最佳化以及附加防锈功能等仍然是有待解决的课题。但由于是新的成型方法，很多用户对成型物的品质安定性和可信赖性感到不安。

尽管树脂材料和金属材料还存在很多课题，但可以预见到适用于 3D 打印机的材料市场即将急剧成长，今后会有更多的厂商加入到材料的开发生产中，并且会增加对材料的开发投资。

▶ 用户也可以自行解决一些问题

除了等待上述材料和设备的改良外，将 3D 打印机当作制造设备的用户，就不能做些什么了吗？答案为否。在清楚了解当前 3D 打印机水平的前提下，用户可以采取几种办法解决问题。由此，既可以比其他公司先行将 3D 打印机当作制造设备，也可以实现更高的产品附加价值。

具体的办法大致有三种（图 2–26）。

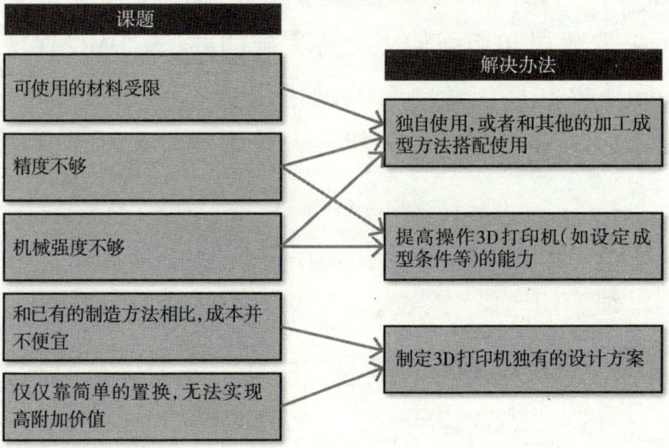

图 2–26 将 3D 打印机用作制造设备时需要解决的问题以及解决办法

随着 3D 打印机主体的改良以及成型材料的进化，有一部分问题得到了解决。很多用户自己也可以找到解决办法。

第一，将 3D 打印机当作众多品种的制造设备之一，单独使用或者和其他制造设备搭配使用。如上所述，把 3D 打印机用作制造设备时，不仅利用 3D 打印机直接进行制作，还可以考虑先用 3D 打印机制作出模型后再成型，或是制作出原型（主模型）后，再复制成其他产品。可以根据自身的需求选择最合适的方法。

希望产品的表面性状效果更佳时，最好再搭配切削加工等工艺。实际上，铸造和切削加工搭配是常识性用法。为了尽量缩短切削加工的时间，可考虑采用近净成型法。

还可以进一步在 3D 打印机的成型进程中，加入切削加工的工艺。实际上，松下已经开发出烧结金属粉末进程和切削加工进程组合的设备[①]，适用于加工金属模具。因为很多时候都是用 3D 打印机制作复杂的形状，制作完成后再进行切削加工，可加工的范围也经常受到限制。为了克服此缺点，可采取积层和切削加工交替实施的办法。DMG 森精机也在“EuroMold 2013”展会上展出了组合了金属 3D 打印机和切削加工的设备。今后，可能会有更多的机床制造商加入此领域。

▶ 提高操作 3D 打印机的能力，充分发挥 3D 打印机的功能优势

用户第二点要做的是提高操作 3D 打印机的能力，通过设定成型条件等操作，充分发挥 3D 打印机的功能优势。机床就是如此，即使导入了相同的设备，不同的用户操作，实现的精度等性能也都不同。用户要想充分利用好设备，就必须首先详细了解设备的基本规格参数。不只是目录中标明的规格参数，还应该清楚地知道在实际操作过程中，何种条件下，再现怎样的形状以及其精度如何（参照 99~107 页中第三部分）。

即使是自动化程度很高的 3D 打印机，也有需要用户设定的控制参数。例如，必须积累有关控制配置设备的环境（如温度

---

① 松浦机械制作所制造的金属光成型复合加工机“LUMEX Avance-25”在市面上有售。

等）、积层方向、加支架的方法、包括去除支架在内的后续处理等专业技术知识。

这些专业知识都表现在读懂数据资料上，因此，今后数据格式会变得很重要。现在的默认标准仍是 STL，但此格式仅能表现出形状。为了克服此缺点，AMF（Additive Manufacturing File Format）标准化正在推行中。在操作设备时，可进行更高级别的自定义参数设定，或者实现设定成型条件的自动化操作。

用户需要做的第三点是自由发挥想象力进行设计，也就是说设计出 3D 打印机独有的形状。这也是被用作最终产品的制造设备的 3D 打印机最应发挥的价值。

拿冷却水管模具的例子来说，因为使用了 3D 打印机，首次构造出了最佳的三维构造产品形状（图 2–27）。以前只能通过组合直的水管，三维立体水管的出现，将冷却性能又提高到了一个新的层次。

图 2–27 三维立体水管图例
模具构造可视化模型。

此时，构造物的物理特性以及精度等也都不再局限在以前的成型加工水准，更需要关注的是，3D 打印机在性能上是否能够实现希望达到的目标用途。如果能得以实现，就能最大限度地发挥 3D 打印机的优势。

3D 打印专利申请情况——松下和 JSR 跻身世界前十位

无论是用户应用 3D 打印机，还是制造厂商供应设备或材料时，都必须清楚地了解到此领域的专利情况。实际上，很多技术人员都希望利用 3D 打印机发挥自己所在公司的技术优势。

专利局调查申请动向

专利局在 2013 年度实施的专利申请技术动向调查[①]中，重点提到了 3D 打印技术［以下称为“附加制造技术”（Additive Manufacturing 技术）］。实施此项调查的目的在于制定专利技术的分类体系，以后专利技术的申请将按此体系划分。对象不仅限于日本国内的专利申请，而是以日本、美国、欧洲、中国、韩国的专利文献为主，分析了从 2001 年至 2011 年已经申请的 4318 件专利。

在开始调查时，专利局制作了技术俯瞰图（图 2–28）。调查的范围很广，在附加制造材料、附加制造方式、同方式划分的个别技术、通用系统技术、应用（用途）、应用（产业）六大领域都做了调查。图 2–28 中，3D 数据处理部分则

① 每年实施的十强调查，截止到 2013 年，已调查了约 180 个项目。

图 2-28 3D 打印（附加制造）技术的技术俯瞰图。（根据专利局的资料编写而成）

不在此次调查的对象范围之内。

附加制造方式大概分为七种。采用了国际标准化组织的ASTM International的设定方式（图2–29）。在这七种方式中，材料押出方式是专利申请数量最多的。其他的如和粉末床熔融结合以及液槽光重合方式相关的申请数也相对较多。

如果按照国家[①]划分，日本的申请数占到所有申请的22.4%，与美国占的28.8%、欧洲占的39.6%相比略少一些。从按照方式划分的类别来看，欧洲诸国很多都使用粉末床熔融结合方式，日本则多是液槽光重合，美国的材料押出方式也有很多。

按照应用（用途）划分的分类中，日本和美国、欧洲相比，在制作试验样品方面的专利也略少。然而，在物件的实际制造方面，美国和欧洲相同，日本方面也有相当多的申请。在成型制造方面，日本的申请数也较多。

日本两家企业跻身世界前十名

图2–3D是按照申请人类别分类的专利申请情况，对申请多的前十家公司在哪个国家以及何时申请的做出了总结。2009~2011年，因为在进行调查时有的申请还没有被公布，所以与实际情况相比相对较少。

其中，占据压倒性优势的有三家公司，即美国3D Systems公司、德国EOS公司以及在美国和以色列都设有总部的Stratasys公司。日本企业松下排在第4位（177件），JSR（72件）排到了第10位。

---

① 这里所指的国家指申请企业总部所在的国家。

名称		概要
材料押出（material extrusion）	FDM（热熔解积层法）	从加热器内置的可动头中喷挤出热可塑性树脂，使截面形状成型。很多低价的3D打印机仅能使用ABS或PLA材料，而高性能机不仅可以使用PC、PEEK或PPSF材料，还可使用活体适合材料以及美联邦航空局认证的材料。
液槽光重合（vat photopolymerization）	光成型法	采用光线照射光硬化性树脂（紫外线硬化性树脂）材料的选择性硬化积层方法。光硬化性树脂分为环氧树脂系列和聚氨酯丙烯酸酯系列。还有采用激光扫描液面（上面）方式的面曝光型的设备。
粉末床熔融结合（powder bed fusion）	烧结粉末	使用激光束或电子束照射铺满平面的粉末，使其熔融结合成截面形状。可使用树脂、金属、陶瓷等粉末材料。
喷射黏合剂（binder jetting）	喷墨式	从喷墨嘴选择性地喷出黏合剂，将石膏、树脂或陶瓷等粉末固化。可色彩化。砂型成型用设备的实用化进程正在推行中。近年来，还出现了以食品为材料的3D打印机。
材料喷射（material jetting）	喷墨式	从喷墨嘴喷挤出光硬化性树脂、热可塑性树脂以及蜡质材料，进行积层成型。通过将几种材料混合，有的设备可实现调整物理特性或变化颜色的功能。
料带积层（sheet lamination）		将料带材料切成截面形状，边黏合边积层。使用普通纸或PVC（聚乙烯料带）的设备正在被实用化。而且使用普通纸的设备通常都组合了喷墨打印机，可实现全彩立体模型的成型。
指向性能源堆积（directed energy deposition）		使用金属材料的设备正在被实用化。边供给材料边用激光等方式熔融结合。理论上，可一体成型混合了几种材料的立体模型。

图 2-29 3D 打印技术（附加制造技术）的方式及概要

ASTM International 中，将“附加制造（Additive Manufacturing）”分为七种方式。在名称的右侧标记了统称。

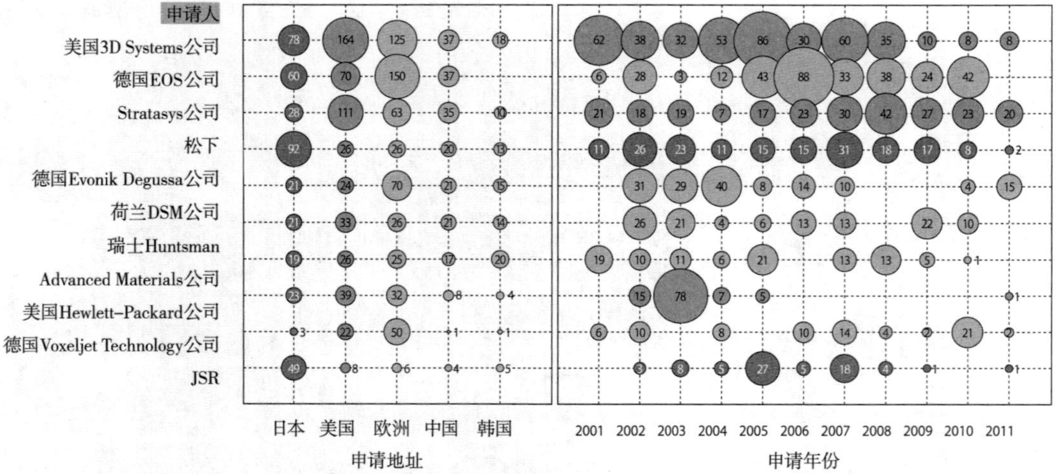

图 2-30 申请件数排前十名的公司的专利申请件数

日本企业中松下和 JSR 跻身世界前十名。（根据专利局的资料编撰而成）

尽管没有日本企业进入世界前十位，但三菱电机和 IHI 获得的和指向性能源堆积有关的专利的数量相同，位列第二（件数最多的是美国 Honeywell 公司）。液槽光重合项目相关的，继第一位的 3D Systems 公司之后，进入综合排名前十位的 JSR 排在了第二位，日本企业的排名也靠前，包括索尼、富士胶卷、美特、纳博特斯克等公司。

在粉末床熔融结合技术中，德国 EOS 公司（1300 件中占 240 件）的申请件数最多，松下为第二。该公司自行研发了粉末烧结和切削加工组合的设备（参考 87~88 页的“第二部分应用实例（松下）”。

由此可见，日本企业在 3D 打印领域的技术水平并不低。2014 年，佳能发表了自行设计的 3D 打印机产品化的方针。今后，还会有新的企业陆续加入到此阵营中。

第二部分　应用实例

松下

最终目标为将每个制品的生产时间缩减为当前的百分之一，使用模具进行积层和切削的复合加工。

松下将 3D 打印技术作为生产手段之一，正在加速开发高附加价值的商品。其最终目标是“即使是一个，也要用以往的百分之一，制造出获利的高附加价值商品”。因此，在产品开发上，不再满足于以设计验证为目的的试验样品，而是利用 3D 打印机，生产实际产品。下面从该公司对可使用树脂和金属两种材料的 3D 打印机的应用形状，来看看 3D 打印机的实力吧。

“从制造高性能模具的动机来看，成为模具加工领域的一大改革创新。”松下制造总部生产技术开发中心生产技术研究所集团经理寺西正俊说道。

该公司开发了应用 3D 打印技术的模具制造设备，并活用于模具加工。

▶ 高速试作个人家电

寺西所属的制造总部曾是生产技术总部。不仅面向批量生产的工厂设备开发的生产技术层面，也致力于建立跨区域的新型开发企业。

各种各样的生产技术储备是开展新领域的基础。材料技术、成膜加工、包括切削加工在内的精密加工、安装印刷线路板技术、计测、检查、机器人以及成型技术等各项技术储备。目标是充分发挥这些技能来开发新技术，并进一步制造出新产品。

在全球竞争激烈的背景下，存在着家电产品商品化、因消费者需求多样化而衍生出的难以生产高附加价值商品等问题（图 2-31）。而且不仅是市场和商品发生了变化，还有因发展中国家人力成本提高，出现生产产业回归到日本国内生产的趋势，数字化、3D 化也在进一步发展中。

市场：开拓全球市场、国内市场饱和
家电产品的商品化
商品：由消费者需求多样化引发的长尾化
制造：生产产业流回日本
中国的人力成本急剧增高/品质问题/汇率
制造业数字化、3D化

通过三大革新措施开展事业

①市场革新
家电技术的横向展开（转换地域）开展成长领域（车、健康护理、农业）
②茶叶革新
破坏性创新产品 节能（1/2化）（冰箱、空调等）
③过程革新
实现高速的个人家电工作室 促进公司内开放实验室制造项目
自动化、省人力化技术 即使在日本也可生产制造的熟练型生产技术

图 2–31 松下对于环境的认识以及三大革新举措
重视从商品设计开发至量产整个过程及速度，进行变革。（根据松下的资料编撰而成）

针对此情况，松下的三大革新中，制造总部集中力量的革新之一即为过程革新。革新的对象关系到商品的开发设计以及生产两方面。

例如，该公司自2013年起成立了名为“总个电试验工作室”的组织。个人家电指被委托定制的适合个人需求的松下电器。

在总个人家电试验工作室中，从提出方案、设计，到解析、试验、评测、建议，开发个人家电的新商品以及新项目。很多研究人员在一起出谋划策，俨然是公司内的开放实验室。

在总个人家电试验工作室中，不仅提供了设计测评用的试验样品，还对直到最后批量生产前的各项变革课题进行挑战。在这里特别重视的是速度。为了实现此目标，该社不仅引进了市面上销售的3D打印机，还根据需要，自行开发该设备。

▶ 十个以上的网点开始应用到树脂 3D 打印机

松下主要使用了市面上出售的以喷墨方式喷挤出液体树脂的 3D 打印机（以下简称为“树脂 3D 打印机”）（图 2–32）。该公司于 2005 年左右开始使用树脂 3D 打印机。

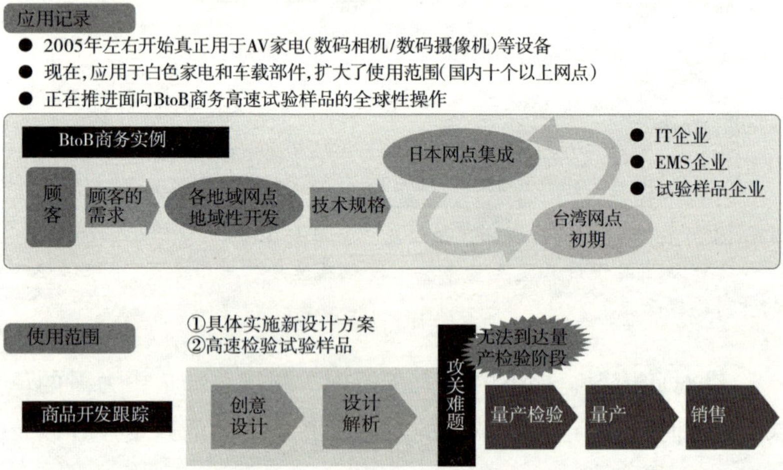

图 2–32 应用树脂 3D 打印机的跟踪记录与适用范围

在国内，已完成了十个以上网点的引进，在海外网点也开始应用树脂 3D 打印机。适用范围还停留在设计、试验阶段，并未达到量产检验阶段。（根据松下的资料编撰而成）

首先，日本国内开始在数码照相机和摄像机等数字家电领域真正用到 3D 打印机。现在，应用范围已扩大到白色家电以及车载部件的开发等方面。日本国内十个以上的网点都在使用，按每个网点拥有数台树脂 3D 打印机计算，整个松下使用了数量相当多的 3D 打印机。

以 BtoB 领域为中心的海外网点也在推广使用 3D 打印机。

日本国内工厂逐渐减少，而在海外网点对试验样品的需求越来越高。先在日本生成设计数据，再将数据传送至海外网点，在当地利用 3D 打印机打印试验样品。即使不用邮寄实物也可以进行检测，可在更短的时间内完成网点间的信息交换。

至今，树脂 3D 打印机的适用范围仍停滞在新方案设计的具体实施化以及设计检验的阶段。处在无法达到量产检验阶段的这一困境也是实情。不解决目前树脂 3D 打印机存在的可用材料、成型方式以及设备等种种技术难题（图 2–33），是很难发展到下一阶段的。

例如，因为材料的种类很少，有的试验样品无法通过量产检验所要求的足够强度及耐久性等各项指标。具体表现为比实际制品中使用的材料强度低，无法通过落下等试验的破损程度

项目		内容
材料	材料种类少(强度、耐久性差、无法达到量产检测要求)	韧性差,感觉不到弹性 强度低,无法通过落下试验的破损程度测试 耐热性低(80℃左右),无法应用光源等(投影仪等)设备 透明度低,无法用于光学物品 彩色品种因设备不同而受限
	材料价格高	树脂：3万~4万日元/kg(是普通材料的50~100倍)
方式	制品的形状受限	10mm厚度需要约1.5小时 打印规格比大(10倍以上)的形状时,有时很难除去支持剂 打印细长形状时,有和支持剂一齐缺损的风险(品质保证), 因为使用的支持剂多,无法忽视材料的成本问题
	精度受限	外形形状 ±50微米/inch(对形状有要求) 因层薄(0.5mm以下),平板成型时,易弯曲(1mm以上)
设备	连续运转、运用的问题多	为确保材料的稳定性,并需要电源(加热器)长时间保持在on(开机)的状态,待机需要的电容量大 机械性能不佳(连续运转时,材料供给和结构方面的故障多)

图 2–33 树脂 3D 打印机存在的课题
期待提高材料的物理特性，降低成本。（根据松下的资料编撰而成）

测试。材料的耐热性低于 80℃，很难使用投影仪等光源，存在透明度低、无法利用光学部件等难题。其他，如成型材料的价格为 3 万 ~4 万日元 /kg，高出普通材料价格的 50~100 倍等，都成为阻碍其适用范围扩大的重要因素。

首先，和成型方式有关的缺点是成型产品的形状受到限制。尽管普遍都认为只要有 3D 数据，就可以简单快捷地使用 3D 打印机进行制作，这其实是一个误解。真正要成型的形状是有条件的。

例如，规格比为 10 倍以上的大形状，可能会出现难以去除支持剂的情况，或者针状细长部分在除去支持剂时有欠损的风险。即使是精度方面，厚度在 0.5mm 以下的薄板在成型时，也可能出现弯曲等问题。

现在的状况是根据用途加以选择使用。今后，如果解决了材料的物理特性以及成本等问题，就可以利用树脂 3D 打印机制作出的立体模型进行量产检验，并进一步扩大适用范围。

▶ 金属成型对传统工法是个挑战

松下在研发利用树脂 3D 打印机的同时，还应用了以金属为材料的 3D 打印机（以下称为“金属 3D 打印机”）。目标是制造真正的产品，而不是只局限于试验样品。

并且，和激光等烧结积层金属粉末的一般成型设备不同的是，松下独自开发了组合了切削加工工艺的设备。该公司将其称为“三维金属积层复合加工”，目前正在开展树脂射出成型用模具领域的实用性研发。

模具一般采用铣床加工、线切割加工或放电加工等各式加工法，削出钢材制造而成（图 2–34）。基本上都配合了除去材料的除去加工工艺。此工法在加工精度（包括表面粗糙度）上的效果甚佳，但也有无法加工中空等形状的限制。

和此除去加工工艺相对的，一般的金属 3D 打印机在积层加工时，都是选择性地用激光烧结金属粉末并反复积层。因此，可实现中空形状的一体加工工艺，而且和除去加工相比，形状的自由度很大。

但积层端面的轮廓形状由粉末熔融凝固的状态决定，精度有限。精度、表面粗糙度都大概为 100 微米，不可直接用作模具使用。

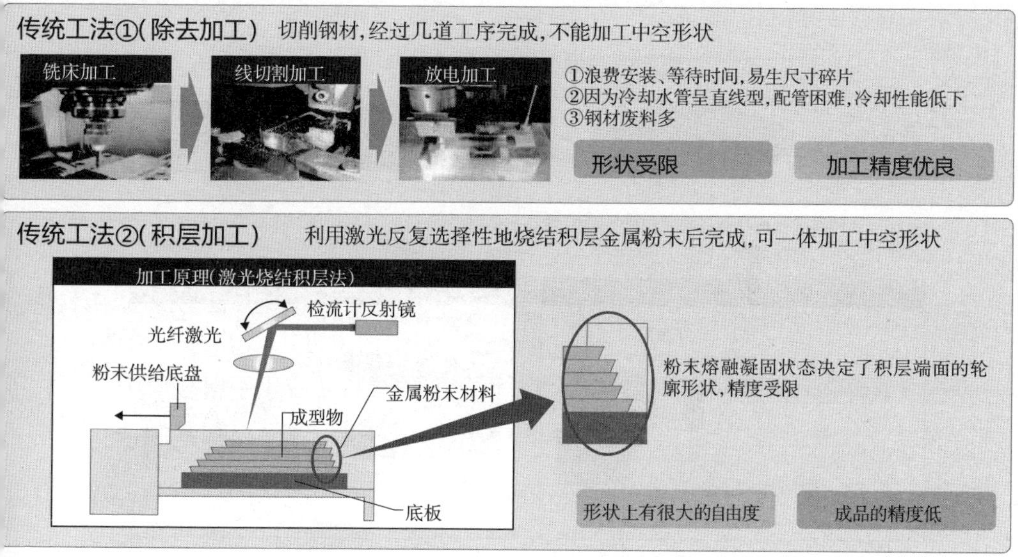

图 2–34 传统工法的课题

除去加工（切削加工）、积层加工都有各自的优缺点。（根据松下的资料编撰而成）

那么，如果对用积层加工完成的模具再实施除去加工工艺，不行吗？答案是不行。正是因为成型形状太复杂，有的部分无法利用除去加工工艺削除，才采用了积层加工法。

也就是说，除去加工和积层加工都处于难以两全的尴尬境地。

▶ 组合切削功能

为了解决此问题，松下发挥当前所有的技术优势，开发了在传统积层加工工艺上组合切削加工功能的工法（图 2–35）。即三维金属积层复合加工法。根据此工法重整了在模具领域实际开展的体制。

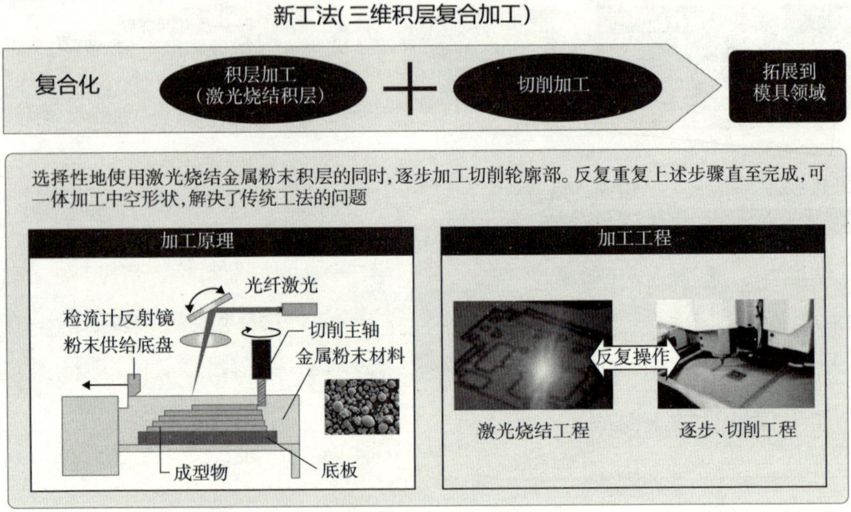

图 2–35 积层工法与切削加工组合的复合加工法

在积层进行到一定高度的阶段，对轮廓部分进行切削加工，然后再进一步积层。（根据松下的资料编撰而成）

首先，此工法和金属 3D 打印机一样，采用激光选择性地烧结金属粉末，执行积层的操作。堆叠几层后，对轮廓部进行切削加工。即使是完成积层加工后无法处理到的部分，在积层过程中也可进行处理。之后再反复执行上述的操作，烧结、积层，接下来再切削加工。

此方法以基本的积层工法为基础，又可一体加工中空形状，形状的自由度很高。既有积层工法的优点，又解决了精度低的问题。具体的成型精度纠正到 ±100 微米以下、表面粗糙度纠正到 5 微米以下。

切削加工时不一定使用冷却剂，可采取干加工的方法。因为“诺亚矢量图像”（寺西），切削时负载不能太大。

松下生态环保系统 2008 年引进了三维金属积层复合加工 1 号机。

▶ 全球竞争力高的模具

利用三维金属成型加工模具有三大优点（图 2–36）。（1）缴纳期短;（2）成型的生产性提高;（3）可实现量产的直线上升。

（1）缴纳期短指即使是成型品的嵌件等复杂的形状，因为在一个进程中即可完成加工，所以模具的制作期能缩短到 2/3。如果仅计算加工时间，有的甚至会缩短到 1/2~1/3。

但也不是哪种模具都能实现短缴纳期的。仅靠切削加工即可简单制造出的模具反而不会节省时间，松下制定了单独的指标，通过评测形状，对可预见效果的用途，才采用三维金属复合加工工艺。

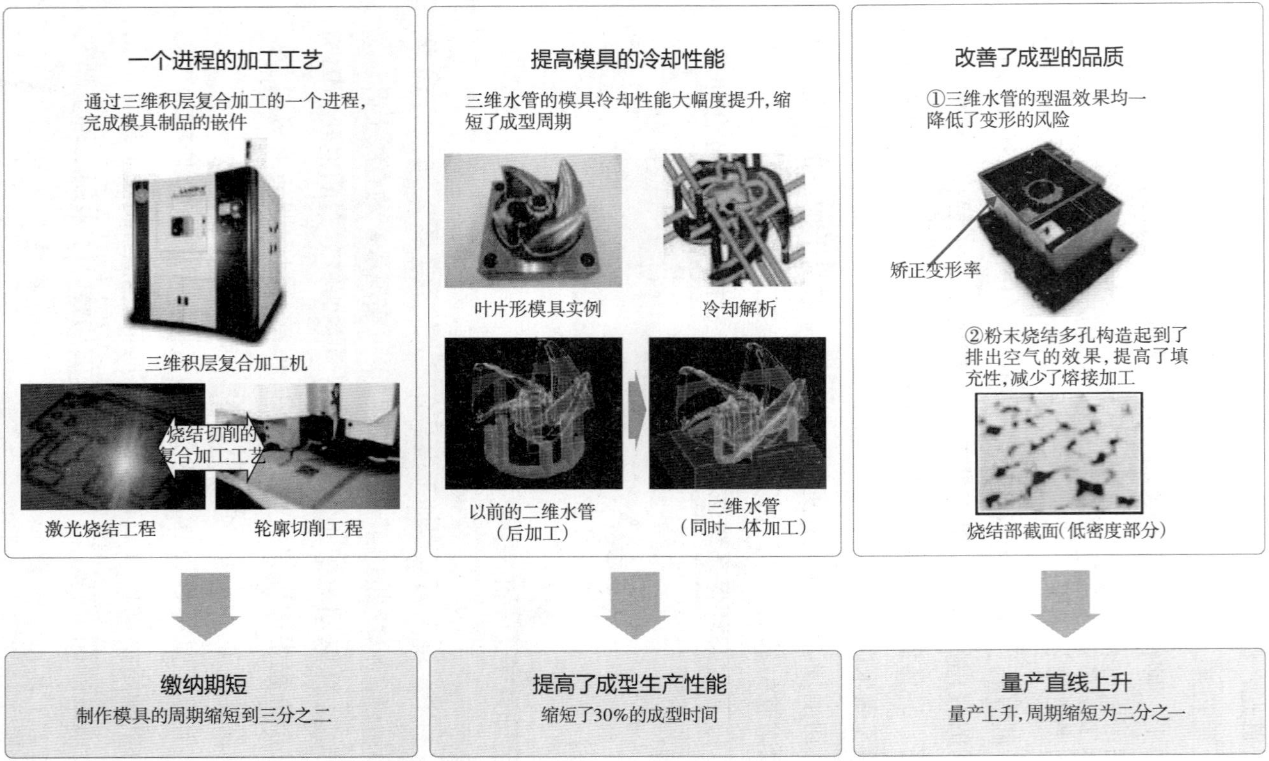

图 2-36 采用三维金属积层复合加工工艺加工模具的优点

模具加工的革新实现了生产全球竞争力高的模具的目标。（根据松下的资料编撰而成）

因提高了模具的冷却性能，从而实现了（2）的成型生产性。正是基于设计的改进，采用了积层成型法，才制造出了三维构成的形状复杂的冷却水管。以前仅能组装直线形的水管。

设计符合成型品形状的水管时，模具的温度很容易降低，必须将温度控制均一。因为引进了三维水管，模具的冷却性能大幅度提升，成型时间缩短了约30%，成型生产性得到了提高。有了这项技术，还可以加快成型深杯子形物品。

成型品质的改善对（3）量产的直线上升产生了很大的影响。如上所述，①可成型三维水管；②促进了模具温度的均一化；③降低了变形的风险。还有一点就是活用了粉末烧结残存的多孔构造，通过抽出气体提高了填充性并减少了熔接加工。综上所述，量产期间约缩短为从前的一半。

▶ 探讨金属直接成型的可能性

松下花了5年以上的时间进行各种各样的探索，感到“达到了一定的水平”（寺西）。然而，仍有一些课题未得到解决。

具体的方针为继续改进成型尺寸、模具寿命以及成本等问题（图2–37）。首先，成型尺寸当前仍停留在250mm角的程度上，需要尽快扩大至500mm角，这样适用的模具数才会大幅度增加。将耐用数提高到100万次以上，以延长模具的寿命。因此，必须能够使用耐磨耗性高的金属，这就需要积极研发新的材料。

和以前采取的工法所需的成本相比，目标为将成本降低在70%以下。而材料的适用范围不局限于金属，还可扩大到包含陶瓷在内的烧结零件等。

松下将利用 3D 打印机的终极目标定为实现“百分之一的生产周期，单个制造”（图 2-38）。也就是说，生产可以进行单个核算的、生产周期为以前的百分之一的高附加价值商品。

为了实现该目标，今后将继续进行对树脂 3D 打印以及三维金属成型设备的开发工作。并研究树脂 3D 打印机的新材料、新打印头以及新工法。

另外，对于三维金属成型，在逐步实现上述开发目标的同时，还在推行以模具为主的适用范围，探讨如何实现直接成型高性能部件。

①扩大尺寸	成型尺寸500mm角(适用模具的数量增至四倍)
②寿命延长	耐用射击数100万次以上
③降低成本	和采取传统工法生产的日本产模具相比降至70%以下
④扩大适用范围	扩大包含陶瓷在内的烧结零件

图 2-37 制定了三维金属积层复合加工今后的开发目标

现状是虽达到了一定的水平，但仍有很多课题存在。（根据松下的资料编撰而成）

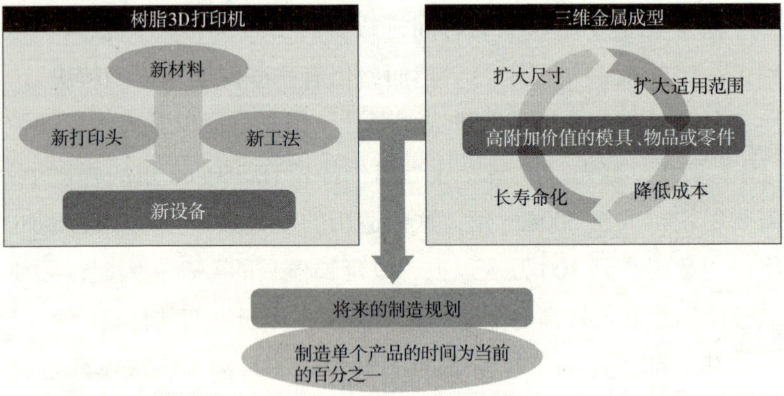

图 2-38 将来的制造规划及其实现方法

将树脂和金属两方面都加以革新。（根据松下的资料编撰而成）

第三部分　检验实例

▶ 金属技研，检验金属 3D 打印机的实力

▶▶ 预热的有无让打印出的形状产生差异

金属 3D 打印机采用了选择性地烧结金属粉末后积层的方式。现在烧结的热源主要是激光束和电子束两种方式。两种方式的输出功率和扫描速度都不同，而且，在是否采取将积层的整个层面一层一层预热的方式上存在更大的不同。这些都会对残留应力和粉末的除去性产生影响，如何重现目标形状也在改变。接受金属部件委托加工的金属技研发布了检验结果。

金属技研引进了激光束式“EISINT M280”（德国 EOS 公司）和电子束式“Arcam A2X”（瑞典 Arcam 公司）两种方式的金属 3D 打印机。作为采用近净形方式实现产品加工的加工设备，正在开展实用性的研究开发工作。

两种方式的最大成型尺寸几乎近于 250mm 角，最小的积层厚度也在 50 微米左右[①]。最大的不同之处在于激光束和电子束的

---

① 金属粉末的素材为 Ti-6AI-4V 时，EISINT M280 最大成型尺寸为 250mm×250mm×325mm，Arcam A2X 为 200mm×200mm×380mm，EISINT M280 积层厚度为 30 微米或 60 微米，Arcam A2X 为 50 微米。

输出功率和扫描速度。激光束方式的输出功率为 400W，电子束则达到了 3500W。激光束式的扫描速度为 7m/s，电子束则达到了 8000m/s。电子束方式充分利用了其扫描的速度优势，成型时一层一层将成型台全面扫描预热（提高了金属粉末的温度）后，开始烧结截面形状。

▶ 是否预热存在很大的不同

那么，是否预热有什么关系吗？结果是直接对进程产生两大影响（图 2-39）。

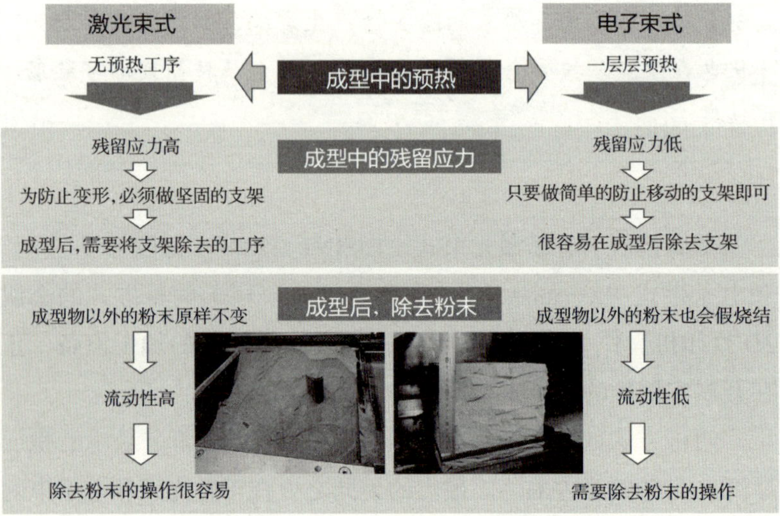

图 2-39 是否预热决定了不同的特点，并且会产生很大的差异

激光束方式不预热，电子束方式预热。是否预热会使残留应力的大小以及成型物以外的粉末状态发生变化，对成型后的工艺有利有弊。（根据金属技研的资料编撰而成）

首先，对所需支架[①]的条件要求不同。激光束方式由于不预热，温度差很大，残留应力变高，为防止变形，有必要对抗其残留应力。在第一层接触的底座上固定上结实的支架，可以起到很大的支撑作用。此时，难以从模型上取下支架，因此，在成型后还需进行机械加工等工序。

而采用电子束方式时，由于温差小，并且残留应力低，造型时仅需支撑要削减部分的支架即可。“成型时仅使用手都能折得动的薄材料就够了，取时只要用手轻轻一折，或者用钳子稍微拧几下即可取下”（金属技研技术总部技术中心副总干事山本泰弘介绍）。

从上述的残留应力这点来看，电子束方式占有优势，而从去除粉末性来看，则是激光束方式更为有利一些。

实际上，一预热，金属粉末“就会变成假烧结的状态”（山本泰弘）。如果采用激光束方式，可将成型范围以外的部分直接以粉末的形式原样取出，而电子束方式则因为经过了预热的工序，整个成型台上所有的粉末都会凝固，处于假烧结状态。

而即使是需要去除的假烧结的部分，虽然也可以使用吹风机吹去粉体，但对于吹风机够不到的地方，仍然很难清除干净。对于管线复杂的零件，仍存在无法彻底将不需要的部分去除的问题。

---

① 支架指除目标形状以外，为防止因自重等原因变形而附加的部分，成型后需要去除。

▶ 采用单个成型样品的方式加以确定

为了研究去除粉末性等因素对重现实际成型物的精度以及形状产生的影响，金属技研试着分别使用两种方式成型的 3D 打印机，打印出各自的Ti–6Al–4V的成型样品，并加以比较（图 2–40）。设计出的样品可大概确认以下六点。具体是:（1）如果不使用支架，成型时可最大倾斜的角度（限界成型角度）;（2）何处可重现小的横孔（横孔形状、粉末除去性）;（3）圆棍的最小直径和高度;（4）板的最薄值与高度;（5）缝隙、边缘的形状;（6）锐角的形状。

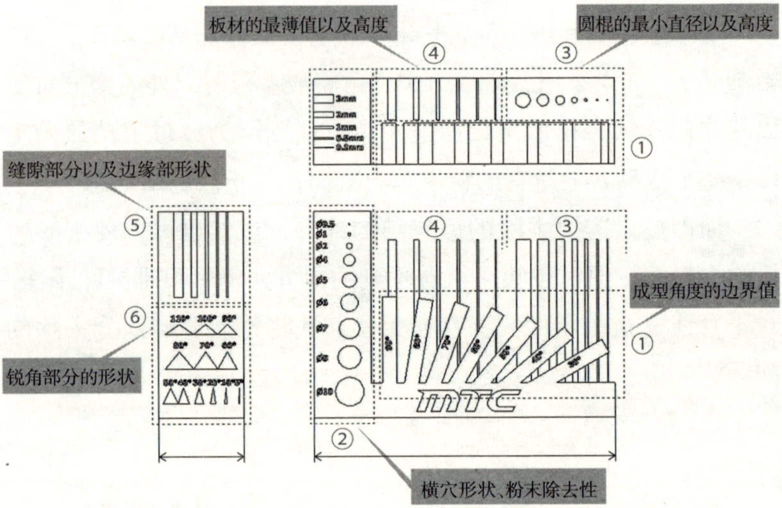

图 2–40 用于确定成型边界值的样品图

为了确认可再现的形状的边界值，准备了样品，可改变孔穴、圆棍的直径，并可改变积层方向的角度。此形状未使用支架。（根据金属技研的资料编撰而成）

图 2–41 为成型此样品形状的照片。对于设计尺寸，尽管尺寸在 20mm 和 30mm 的部分，精度在 0.1mm 以下，尺寸为 105mm（样品的宽度）时，产生了 0.3mm 以上的误差。结果稍微不如目录规格，“可通过调整积层条件来改善，最终不超过参考值”（山本泰弘）。

下面来看一下六项检验的结果（图 2–42）。

无论在哪个设备上，（1）的限界成型角度相对于水平面，可见有约 30 度的形状出现损坏。40 度时没出现问题。角度必须在 40 度以下，固定支架后进行成型。

再看（2）的横孔，激光束式中，Φ（直径）0.5mm 的孔形粉碎，而 Φ1~10mm 的孔形不错，可除去粉末。

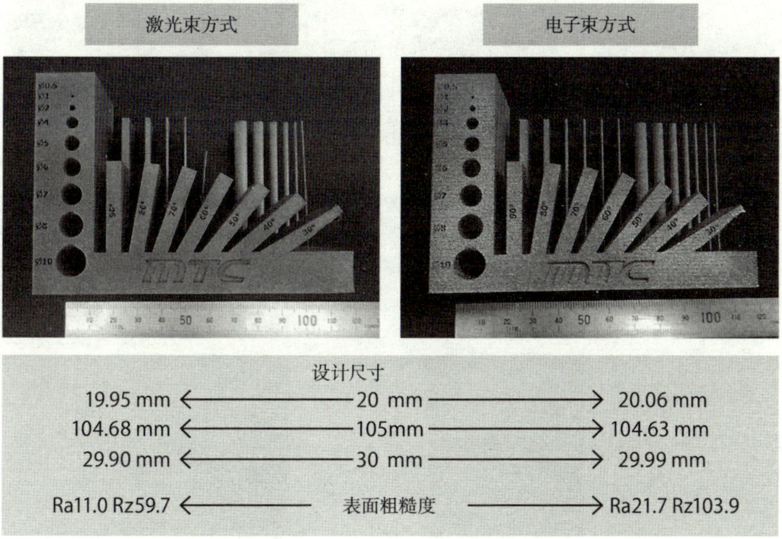

图 2–41 外观形状结果

测量成型样品的尺寸，并与设计值加以比较。并且计量其表面粗糙度。设计尺寸参照图 2–40 中的平面图。（根据金属技研的资料编撰而成）

	激光束式	电子束式
①限界成型角度	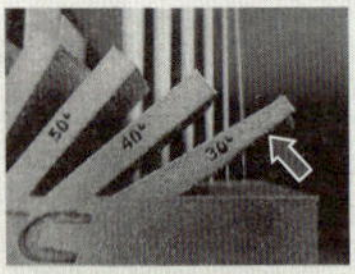 成型角度是30°时，形状出现损坏现象	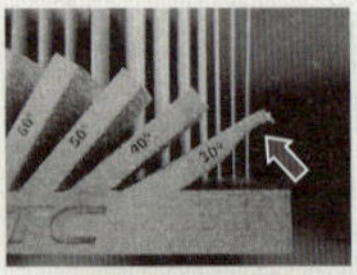 成型角度是30°时，形状出现损坏现象
②横孔形状、粉末除去性	 横孔 Φ1~10mm 通透 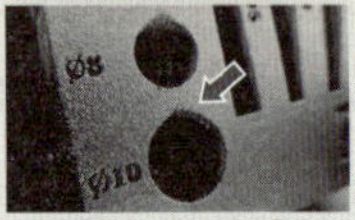 Φ6~10mm 横孔上部形状出现变形	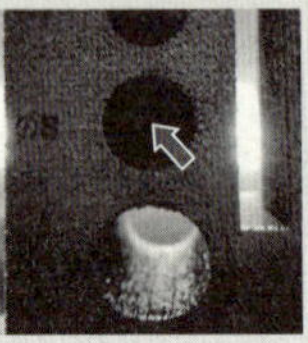 横孔 Φ0.5~8mm 不通透 横孔上部形状完好
③圆棍的最小直径与高度	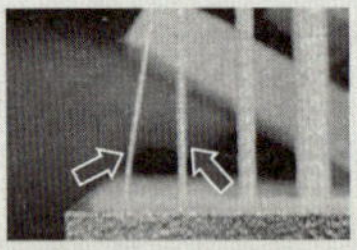 最小直径：Φ0.29mm（设计值为Φ0.3mm）	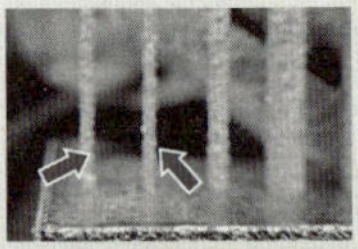 最小直径：Φ0.75mm（设计值为Φ0.3mm，Φ0.5mm）
④板的最薄尺寸与高度	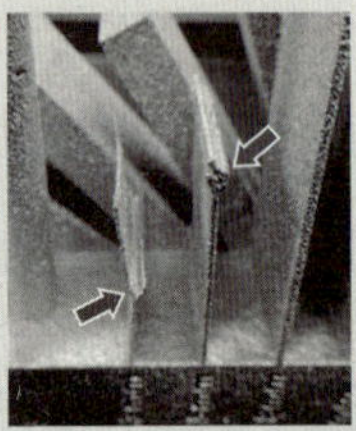 板最薄的尺寸：0.35mm（设计值为0.3mm） 成型的高度：7.3mm（厚度是0.3mm时） 17mm（厚度是0.5mm时）出现破损	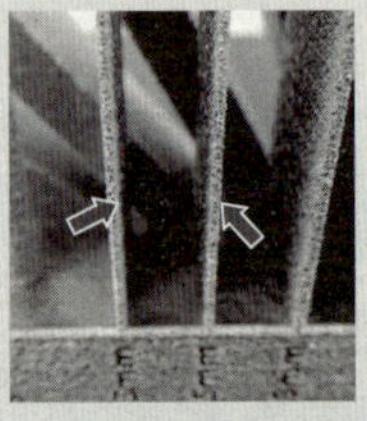 板最薄的尺寸：0.75mm（设计值为0.3mm，0.5mm） 成型高度：50mm 无破损
⑤狭缝部分和边缘部分的形状	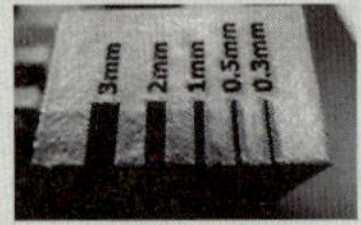 缝隙的宽度：0.20~0.25mm（设计值为0.3mm）	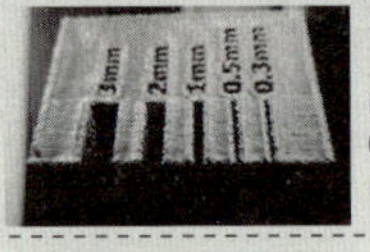 缝隙的宽度：0.15~0.20mm（设计值为0.5mm）
⑥锐角部分的形状	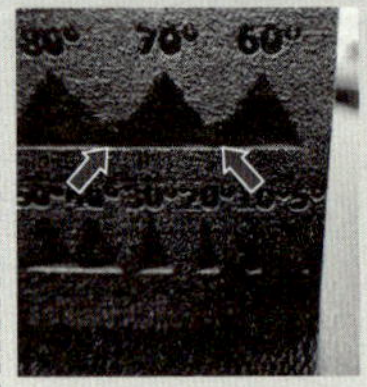 锐角部分：可确认角度为5°的间隙 线接触部：形状出现损坏现象	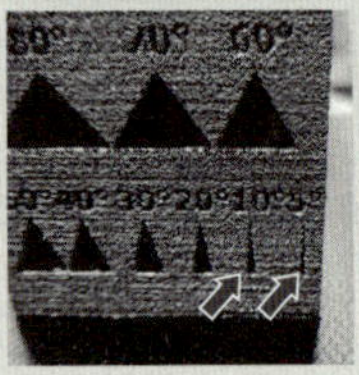 锐角部分：减少5°、10°的间隙 线接触部：形状完好

图 2–42 用于确认成型极限值的样品的成型结果

激光束式和电子束式在制品的重现方面各有优劣。（根据金属技研的资料编撰而成）

另一方面，电子束式的 Φ0.5~8mm 的孔没有穿透。如上所述，因为预热假烧结，导致小孔径无法贯穿。“如果是直线形状，用针等工具可去掉粉末。但如果是冷却水管等复杂形状的构造品，很难去除粉末”（山本泰弘）。

在（3）圆棍的最小直径、（4）板的最薄尺寸方面，激光束方式更具优势。例如，采用激光束方式，对于设计值为 Φ0.3mm 的圆棍，可实现 Φ0.29mm 的实际值。但如果采用电子束方式，无论设计值为 Φ0.3mm 还是 Φ0.5mm，实际值都是 Φ0.75mm。是因为激光束方式不假烧结，只烧结扫描过的部分，所以精度更高。

但是，在成型细长（薄）等形状时，在积层方向的高度上，电子束方式更具优势。实际上，激光束式成型厚度为 0.3mm 的薄板时，仅能成型最大高度为 7.3mm 的物品。这是因为成型中的残留应力，会导致歪斜以及层间的位置错位等情况出现。

（5）成型缝隙部分和边缘部分时，形状都会比设计值稍窄，在这一点上，激光束方式重现更小的缝隙的准确度更高一些。（6）即使是锐角部分的形状，在形状的重现上激光束方式也更佳，但如果考虑到形状不会因变形而损毁，则是电子束方式更好一些。

▶ 经 HIP 处理后，疲劳强度得到了提高

以上探讨了使用 3D 打印机打印的立体模型的形状性重现的效果。接下来再看一下立体模型的机械强度。特别是当该公司在高温环境下，做了气体加压的 HIP 处理后，对立体模型的物

理特性出现了怎样的变化做了检验。

近年来，由于粉末的品质及热源输出功率提高等因素，3D打印机成型的立体模型的密度也大幅度提升。即便如此，在立体模型上，仍残留了细微的气泡（孔）。该公司观察了截面“刚刚成型后，可确认有多少个20微米以下的气泡”（山本泰弘）。

做HIP处理时，会压碎这些气泡。检测密度的结果是发现密度有所改善[①]。关于机械强度的试验结果，可发现因为HIP处理，拉伸强度会稍微下降，破断牵引得到了改善。无论是采用激光束方式还是电子束方式，在HIP处理的前后，“比正在出售的普通钛64的板材更好”（山本泰弘）。

做过HIP处理后，疲劳强度得到了大幅度改善。该公司在实施旋转弯曲疲劳试验时，无论是激光束方式，还是电子束方式，因为做过HIP处理，疲劳的极值都得到了提高（图2–43）。

具体试验方法为10^7次的应力振幅（疲劳强度）下，激光束式个体（刚刚成型后的状态）的应力振幅为360~370MPa，电子束式个体仅约为250MPa，HIP处理后，强度最大可上升到600MPa。

以上是该公司针对金属3D打印机的形状重现性以及机械强度得出的检验结果。此检验结果至少是在该公司当前所具备的积层条件下实施得出的。“为了成型效果更佳，今后会加大对积层条件的开发力度”（山本泰弘）。

---

① 激光束式因为采用不预热成型的方式，观察其截面组织，会发现在温度变化剧烈时，组织形状上更接近溶体化、时效处理后的组织。相反，电子束式因为采用预热的方式，组织更像混杂着针状的组织。无论哪种方式，在结晶粒成长方向上，都朝着积层成型的方向延伸。HIP处理因为需要加热，所以无论哪种方式的组织都变成了针状组织。

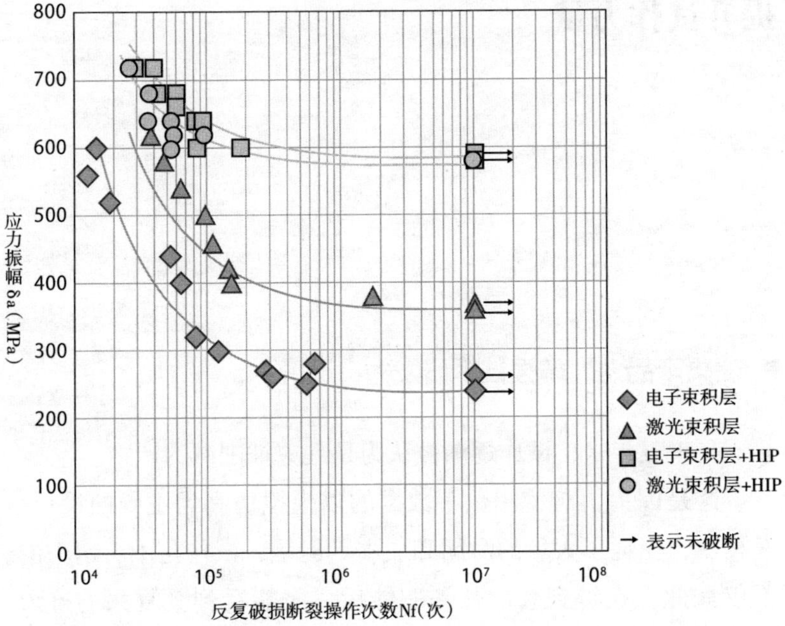

图 2-43 进行旋转弯曲疲劳试验的结果

激光束式的疲劳强度（应力振幅）稍高。但无论是哪种方式，只要经过 HIP 处理，疲劳强度都会大幅度提升至几乎相同的结果。（根据金属技研的资料编撰而成）

提升试作力量

▶ 提高产品力，增强技术研发力

二十五年来，试作逐渐被认为是理应被削减的产物。

这是因为，与使用数字数据的以模拟仿真为主导的设计研发相比，消耗了大量的时间和成本。但是，试作是不会消失的。不仅如此，在得到新的任务职能后，还能看到其复兴的迹象。据说现在为了与使用者的“感性”相称，以创造新价值为目标的产品也增加了不少。

凭借数字数据不能完全创造出来的价值也能在通过设法进行试作和评价的过程中得以实现。此外，随着 3D 打印机上市等试作技术的发展，时间和成本问题的弱势也被逐渐淡化。

通过全新主题的试作提高产品性能、通过高速化试作增强技术研发力。

致力于提升试作力量的企业正在不断增加。

动向分析

▶ 提升竞争力

▶▶ 成本和时间上的难度降低
依靠实物来对其特性进行"尖锐"的评价

"手上没有实物，就无从知晓。特别是形状和触感等信息，显然是有实物的话更容易理解。"

说这句话的，是狮王公司包装技术研究所的副主席研究员中川敦仁先生。似乎是为了印证开头所说的话，该公司在研发用于填充清洗剂等溶液的各种容器时，近十年内制作出的试作品数量增加了约三倍（如图 2–44）。这正是因为实际感受到了试作的高效化。

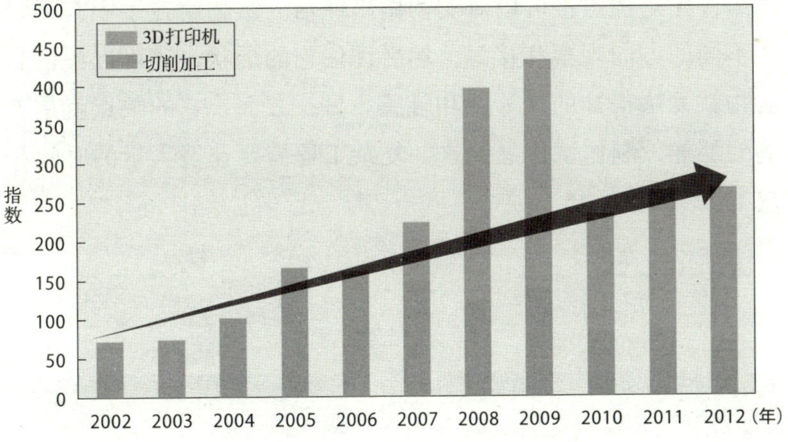

图 2–44 狮王公司包装技术研究所试作数量的推移

虽然 2008 年和 2009 年的研发案例众多，试作数量也很突出，但是该公司的试作数量在近十年内提高了三倍。

据中川说，该公司曾经也有过“以减少试作为目标的时期”。减少需要花费时间和成本来进行的试作，用 CAE（模拟数值）和 3D–CAD 软件进行数码评估。

像这样以减少试作为目标的公司不仅限于狮王。随着 CAE 和 3D–CAD 软件的发展，从 20 世纪 90 年代开始，许多企业都开始致力于此。然而在现实情况下，像刚才提到的狮王那样减少试作的企业却出乎意料得多。而且时至今日，这种倾向开始变得更加显著。

▶ 没有实物就无法评估

为什么致力于试作的企业正在增加呢？在考虑这个问题之前，我们先重新整理一下试作的优点和缺点吧。

首先是优点：可以对实物做出评估。实物就在手中，可以从不同的方向观察和接触，然后评估它的形状，还可以评估非实物就无法得知的尺寸感和触感。另一方面，它的缺点就是上述的那样，制作试作品的这一复杂工程需要花费大量的时间和成本。（如图 2–45）

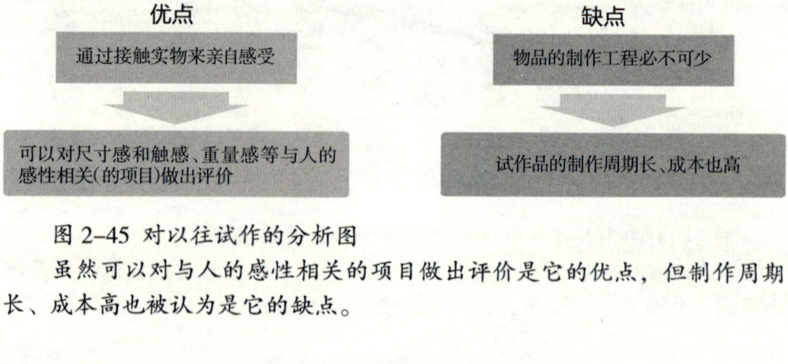

图 2–45 对以往试作的分析图

虽然可以对与人的感性相关的项目做出评价是它的优点，但制作周期长、成本高也被认为是它的缺点。

为了克服这个缺点所采取的措施就是减少试作，也就是使用 CAE 和 3D-CAD 软件来进行数码评估。虽然不借助实物的评估是有限的，但因省去了制作实物的工程，从而减少了研发周期和生产成本。减少试作可以带来这么多好处，因此企业都极力避免试作实物。

但试作减少的话，“过于重视成本，会起到适得其反的效果。因此以大公司为中心开始重新认识到试作的重要性”。销售 3D 打印机的 KS DESIGN LAB 公司（本公司位于东京）的董事长原雄司说道。

实际上，数码评估虽然比试作在制作周期和成本上都更有利，但它绝不能覆盖到全部的评估。尤其是随着对产品附加价值的高度化追求，虽说数码评估每年都在发展，但非实物试作就无法评估的项目也在不断增加。

有些企业就深切地感受到了这一事实。这就是提供与声音、振动有关的解决方案的小野测量工具公司。“随着顾客企业的产品研发方针的变化，这五年来调查声音和振动的目的也发生了巨大变化。”（该公司技术本部样本产品集团、咨询集团经理石田康二说。）

比如说声音。以前的评价主要是“如何缩减大小”，但据说附加了“人在听的时候，是否感到舒适”“能否体会到高级感”等与感性相关的项目也在不断增加。虽说也能用 CAE 对大小进行评估，但仅靠 CAE 会很困难，这时就必须用试作进行实验。

重新研究试作的一个理由，就是因为像感性这样的不用实物就无话评估的案例在逐渐增加。另一个重要的理由，就是能够克服试作的缺点，也就是克服制作周期、成本问题的技术和服务诞生了。

▶ 试作的难度降低

对克服试作缺点有着重大贡献的，就是一直以来被急速普及的 3D 打印机。向外订货需要一周以上时间的试作，使用 3D 打印机的话，几个小时或者一晚上就可以完成，而且成本很低。特别是近些年来，由于那些可以放置在办公室的、售价几百万日元的便于引进的 3D 打印机在逐渐增加，为设计者提供了能够亲自参与试作的环境[①]。也就是说，因为试作需要花费时间和成本的实际利益上的难度、对外部市场的依赖性都降低了，所以“试作”不再像人们认为的那样有难度了。

例如蜻蜓 TOMBOW 公司在修正带（MONO ergo）的研发过程中为了提高使用舒适度，多次重复制作了人体形状的试作品（参照 117~124 页的事例分析：“蜻蜓 TOMBOW”）。能够完成这个过程的，就是能在短时间内制作出多个试作品的 3D 打印机。更重要的是，它能够对使用舒适度进行彻底评估（如图 2–46）。

其实，使得试作在现实利益和精神上的难度有所降低的不仅是 3D 打印机，在装置方面，价格低且使用方便的切削加工机也是其中之一。这其中的代表就是 Roland DG 公司生产的“MODELA MDX”系列，售价约为三十万日元到二百五十万日元

① 虽然十万日元到五十万日元不等的低价 3D 打印机陆续问世，但它们在性能上与售价数百万日元以上的 3D 打印机有所不同。但是，低价机尽管在精确度和材质方面无法与售价高的 3D 打印机相提并论，但这些由低价 3D 打印机制作的试作品也是有它们的用途的。实物所具备的信息很多，只有靠触摸实物才能产生的创意也不在少数。如果不拘泥于精确度和材质，低价 3D 打印机很适合在交流工具或设计方案方面做普通确认。

图 2-46 蜻蜓 TOMBOW 公司用于研发“MONO ergo”修正带所制作的试作品：这是初级阶段实验用试作品。首先是考虑到使用舒适度而制定的形状方案（发泡聚苯乙烯），用 3D 扫描仪使其数据化，再用 3D 打印机来制作。

不等。该公司的切削 RP（快速模型设计）机进一步扩大了试作的范围。

另一方面，新型试作的外定服务也陆续登场。例如 Proto Labs 公司（本公司位于神奈川县大和市）就提供切削加工品和喷出成型品的制作服务。尽管在形状和大小上有所限制，但切削加工品最短能在一天之内制作完成。

但是，在多样化的试作方式中，各种方式是如何使用的呢？学会区分是很重要的。生产家庭用品的膳魔师公司（本公司位于东京），就提供了适合设计者的试作使用指南，构建起了试作运用的生产体制（参照 137-143 页的事例分析：“膳魔师”）。

▶ 实物胜于雄辩

本书把现今处在制造最前线的试作，称为“进一步升级的试作”。这是因为在消除试作制作周期长、成本高等负面印象的同时，还隐藏着清除伴随产品的高度化所诞生的高难度评估项目的能力。正因为如此，现在很多企业都开始重新审视试作。

这些进一步升级的试作，还给制造业带来了在全球市场竞争所需的“高产品力”和“强有力的研发技术力”（如图 2–47）。

高产品力就是制造出难以用数码评估的、重视人的感性部

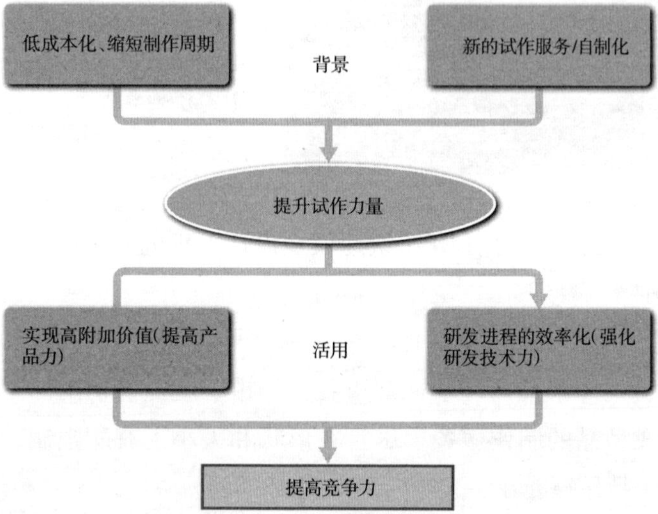

图 2–47 “进一步升级的试作”的背景和使用情况：因为消除了以往制作成本和制作周期上的劣势，从而使与提高竞争力相关联的试作的应用成为可能。

分的有高附加价值的产品的能力。比如狮王公司引进了由 3D 打印机制造的试作品，以便对清洗剂类的容器进行评估（参照 124~130 页的事例分析：“狮王”）。实际地在试作容器中装入内容物，然后评估拿起或倒出内容物时的手感。

虽然也有切削加工而成的试作品，但他们终究只能用于探讨产品外观（如图 2–48）。还有用板材制成的中空形状的试作品，但有液体渗漏的情况发生，所以无法倒入内容物进行评估。因为使用了 3D 打印机的原因，对以往被认为很困难的液体的评估也得以实现。

图 2–48 狮王公司制造的洗涤剂容器的试作品：右边是试作品，左边是出售的产品。为研究产品外观设计，用切削加工制成。这个试作品的刘海和羽毛部分等的修正草案是用铅笔直接写上去的。

另一方面，强有力的研发技术力就是指缩短研发周期和研发成本等实现效率化进程的力量。变速机生产商 Jatco，将以前由主工厂进行的量产试作工程的验证，改为由试作部门对前期工程的试作进行评估（参照 144~150 页的事例分析："Jatco"）。

将实物摆在面前，来对作业人员是如何活动手和躯体进行作业、如何扔碎屑等靠空想所不能完全把握的项目进行评估。在量产试作的前期工程中，这样的操作性评估会全部完成，因此，由量产试作到量产的这个过程的发展可以极其顺利地进行。最终，为实现该公司的大目标——全球化生产基地的成立做出贡献。

认为试作是走弯路的人应该不在少数吧。的确，如果仅凭数码评估就能全部完成的话是最好不过了。但面对那些亲眼看到、亲自触摸到试作品实物的人就会变得哑口无言了。

蜻蜓 TOMBOW 公司提到，在研发上述修正带 MONO ergo 的过程中与公司外专家的合作，给试作品的制作带来了巨大的帮助。试作品对于有效地找到合适的形状来说是必不可少的。狮王公司也证明以试作品为基础，与各部门的人合作，不仅推进了意识共有化，还更易孕育新的创意。

乍一看感觉是在绕弯路的试作，却在升级后成为让研发能够顺利进行的唯一的有效方式。下面会介绍凭借升级后的试作，是如何获得高产品力和强有力的研发技术力的先进企业事例。

以与现实世界融合为目标，IT 技术的应用让验证技术也得以进步

能够弥补 3D-CAD 和 CAE 软件等数码评估不足之处的技术也在开发中。其中之一是应用扩张现实感（AR）的技术。安装了可以立体视的头戴式可视设备（HMD），就可以看到现实中的情景、实物（现实世界）与电脑画面（假想世界）的重叠。

图 2-49 为使用佳能公司研发的 MREAL 时的情景。现实中是表面印满标记的立方体，而通过 HMD，却可以仿佛身临其境一般地“看”到复合机。还可以检测出手的位置并对开关进行操作等。也能把握物体的尺寸感。

引进了该装置的企业虽然以前就致力于使用 3D 模型进行设计评审，但据说他们曾认识到缩小表示那些在现实中无法收入画面的产品是有限度的。而且虽说是 3D 模型，但画面显

示却是二维。不只是 CAD 数据，连 CAE 的结果也能通过 AR 显示出来，因此，在提高对现象的把握程度的同时，还能让设计方案的反馈增多。

图 2–49 使用 MREAL 时的情景：在现实空间中放置一个表面印满标记的立方体，戴上 HMD 进行观察（见左图）。HMD 可以响应标记的位置并能与所配置的复合机的三维模型相重叠（见右图）。

事例分析

▶ 提高产品力 增强技术研发力　蜻蜓 TOMBOW

▶▶ 用 3D 打印机制作出数量庞大的试作品彻底刷新了使用舒适度

蜻蜓 TOMBOW 公司于 2013 年 3 月发售了一款名为“MONO ergo”的修正带[①]（如图 2–50）。这是与金泽大学的柴田克之教

① 售价为三百日元（不含税）。替换用内芯售价为一百八十日元（不含税）。

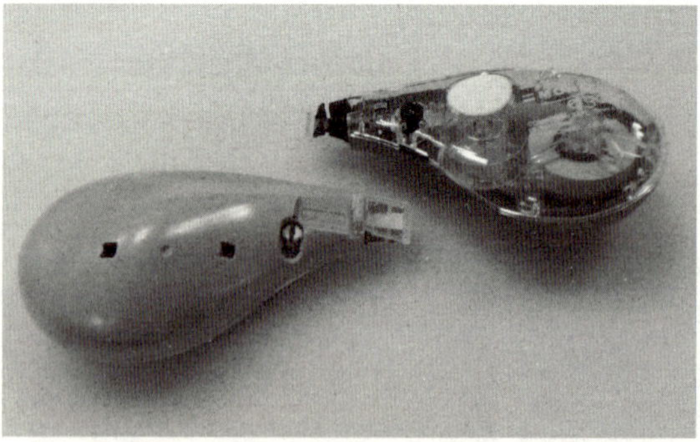

图 2–50 修正带“MONO ergo”：为了实现持握舒适、使用便利的目的，需要用大量的试作品反复进行试验。

授共同研发的一款产品，使用舒适度的设计可以从人体工程学（Ergonomics）入手。在这个形状的决定进程中，试作发挥了很大作用。

首先，手工削整发泡聚苯乙烯制的试作品，调整完造型后再以此为基础用 3D 打印机制作实验用试作品。在不断重复这个操作的过程中，检验数量庞大的试作品并以此提高产品力。

▶ 最初的形状是如何产生的呢?

MONO ergo 的研发计划是（蜻蜓 TOMBOW 商品企划部方案一组课志水秀雄）在对“即使知道修正带的存在，还是有一定比例的消费者认为“使用时也不能很好地发力”“想修改的地方不能清除干净”这一现状的认识下成立的。为了回应此类用户的不满之声，提出了适用于人体工程学并科学性地提高使用舒适度的研发目标。

然而，计划的“最开始的一步，也就是在提出形状原案的时候，我们就受挫了”（志水秀雄说道）。虽然可以立刻对现有产品的舒适度实施评估，也可以选取出影响使用舒适度的要素，但却不知道什么样的形状可以满足这些要素。因此，怎么也不能提出最初的形状方案。

大学方面和蜻蜓 TOMBOW 公司也无法达成共识，只决定“无论如何先做出个外形吧”，采用发泡聚苯乙烯进行了试作（如图 2–51）。

若是发泡聚苯乙烯的话，谁都可以简单地用手修正试作的形状。把现有产品作为基础决定粗略的尺寸，大学方面和蜻蜓 TOMBOW 各自自由制定了形状方案。

尝试制作试作品的话，就可以掌握并弄清实际的作业情况。因此志水秀雄表示“在试作品表面喷上涂料（底层涂料）后，可以对触感进行评估”。但是，要想真正评估使用舒适度的话，发泡聚苯乙烯制的试作品不仅过轻，强度也不够。因此该公司用 3D 扫描仪对发泡聚苯乙烯制的试作品进行了测量，把外在形状 3D 数据化。为了实现试作品的重量、重心位置与产品相同，

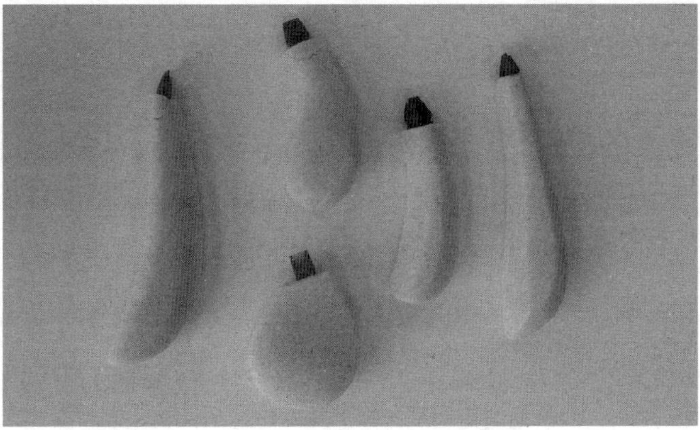

图 2–51 发泡聚苯乙烯制试作品：这是最初制定的形状方案。用 3D 扫描仪将这些作品的形状转化为数据，并用 3D 打印机制作出实验用的试作品。

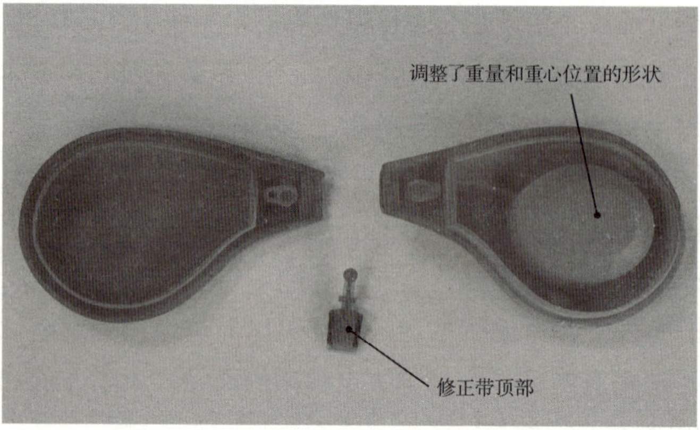

图 2–52 实验用试作品的内部：为了达到使试作品的重量和重心位置与产品相同的目的而对内部形状进行调整，并用 3D 打印机制作出来。

将内部形状也转化为 3D 数据，并用 3D 打印机制作出树脂制的制作品（如图 2–52）。

▶ 两种试作合为一组

第一次试作用发泡聚苯乙烯制定出数种形状方案，第二次试作用 3D 扫描仪把形状生成 3D 数据，并用 3D 打印机制作出实验用的试作品[①]。接下来实验结束后，再根据实验结果再次手工削整出发泡聚苯乙烯的试作品，不断重复这个过程（如图 2–53）。

① 实验用的试作品也做了很多个。实验将学生和女性社员各二十名设想为主要用户，并请他们使用试作品。对一定距离的修正动作实施 3 次后，让他们对“使用是否方便”“持握是否舒适”进行了主观的评价。同时还测量了他们使用时顶部的接触角度和手指的接触面积等。

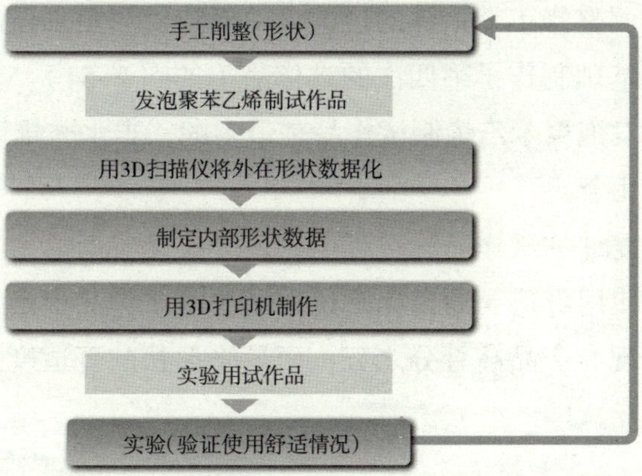

图 2-53 MONO ergo 的研究流程：先用容易加工的发泡聚苯乙烯制作试作品并调整形状的方案。在这个基础上再用 3D 扫描仪和 3D 打印机制作实验用的试作品。

用 3D 扫描仪测量并制定出 3D 数据，3D 打印机制作试作品的工作则外包给其他公司。“总之要又快又便宜。因为共同研发商业务很繁忙，所以我们结合他们的日程准备了试作品”（志水秀雄）①。

在两次试作合为一组的不断循环之中有了各种发现。比如在第三组试验中，“我们注意到拿东西的方法因人而异”（志水秀雄提到）。在此之前，他们认为修正带仅靠顶部与纸张接触，用户是用手悬浮在纸张上方拿修正带的。然而，在一边观察实验的场景一边听取实验监督员的意见时，明确了有些人在拿着修正带的同时，手的小拇指是搭在桌子上的这一事实。除此之外，还发现若修正带和手掌中间稍微空出一些距离的话，仅凭

① 志水秀雄表示，拿到实验用试作品需要“约两周”。除了制造所需的时间外，还包含了 3D 扫描仪读取、修正数据、制作后的加工、运输等时间。

指尖就能调整修正带顶部的位置，从而让使用更加便利。以这些发现为基础制作了第四次的试作品（如图 2–54）。其实第四组制作的发泡聚苯乙烯制试作品是最多的，志水秀雄说：“共制作了二十几个。”

在反复评估试作品的过程中，最终决定了产品所采用的形状。以“使用舒适”为目标来说，最初的试作品中最佳形状的舒适度比现有产品高百分之五，而最终形状的舒适度提高了约百分之十五。

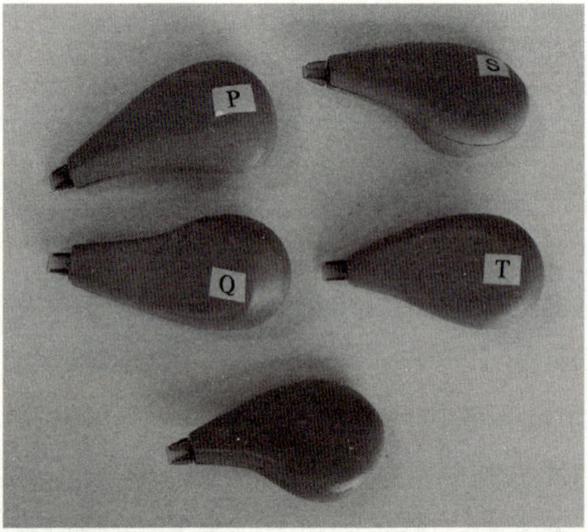

图 2–54　在第四组试作时制造的实验用试作品：实验结果是最下面的试作品评价最高。对这个形状进行微调后将其进行了产品化。

▶ 对内部结构的收纳煞费苦心

虽然已经决定了持握舒适、使用便利的产品形状，但包含了内部结构在内的详细设计过程仍然充满曲折。其中最困难的就是内部结构（带芯）的收纳问题。

在决定上述试作品的尺寸时，尽管已经决定参考现有产品，但毕竟要优先考虑所决定的形状的舒适度。结果发现放入内部结构是件很困难的事。因此，在试作品上涂上油灰，验证在不影响使用舒适度的范围内，其形状可以扩大到什么程度，用 3D 扫描仪测量数据后再用 CAD 软件读取。然后确认画面上的数据是否达到收纳条件，并将结果反映在试作品上（如图 2–55）。“不仅是外在形状，还要作为能够收纳内部结构的产品”（志水秀雄认为）是为达到这个目的所制作的试作品。

但在这之后他们却发现，装载的内部结构比预想的还要大①。如果以能容纳这个大小的内部结构作为制作前提的话，就不得不把试作品制成更大的形状了。

试作品实物所具备的说服力在这一阶段也发挥了很大作用。志水秀雄说：“在看到能收纳内部结构的试作品时，‘这么大，即使制作成产品也没有意义’这一想法立刻达成共识。”反之还产生了另一共识：“为了销售必须想办法把内部结构做小。”

然而即使重新设计形状，也只能在原有基础上稍微扩大一些罢了。于是公司以最优形状的试作品为基础详细探讨了其能扩大的程度。并制作了数个试作品，以确认形状尺寸最多扩大一毫米后会不会对使用舒适度产生很大的影响。

在决定能够收纳内部结构的外壳形状时，金属模型设计负责人这次又报告说：“还没有决定分割线（金属模型分割面）。”虽然在制作试作品时也曾考虑过不要让分割线露出来，但重合面附近是曲面，所以必须要进行一些微妙的调整。

---

① 当时是以重新设计内部结构为前提的。但因为有预计发售日期，所以在研发上有时间的制约，内部结构的设计负责人提出想要挪用现有产品的内部结构这一要求。

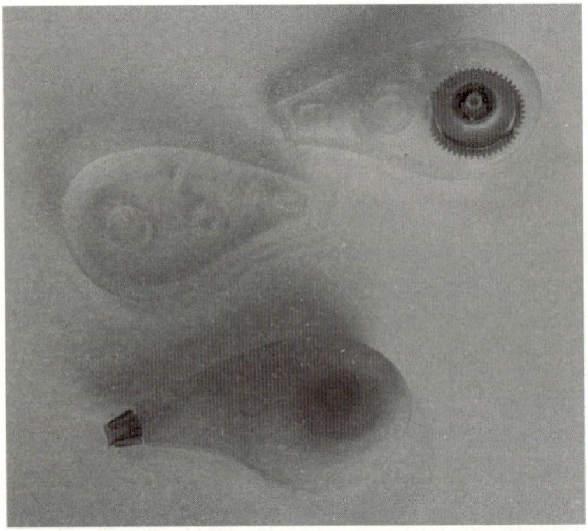

图 2–55 放入内部结构的试作品：为了将内部结构（带芯）放入，对其外观形状进行了微调，并尝试将选定的假定内部结构放入实际的零件之中。

在经历了前后大约四年的研发计划后，MONO ergo 终于发售了。可以说正是有了数量庞大的试作品的存在，才能制作出使用舒适的形状，才能通过各种调整将产品做成这个形状。

▶ 提高产品力　增强技术研发力　狮王

▶▶ 领先一步掌握检验　注重液体的流动感

这个事例的主角是研发清洗剂等的容器的狮王包装技术研究所。十几年前并没有使用试作品进行过检验工作，“2000 年左右才开始用试作品进行评估”狮王研究开发本部包装技术研究所副主席研究员中川敦仁说道。试作数量每年都在增加。下面让我们来看看该公司是怎么依靠试作来提高产品力和技术研发力的吧。

▶ 很早以前只制作木制模型

狮王公司在很久以前，敦仁说:“提到试作品，最多就是委托生产商制作木制模型罢了。”把容器的制造委托给专业生产商，除了 CAD 数据以及 2D 图纸的设计信息之外，还给他们作为参考用的木制模型。也就是厂商根据这些设计信息起草图纸，然后狮王公司批准的这样一个程序。总之，虽说是试作品但目的也不是为检验设计方案，而是为传达信息。

产品的评估基本上都是用数码数据进行。但使用数据所能评估的是强度和内容量等依靠形状和物性可以计算得出的东西。虽然最后会制作木制模型实物来确认外观形状，但木制模型的重量和触感都与真正的产品不同，所以在这个阶段，即使发现了问题也不能进行大幅度的修改。这个过程发生变化，然后在研发阶段开始使用试作是在 2000 年左右。首先引进的是 Roland DG 公司的切削加工机“MODELA MDX”，和 C&G 系统公司的 CAM 软件“Craft MILL”。通过使用这些工具，切削加工“化学木材”（聚氨酯）的试作开始了（如图 2–56）。

“当时所有的 CAN 软件都是专业规格，将其导入研发现场是很困难的。然而 Craft MILL 的操作却非常简单，只要依顺序按下按钮就能进行加工了。”中川敦仁提到。就这样，狮王公司打算在使用试作品进行检验设计方面积极迈进。

但是，切削加工而成的试作品与木制模型一样只能评估产品的外观形状。虽然可以用手拿，但重量和重心位置都与产品不同，所以触感也有所差异。特别是如果检验更深入的瓶身设计，与产品相同的中空试作品是必不可少的。

图 2–56 切削加工聚氨酯而成的试作品：用于检验产品外观形状。因为不是中空构造，所以重量和重心位置都与产品不同，但是制作成本低且制作时间短。

所以该公司采取的措施是以切削加工的试作品为原型并用板材组成。内侧由两块板材组成，两块板材对接后再灌入液体黏合剂，黏合剂在硬化到一定程度之前可以旋转板材。然后接合两块板材就得到了中空的试作品（如图 2–57）。由板材组成的中空试作品比切削而成的试作品更接近产品的重量，在拿取时还能表现出弹力等特性。但是两枚板材只在内侧面用黏合剂接合，因此无法确保其水密性，中川敦仁说："缺点是会漏水。"

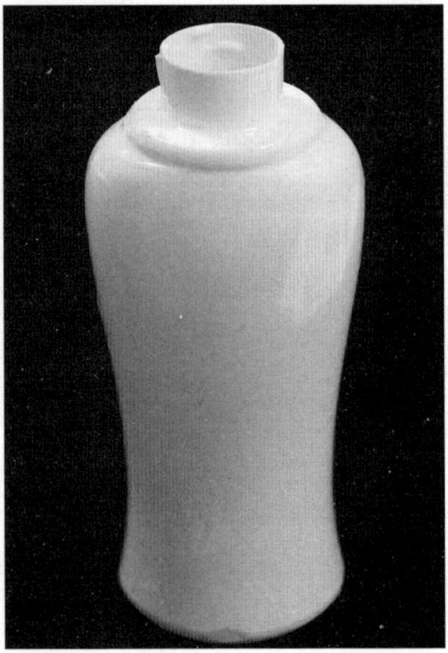

图 2–57 以切削加工品为原型，由板材组成的中空试作品：虽然可以再现近乎于产品的重量和弹性，但缺点是会漏水。

▶ 研发新型瓶盖

狮王公司于 2007 年引进了 3D 打印机。当时正逢适用于新型瓶身的瓶盖的研发计划成立之时。研发目标是：液体无法从侧面流出、方便液体倒出、替换时的倒入（如图 2–58）。

其实那时“制作的瓶盖与其他厂商生产的非常相似”，中川敦仁说[①]。如果想不被现有的设计概念束缚住从而创造出新型瓶盖，哪怕是一种瓶盖的设计也必须将众多创意实体化为试作品，并让各类人用手触摸并进行评价，以求不断精益求精。因此，能够在短时间内制作出试作品的 3D 打印机是最为理想的工具。中川敦仁认为：“因为瓶盖的形状十分复杂，仅凭设计图纸就能想象出形状的人几乎没有。”实物在手的话，就谁都可以弄清楚了。3D 打印机在瓶盖的研发过程中发挥了很大作用。

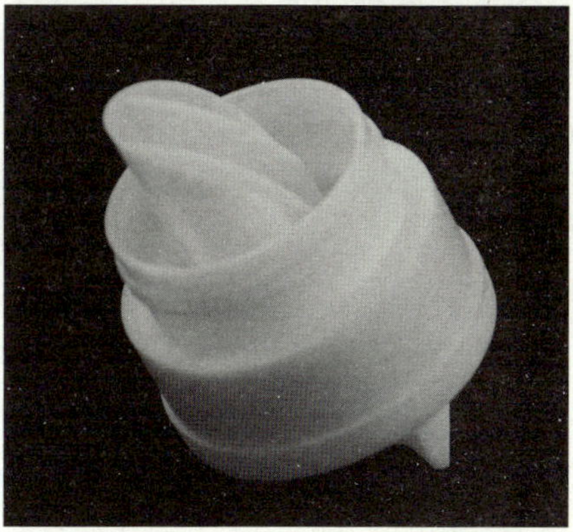

图 2–58 用 3D 打印机制作的试作品（瓶盖）：不仅可防止侧漏，替换时倒入液体也方便。将各种创意迅速实体化、集结众人创意后得以研发成型。

① 当时生产厂商也提出让瓶身的供应商进行瓶盖的具体设计的要求。这个研发计划是狮王公司首次独自研发瓶盖的项目。

▶ 用 3D 打印机也能制作出中空的形状

在这之后，狮王公司决定将 3D 打印机也应用于瓶身设计。他们认为用 3D 打印机制作的试作品，液体不会渗漏、可以验证与放入液体后的产品相同的持握感、容易比较检验数个方案的试作品。但实际操作起来并不像理论上说得那么顺利。这是因为“制作试作品后去掉支撑部位的作业很麻烦”，中川敦仁说。

最初引进的 3D 打印机采用喷管喷出光硬化性树脂的打印方式，用凝胶状树脂作为支撑材料。虽然可以用水喷射去除这种支撑材料，但对于像容器这样入口很狭窄、内部空间却很大的形状，支撑材料会把内部空间挤满，而导致水流不能很好地排出，而且除去支撑材料也很花费时间。

因此该公司又于 2012 年，引进了同种喷墨方式的热熔支撑材料类 3D 打印机。现在瓶身的制作主要是用这种 3D 打印机，为创造产品附加价值做出了贡献（如图 2–59）。

图 2–59 用 3D 打印机制作的试作品（瓶身）：采用的是热熔支撑材料类型的 3D 打印机。倒入液体时的持握触感几乎与产品相同，所以可以进行评估。顺便提一下，瓶身表面所贴的薄膜和右侧的瓶盖并不是用 3D 打印机制作的。

中空形状的试作品如果能够被制作出来的话，在容器内放入液体的状态下，倾斜时的重心移动，和手握时的触感（持握舒适度）等就都能够被评估了。虽然重心移动本身是通过3D-CAD 软件来计算的，但实际情况下，用户使用时是什么感受，没有试作品是无法评估的。

▶ 用 CAE 补充试作

试作品对各种项目进行评估的狮王公司所制造的设计用试作品无法用于强度实验。这是因为试作品的材质和密度分布与真的成品有所差异。虽然可以将真正成品的密度分布生成 3D 数据，但很难用 3D 打印机将它表现出来。

在手握容器时，强度会影响人接收到的感觉。为了对感觉进行评估，该公司通过应用 CAE 开始了独一无二的尝试。也就是验证用手按住容器时的挤压性（如图 2-60）。

可以用 CAE 计算出令某容器形状产生改变的反作用力。但无法靠计算判断位移量与反作用力的关系对于用户来说是否使用便利。因为使用的便利程度无法仅由反作用力的最大值和一击的大小来决定。

于是，该公司准备了像 CAE 计算结果那样可以产生反作用力的装置。凭借这个装置，应该就能确认设计的容器刚度是否适当。这个装置并不表现容器的形状，但可以物理性地再现产品使用时的感觉，从而能够捕捉并掌握新概念的试作品吧。

中川敦仁说，应用试作的要点是“迅速、高明地迎接失败”。不是仅关注眼前的成本和制作时间，而是以灵活而开阔的

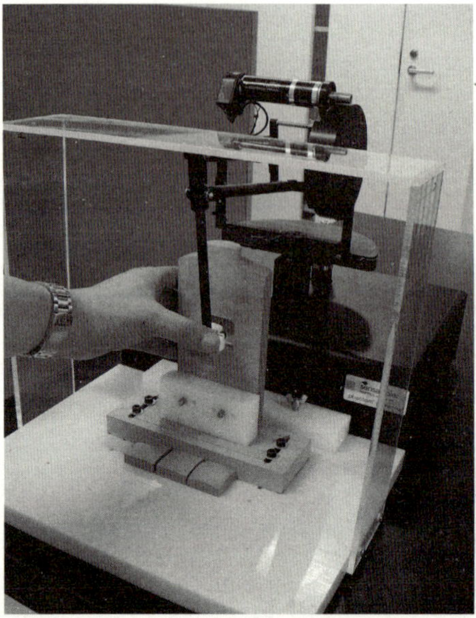

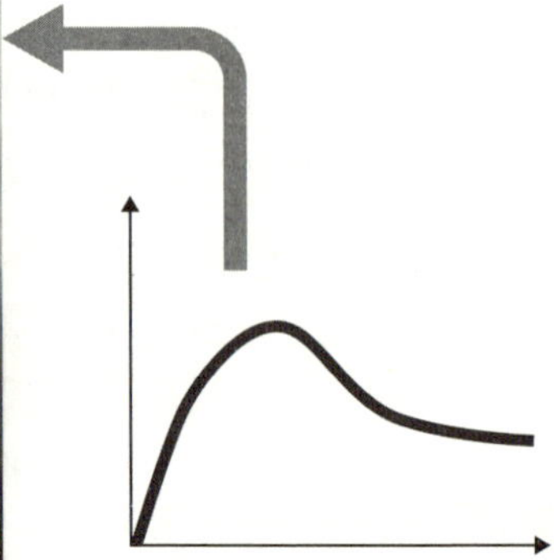

图 2-60 验证挤压性的实验装置：能够再现 CAE 计算的变形量与反作用力的关系的装置。用于评估实际情况下人手按住容器时的感觉。

视野去看待研发过程并提高综合研发技术力。

▶ 提高产品力　小野测量用具

▶▶ 可以测定 CAE 所无法处理的感性　改善声音的舒适度

想要研究声响和振动，无论是试作品还是实机，大多数情况下都需要对实物进行测量。以汽车和家电产品为开端，到现在为止静音化已应用于各种产品中，所以即使没有实物，也能在一定程度上实现静音化。但是，声音给用户留下的印象、舒适度、不快等与用户的感性相关的体验，仅靠模拟是不能理解透彻的（如图 2-61）。

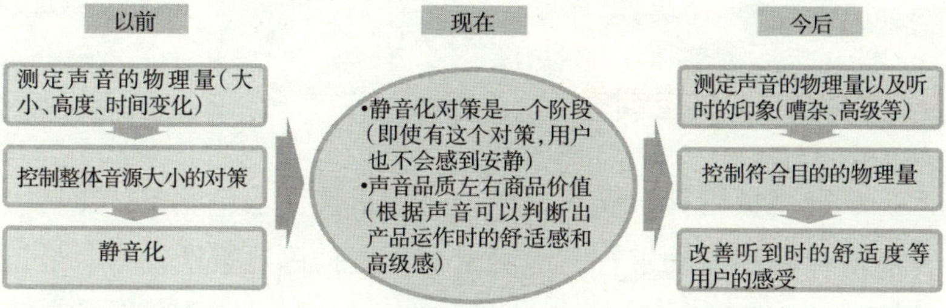

图 2–61 研究课题方向从物理量到“人的感受”的变化：以前只要测量出声音的大小并采取对特定音源降低声音的对策就可以了。现在还将声音是否令人感到舒适加入到了研究课题之中。

声响、振动测定机生产商小野测量用具公司开始着手与声响、振动相关的咨询工作。虽然主要客户是汽车生产商和零件生产商，但许多生产商无论自己经营的领域是什么，都带着产品实物参与咨询。“也有一些对处在设计研发阶段的试作品做评估的事例。与产品研发的上流阶层合作的机会比以前增加了不少，委托我们构想设计阶段声音设计方针的决策工作也在逐渐增加。”该公司技术本部样本产品集团咨询小组负责人石田康二说道。

产生这一现象的背景之一是关于研究声音的目的在这五年来产生了巨大变化。石田康二表示：“以前研究声音的目的是如何减小声音的大小。现在最重要的，则是声音的降低、人听到声音是否感到舒适、是否体验到高级感等与感性相关的研究。正因为声音的品质左右着产品的价值，所以在设计研发阶段如何找到与产品相匹配的声音、如何用声音设计出产品的高级感和品位感等需求在日益增多。”

▶ 改善锁门时的上锁声

小野测量用具不仅从顾客企业那里接受承包业务，还自主开展对声响和振动进行实地测量、开展构思对策活动等。最近的事例之一是研究轿车的集中锁门声。

对于轿车在所有门一同上锁时发出的声音，有些车型会有种高级感，但有些车型，会有种是廉价品的感觉。通过监听器接收声音，并对预先准备好的形容词有多恰当进行回答，通过这种定量化的意义差辨别法（SD 法）来判断对声音的感受。这里所说的形容词组为“强力—柔弱”“嘈杂—安静”等由反义形容词组成的词组，共十一组。

事例中在最初状态下，声音分为“强力”“嘈杂”“尖锐”“清亮”等相对恰当地表示较强冲击力的形容词，但另一方面也得出了“厚重”“高级”“典雅”等表达美的不恰当的形容词的结论。因此为了实现优美的声音，通过在制振材料中增加锁传动轴和促动器，上锁时在产生打击的部位上贴胶布等对策降低振动的传导。此外上锁时机不易产生偏差（如图 2–62），还统一了用于门锁的促动器的电源线长度和粗细。

在实施了这些对策后的再次验证时，形容声音冲击强度的形容词变得不再恰当了，另一方面，关于美的形容词变得更加相符（如图 2–63）。也就是被转换成了能够感受到高级感和厚重感的声音。

增加制振材料和使上锁时机一致等对策是小野测量用具公司根据以往的经验想出来的。不是只要抑制住振动就行的这种做法，而是一种要控制实际音质的对策。

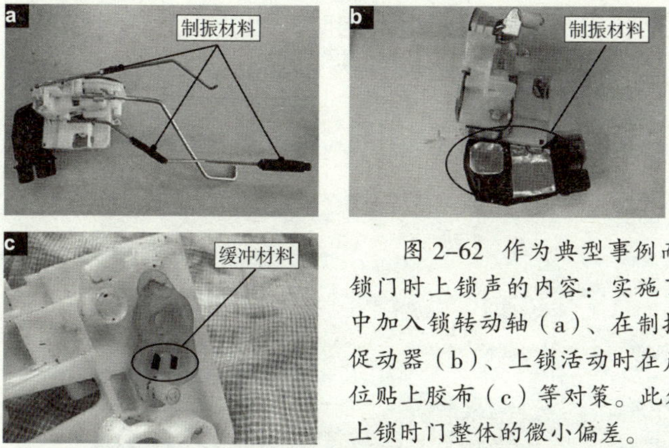

图 2-62 作为典型事例而实施的改善锁门时上锁声的内容：实施了在制振材料中加入锁转动轴（a）、在制振材料中加入促动器（b）、上锁活动时在产生打击的部位贴上胶布（c）等对策。此外，还消除了上锁时门整体的微小偏差。

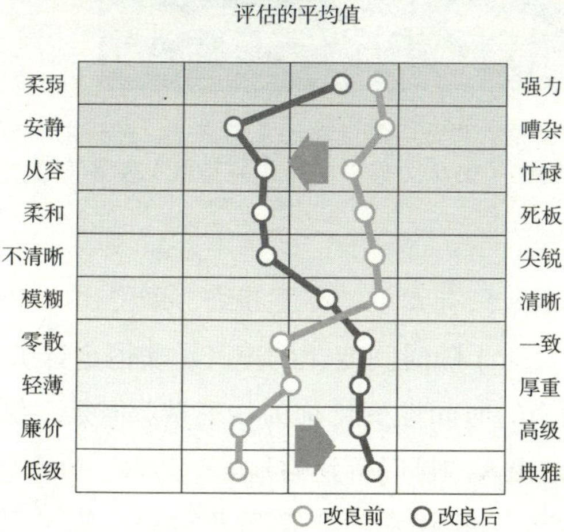

图 2-63 锁门时上锁声的改善结果：减弱了“强力”“忙碌”等表示冲击的印象，增强了“厚重”“高级”“典雅”等表示美的印象。

该公司把握住了前面所说的“强力”“高级”等形容词与声音的物理量之间的关系，成功实施了这种对策。

▶ 边控制声音的尖锐度，边实现清亮化

事例中，在谋求改善音质前的阶段，该公司在评估十一种

用于形容轿车锁门声的形容词组的同时，还分析了与能够用人耳听到的定量化的“响度”和“锐度”之间的关系（如图 2–64、2–65）。

图 2–64 听觉实验时的情景：用监听器听取收录的声音，对预先准备好的形容词组（“强力—柔弱”等由反义形容词组成的词组）在多大程度上是恰当的进行评估。

声音的纯物理量基本上只有大小（音压等级、单位 dB）和高度（频率、单位 Hz）。对于随时间变化的声音（非恒定音），也可以将这个音压与频率的时间性变化称为物理量。但是，仅靠物理量并不能充分表达出人“可以听到的程度”。

比方说人听到的声音是随频率的变化而变化的。若想用 50Hz 的低音听到与 1kHz、40dB 同等大小的声音，则必须将音压增加到 60dB 的程度。像这样，把对应听觉特性的全频率声音强度综合了的量就是“响度”[①]。此外，为了与使人听到声音的尖锐度一致，在声音频率频谱中对频率加权后取得的“平均”值

① 响度是考虑到“频率互相接近的声音被湮没并逐渐听不到”（频率遮蔽）的效果后计算得出的（ISO532B 的规定）。

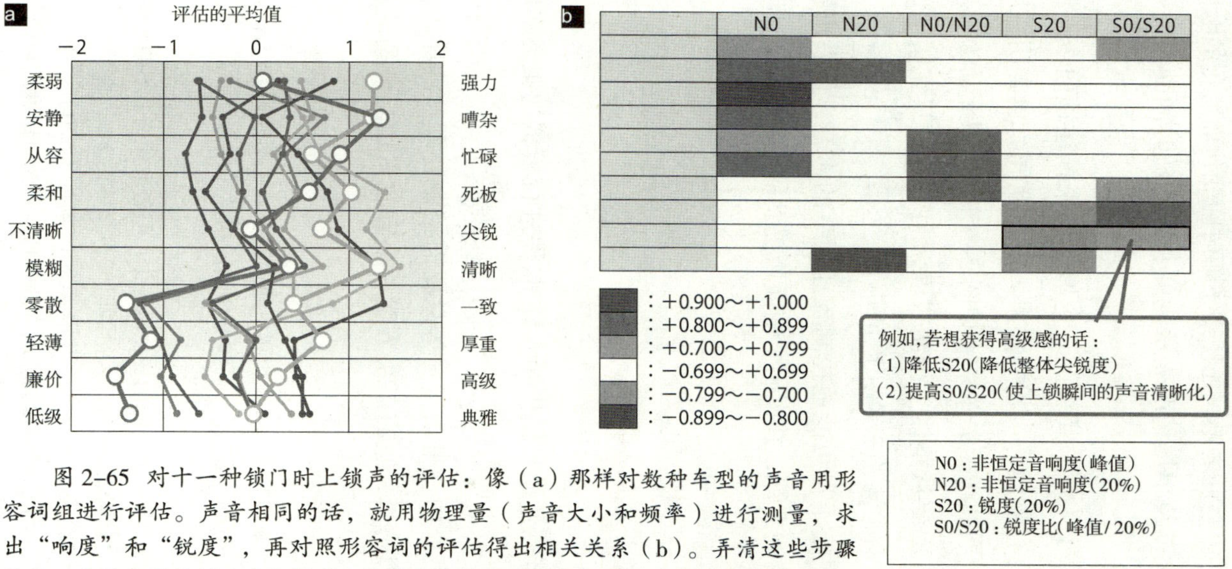

图 2–65　对十一种锁门时上锁声的评估：像（a）那样对数种车型的声音用形容词组进行评估。声音相同的话，就用物理量（声音大小和频率）进行测量，求出“响度”和“锐度”，再对照形容词的评估得出相关关系（b）。弄清这些步骤的话，反过来再控制响度和锐度，使其符合特定的形容词后，就能创造出声音了。

就是“锐度”[①]。在此之上，还使用了随时间变化而变化的响度与锐度的峰值，以及根据情况表示响度和锐度随时间变化的“尖锐状态”的量[②]。

该公司除了采用“高级”这个形容词来描述锁门声，还发现锐度的峰值有强烈的负相关关系。但与此同时也查明锐度的尖锐状态有强烈的正相关关系（如图 2–65b）。因此，为展现出高级感，一方面要从整体上控制锐度，另一方面只在锁门的一瞬间发出一定程度上有较高锐度的声音。

这样就决定了尽可能地控制较高频率的声音，使发出锁门声的时机一致的方针，并提出了前面所提到的对策方案。

▶ 仅使用 CAE 软件是不够的

虽然小野测量用具提供用 CAE 软件进行模拟的服务，但并不能完全靠模拟来计算出人听到声音时的感受。

像降低声音的“嘈杂度”等只要需控制物理量的项目，既可以使用模拟仿真，也有解决方案。小野测量用具公司的石田

① 在这里频率和响度的关系用频率的频谱表示（不是频率和音压的关系）。响度的频谱则是增加了与高频率相当的权重（增加非线形）后计算得出的。

② 响度和锐度虽然随时间的变化而变化，但若取比峰值小的数值作为临界值，就可以将时间区分为：大量的时间占全体的 n%，少量的时间占全体的 100%–n%。关于锁门声，当 n=20 时的响度（N20）、锐度（S20）的数值与对感觉的评估密切相关。响度的峰值与 N20、锐度的峰值与 S20 的比分别相当于响度与锐度的“尖锐状态”（时间波形上的陡峭处）。

先生表示“对于降低 3dB 某音源的音压等级的这种问题，从理论上说都能够想出几个对策方案”，因此，许多产品都有极小的音压等级。然而，正因为从许多位置产生了微小的声音，所以即使控制住任何一个音源，用户也只会感到音质产生了改变，而不会感到声音减小。本想降低声音，却反而使其成为劣质声音的可能性也是存在的。因此，如何能够积极地去控制音质是十分重要的。

除响度和锐度之外，由声音的变化所产生的“摇晃感”“粗糙感”等基本感觉也可以通过物理量进行定量评估。但是像“丰富”“柔和”等复杂的感觉，若想弄清楚声音的物理量是如何相关联的，只能尝试对声音整体进行实验。也可以说这是试作品评估、实验的不可或缺的领域。

▶ 提高研发技术力　膳魔师

▶▶ 由设计者亲自操作 3D 打印机直接将创意实物化

研发饮料瓶、不锈钢制魔法瓶、真空保温烹饪器具等家庭用品的膳魔师公司（本公司位于东京），随着 2006 年 3D-CAD 软件的正式引进，也大幅改变了试作环境。这些都源于引进了 3D 打印机。

以前都是委托外界的试作品制作工作，现在也能在研发部门内进行了。“以前试作品大约需要花费一周的时间才能拿到，现在第二天就能拿到了。”膳魔师研发部设计课经理松山真表示。也正是因为能够更便捷地进行试作，不仅扩大了研究范围，还增加了看到实物的机会，进而使从相关方工作者方面获取的反馈更加充实。3D 打印机的引进让研发效率不断地得到了提高（如图 2–66）。

图 2–66 “drop 保温杯”的产品（左）和最终阶段的试作品（右）：这是膳魔师公司与三得利食品国际共同研发的产品，3D 打印机在试作和检验阶段都是必不可少的。

▶ 试作需求的增加

膳魔师公司致力于实现设计的 3D 化和试作的自制化，背景是生产基地向海外的转移。虽然在国内有工厂的时候可以轻松地进行商洽，但现在就很难实现了。因此有必要进一步地提高日本剩余研发部里的设计完成度。

此外，从这时开始不断有结构复杂的产品上市，随着市场的扩大，需要研发的产品数量也在增加。松山认为“需要确认的项目增加、对试作的要求也提高了不少”。

当时的设计主体是二维的，试作从外部订货。因此，据说会有订货商误读二维图纸，造成交货的试作品与假定的试作品不符[①]。

在这样的状况下，该公司决定引进 3D-CAD 软件作为主要的设计工具来使用。虽然发送 3D 数据有助于提高在外部定制试作的精确度，但更多的是为了寻找试作自制化的机会。研发部门的松山表示：“很早以前就想在部门内部制作试作，如果可以的话，还是想试一试。”从外部定制的话，从决定试作品的形状到拿到试作品的这个时间段太长了。也研讨过要引进 NC 切削加工机，但“不能满足设计者可以直接使用机器的这个条件”，松山提到。因此该公司决定着眼于 3D 打印机。

▶ 验证概观和性能

为了让设计者直观地操作 3D 打印机，该公司在研发部门旁边安装了一台 3D 打印机。据此，制作出“概观模型”和“性能模型”。

概观模型正是为了评估粗略的设计所做出的，不仅用于检验外观，对于持握感的评估来说也是必不可少的（如图 2–67）。设计方案在成型到一定程度的阶段，就可直接制成模型并进行检验。因为外形是检验的主要对象，所以像开合结构的盖子等嵌在里面的部分，从外部无法看到的部分会被省略。

---

① 最初用 2D 图纸很难正确表现出形状（特别是有自由曲面的形状）。

图 2–67　概观模型的案例：虽然可以打开盖子，但不能再现出流出口。

以前通过切削加工从外部定制试作品时也有耗时好几个星期的情况，松山说："也会有过了很长时间才得到的试作品究竟有无意义的质疑声出现。"定制试作品后，若还需设计修改的话，对好不容易得到的试作品又不得不进行修正，就会更耗费时间了。

若在设计方案决定后的第二天制作出试作品，让相关人员进行评估的话，研究过程也不会被中断了。"见到实物后就能让提高最初判断的速度"（松山表示）。据说对营业和企划负责人所要求的内容也能做到准确、无妥协。

另一个性能模型，可以广泛应用于零件间的缝隙、嵌合，是否漏水等与性能相关的形状好坏，流出便利性等使用感的验证（如图 2–68）。在对漏水的检查中，需要验证各零件螺丝的拧入量是否得当，因此在物理性质方面要求较高。

▶ 引进两种 3D 打印机

现在，膳魔师公司利用的是两种共计三台的 3D 打印机（如图 2–69）。最开始引进的是采用树脂熔解积层法，由可移动

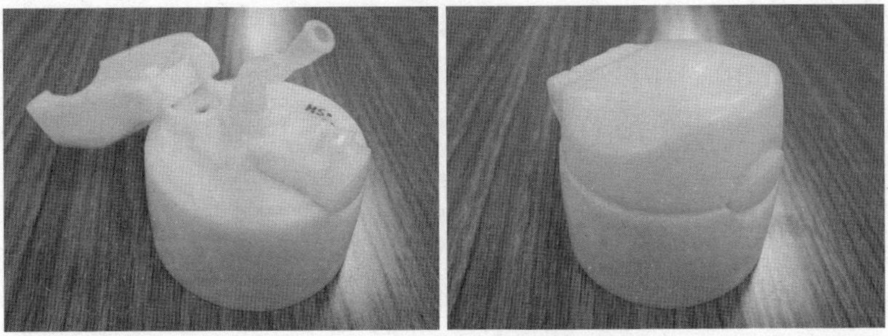

图 2-68 性能模型的案例：加入了按下按钮就能自动打开盖子的结构，用于评估此性能。

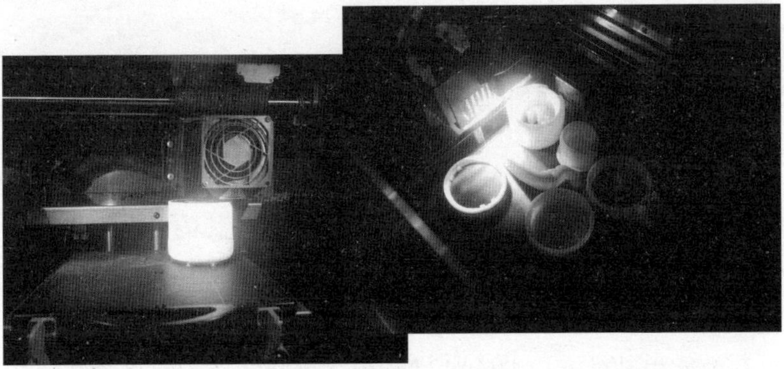

图 2-69 使用 3D 打印机制作模型时的情景：左边是采用热可熔解积层法的装置，从内置发热器的可移动喷管中喷出热可塑性树脂。右边是采用喷墨方式并使用光硬化性树脂的装置。适用于需要一次性制作数个零件的情况。

喷管喷出热可塑性树脂的“Dimension 768 SST”（美国 Stratasys 公司制造）。在 2008 年又追加引进了（同一个公司生产的）“Dimension Elite”。此外于 2012 年引进了通过喷墨喷头喷出光硬化型树脂的 3D 打印机“Objet Connex260”（美国 Stratasys 公司制造）。

采用热熔解积层法的 3D 打印机虽然可以制作出对强度和耐久性有要求的试作品，但制作出来的模型在层与层之间可能会产生缝隙。因此，不适用于使用液体的对象的验证。所以引进了喷墨式 3D 打印机。

该款喷墨式 3D 打印机能对一定数量的试作进行集中制作，效率很高。松山说“在白板上写下 3D 打印机的使用预定，用于调整设计者间的使用时机”。很多设计者都在工作结束前设定 3D 打印机，令其在夜间制作模型，这样可以加入多种数据。安置在制作区域内的模型形状要尽可能一次成型。

▶ 配备能够灵活运用的指南

松山认为，“因为 3D 打印机不是万能的，所以并不能覆盖所有的试作”。比如能放入一百摄氏度高温液体的具有耐热性的某种零件的试作、具备与橡胶同等物理性质的零件的试作都是很难用 3D 打印机制作出来的。

前面提到的测试漏水的试验中，也存在放入的高温液体使内压上升时，对漏水进行验证的试验。当然现在为了追求高耐热性，主要是从外部定制试作品的。橡胶零件也是如此，“拥有柔软的、类似橡胶的物理性质的 3D 打印机材料也不是没有，但弹性限度低且脆弱”，松山提到。因此，性能模型所使用的橡胶零件是在该公司的海外工厂中制造的。

成本方面也是“根据试作品的形状和个数的不同，有时从外部定制更加便宜一些”，松山表示。膳魔师公司有包含海外订货商在内的切削加工试作、委托本公司工厂制作金属零件或橡胶成型品的试作，以及用研发部内的 3D 打印机进行的试作等，松山认为：“试作的方式有很多种选择。”

为了选出最适合的方法，公司于 2012 年配备了关于“在某时、某地进行试作”的指南。考虑到试作的目的和加工方法、制作周期、材料等条件，指导选出最适合的试作方法。

比如指南中记载了“只需观察外形的话就用公司内的 3D 打印机”“想涂饰试作品的话，就去联系中国的制造商”等信息。据说即使是制作相同的形状，也分为由 3D 打印机制造和由外部切削制造，还有同时使用数个方法来制作试作品的情况（如图 2–70）。

指南不仅包含了试作方式的选择，还记载了以往积累的使用 3D 打印机的技巧。介绍更快、更高效地进行试作的方法。

这样的信息不仅限于提高 3D 打印机的性能，还会根据新型试作服务的推出不断变化。随着试作方式的发展，不断选择最适合方法的体制的构建，直接关系到研发技术力的提升。

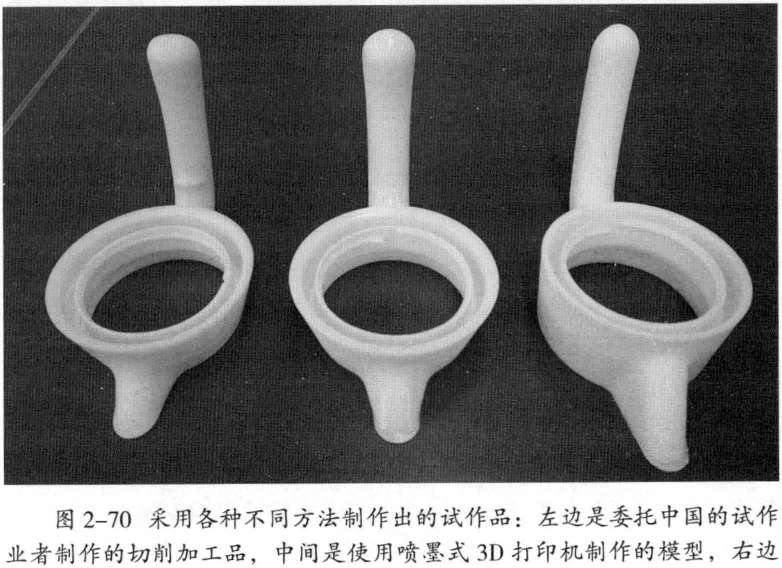

图 2–70 采用各种不同方法制作出的试作品：左边是委托中国的试作业者制作的切削加工品，中间是使用喷墨式 3D 打印机制作的模型，右边是使用热可熔解积层式 3D 打印机制作的模型。

▶ 提高研发技术力 Jatco

▶▶ 试作部门设立在主工厂

变速器生产商 Jatco 公司，与担任联结结算的母公司日产汽车共同开展的研发过程改革活动“V-3P”[①] 所取得的成果为：与以往相比缩短了研发周期、减少了试作次数[②]。以变速机为首，动力传动系的研发周期只比车体的研发周期长一点，以前是二十四个月，现在只需十四到十六个月。V-3P 用数码数据加强设计研究，且再无需使用耗费时间的试作。

但如果说减轻了试作部门的任务职能的话，就大错特错了。随着数码数据的设计研究的正式化，设计阶段问题的查出和解决的职能在一定程度上转移到电脑系统上。另一方面要在早期对重要的批量生产进行研讨，就需要试作。

该公司在静冈县内的公司所在的地区的某个试作工厂中安置了名为“动力传动系 GPEC”的设备[③]。在这里通过试作打造重要的批量生产，在世界各地的工厂中确立了一模一样的移交

---

① V-3P：全面采用电脑系统进行设计研发、重点通过数据在早期改善产品品质，并以缩短研发周期为目标的改革活动。开始于 2001 年。

② 因为总是面向顾客而变化制作的试作品，所以一次变化对应的试作次数虽然减少了，但变化自身的次数是在增加的，所以试作总数没有减少。

③ 日产汽车公司将目标定位于在神奈川县座间市设立的与车身制作有关的，名为“环球车辆技术中心（GPEC）”的动力传动系版本上。GPEC 主要用于对设计完成后的重要批量生产进行制造，而动力传动系 GPEC 则是用在设计完成之前。

体制。现在无极变速器的主力产品“CVT7”（小型汽车用）、“CVT8”（面向排气量为 2—3.5 升的轿车）也是通过动力传动系 GPEC 来确立批量生产的品质的（如图 2–71）。

图 2–71 Jatco 公司的产品无极变速器“CVT8”：适用于排气量为 2—3.5 升的轿车。为了最初能在海外工厂开始批量生产，该公司通过安置在试作工厂中的“动力传动系 GPEC”对其批量生产性进行了研究。

▶ 提前制作重要的批量生产

动力传动系 GPEC 同时负责设计阶段的试作（批量设计）和生产技术阶段的试作（批量管理）（如图 2–72）。在双方的试作过程中，能够比以前更加深入评估重要的批量生产的新方法就是使用动力传动系 GPEC。

以前的批量设计只是集中按照图纸来制造，但在 V–3P 活动后对批量生产性也更加注重了。“最近在设计阶段中把对批量生产性的一些评估提前，把结果反馈到设计内容上”（Jatco 公司试作部门主管广藤雅俊表示）。早期确立批量生产的品质是根本，

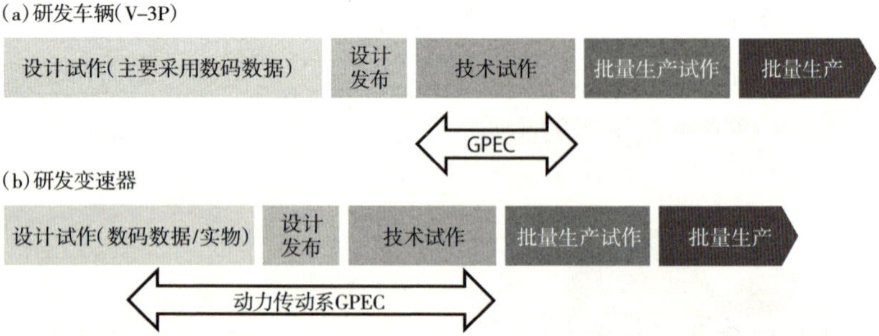

图 2-72 动力传动系（变速器）的试作：从研发阶段起，负责试作的（动力传动系 GPEC）就开始研究批量生产性。

这也是 V-3P 活动的目的。

比如，“向孔中压轴的工序中碎屑是如何产生的，这时工作人员该采取什么样的姿势等具体事项，没有实物就无法弄清楚”（该公司试作部门试作课股长小川利裕表示）。还有热处理造成滑轮的变形量，滑轮与齿轮表面的加工对耐久性的影响等通过模拟仿真不能充分表现出的现象。

把重要的批量生产的评估结果反馈到设计上并确定设计方案，之后就是批量管理。在工厂线还没有完成前，直接把试作应用于能够应用的范围内，以此来对生产工序和钻模进行最后的加工。

▶ 代替主工厂的任务职能

为什么想要在批量生产试作之前查明问题呢？虽然批量生产试作的目的是确认批量生产线是否按照预想的那样运作，但现实中有关工程、钻模等还曾残留着一些问题。这是因为无法在全世界同时进行批量生产。

对于身为顾客的车体生产商（日产汽车之外，还有三菱汽车工业、铃木、中国东风汽车、法国 Renault 公司等）来说，必须要在全世界同时开始供应变速器。以前，先是在日本国内的主工厂成立批量生产线，之后再逐渐扩展到海外工厂（墨西哥、中国、泰国）①。然而像这样分两个阶段的成立步骤，在全世界开始批量生产之前会耗费大量的时间，因此，现在决定在所有工厂同时成立生产线。也就是说不会再有主工厂一说了。

虽说如此，批量生产线的成立并没有因存在各个工厂而变得零散。代替主工厂，决定新产品的制作工程和作业工序，并确立钻模和设备的组织必不可少。虽然即使是生产技术部门也需要依靠数码数据来推动发展检验和工程设计的对策，但最终不用实物进行评估的话，就无法直接在工厂能够开展的范围内反复推敲作业顺序和钻模的内容。想要解决这个问题，只能提升试作力量使其能够充分评估和研究重要的批量生产（如图2–73）。

动力传动系 GPEC 对在批量生产工厂里实施的工程全部进行了预先实验。但实验使用的设备始终都比批量生产线上所使用的简单。小川认为，重点是“将与制作设备和钻模有关的部分，作业台上制作的工具和测量器具等的位置全部直接使用在批量生产工厂中”。

比如，组装无极变速器就是给编在一起的滑轮挂上轮带，然后把它们集中，放入容器里。为了暂时保持住滑轮的位置并挂上轮带，且能以这个状态被拿起来，需要在容器中放入可以

① 泰国工厂于 2013 年 9 月 9 日开始运作。

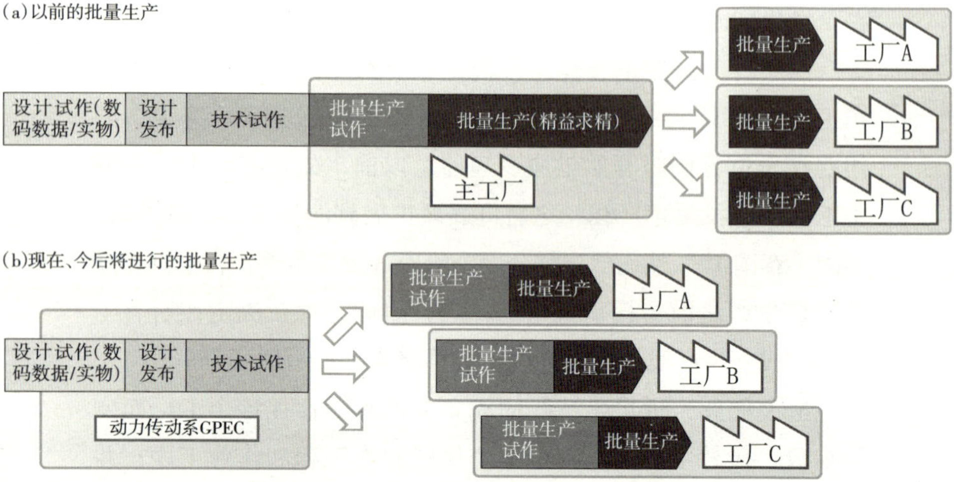

图 2-73 需在全世界同时成立批量生产线：以往都是先在主工厂开始批量生产，然后再逐渐发展到其他工厂。现在则是不设主工厂，全世界同时开展批量生产。

被卸下的钻模。通过试作研发并检验过这个钻模后，就可以直接在批量生产工厂中使用了（如图 2-74a）。

在批量生产工厂中使用动力可以让保持作业并使其翻转的设备实现自动化，动力传动系 GPEC 的设备上则安装上了用于人力转动的把手。即使是采用人力来转动设备，在对试作时的作业工序进行研讨时也不会感到不方便。但是保持作业的金属钩部分是能够直接用在批量生产工厂中的（如图 2-74b）。

▶ 对负责人进行培训

动力传动系 GPEC 还承担着对工厂负责人进行教学的职能。小川说：“我们认为在完成批量生产工厂的生产线后才让作业人

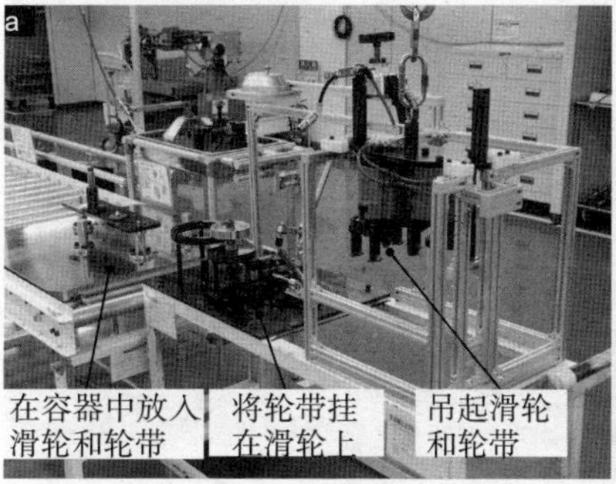

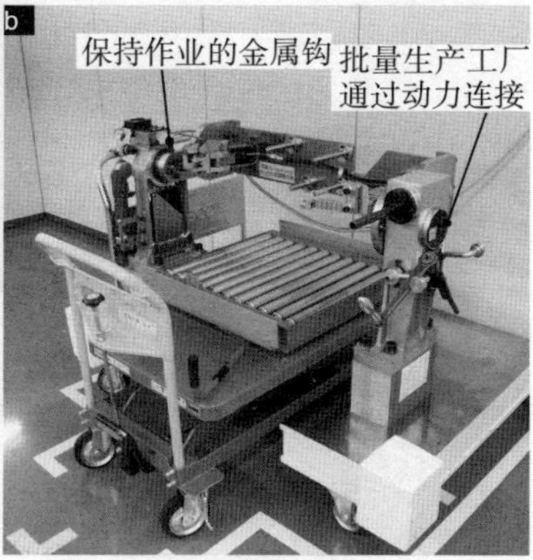

图 2–74 用动力传动系 GPEC 研发的钻模类：虽然没有与工厂一样的生产线，但主要部分是在这里完成的。图（a）是用于吊起编在一起的滑轮并放入容器的钻模。图（b）是能够翻转组装中的作业设备，虽然通过人力旋转这一点与实际生产线不同，但联结作业所使用的部分是与实际生产线完全相同的。

员接触到零件实物就太晚了。”因此要把各批量生产工厂的领导者们叫到动力传动系 GPEC 的一旁，针对“这项作业到底是用左手还是右手好、另一只手该有什么动作”等事项，通过批量管理的试作零件让他们去亲自感受体验。然后让这些领导者对批量生产工厂的作业人员进行教学，通过实地的反复实验以求不出纰漏（如图 2–75）。

准备妥善并在完成批量生产工厂线后，开始进行试作的批量生产。以前主工厂还存在的时候，需要对试作阶段发现的许多问题提出对策。现在，通过批量管理查明的问题个数增加了，但在批量生产阶段所发现的问题数从几分之一减少到了十分之一。试作部门就这样对全世界工厂同时成立批量生产线做出了巨大贡献。

图 2-75 面向工厂负责人的练习用设备：领导者们从世界各地的工厂来到这里，在成立实际生产线之前让他们亲自体验组装试作零件的过程并掌握要点。

用 3D 打印机快速、便宜地制作试作模型
冲压喷射成型树脂型加工

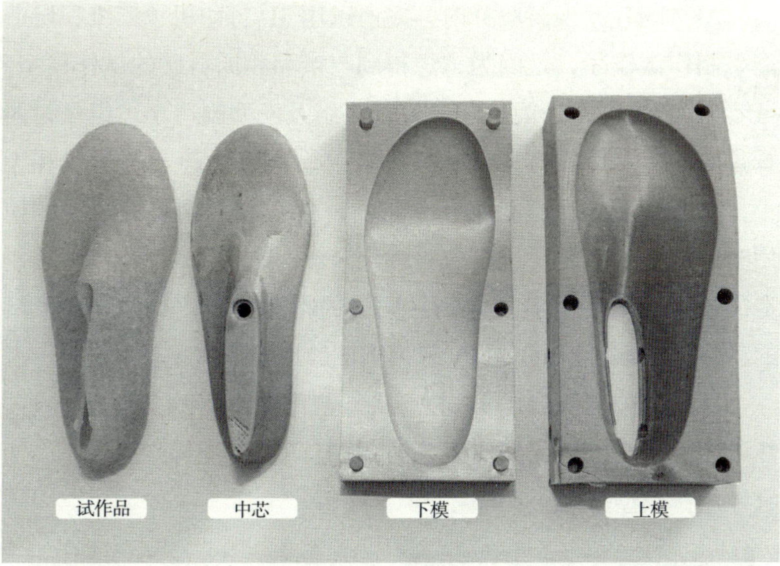

图 2-76　是用 3D 打印机制作的喷射成型的试作品：上模 / 下模 / 中芯全部都是将 PPSF/PPSU 作为材料，使用 3D 打印机制作出的模型。试作品为厚度 2.5 毫米的弹性体，与制品同样厚度、同样材质。喷射成型时，树脂的温度会达到 200 摄氏度以上。

图 2-76 所示的照片是某种制品的试作品和成型后的模型。该制品是由 AKAISHI（本公司位于静冈市）开发的足部护养产品“滋润凝胶袜”。

该产品的材质是厚度为 2.5 毫米的弹性体。虽然形状简单，但其内部有细小的突起。弹性体在喷射成型时，温度会达到 200 摄氏度以上，喷射速度也会非常快。因此，模型必须有高度的耐热性和强度。

▶ 采用高度耐热性树脂材料

AKAISHI 开发凝胶袜时，之所以用 3D 打印机（三维积层造型）制作试作品，是因为“想得到与产品相同材质的试作模型”（该公司商品开发部门的功能设计小组及模型制造小组组长村冈真说）。因为是具有柔软特性的产品，不仅是静态的形状和大小，真实穿着情况下是如何变形的，以及是否会收缩之类的使用时的舒适度都需要进行检验评价。然而，用 3D 打印机直接制造的试作品既不能实现与制品同样的物理性质，制作金属模具的话，低成本、短时间的反复摸索试验也不能实现。

于是该公司挑战用 3D 打印机来制作试作模型。因为导入了热可塑性树脂的熔化积层工艺的 3D 打印机，使其能够快速、便宜地制作模型。

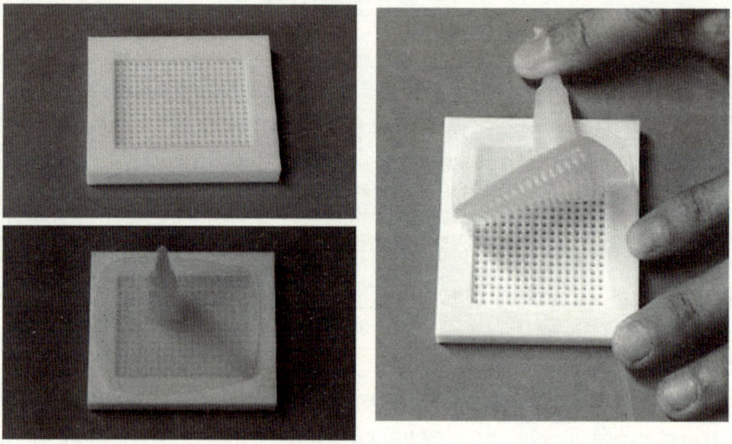

图 2-77 用聚碳酸酯（PC）制作的试作模型：众多直径约 1.5 毫米的细长突起排列起来的刷子的试作模型需要有高度的脱模性。PC 材料因其能以更高的精确度造型，所以适合此类形状的试作模型。

然而，如前面所述，这种凝胶袜的成型需要有高度耐热性以及足够的强度。于是该公司从 3D 打印机能够使用的几种树脂材料中选择了 PPSF/PPSU。耐热温度约为 200 摄氏度，是能够使用的材料中（耐热温度）最高的。

虽说如此，在使用 PPSF/PPSU 材料制作试作模型的时候也花了不少功夫。首先是脱模性。在使用 3D 打印机时，原理上，（试作品）表面所产生的微妙的差别会恶化其脱模性。虽然只是轻轻地摩擦，但也不会产生差异。因此该公司在模型上涂了某种粉末（表面活性剂），改善了其脱模性。

接下来是强度。在喷射成型机的最高速度下灌入树脂（的情况下），模型究竟能不能承受呢？

村冈真说道："老实说还是很不放心的。"即使能比金属模具更快、更便宜地制作，但成型时如果试作模型产生破损的话，这个优势也会被削弱。因此该公司把成型时施加最大力的浇铸道的部分换成了别的零件。万一出现（模型）破损，也能把损失控制在最小范围内。

实际上，如果将 3D 打印机制作的 PPSF/PPSU 试作模型安装到喷射成型机上，可以在不出任何问题的情况下制作出试作品。"虽然在温度达到 300 摄氏度的情况下，浇铸道也没有破损，因为是第一次尝试，所以还是安全第一"，他说道。作为试作品用的模具，虽说只要能承受 20～30 个喷口就足够了，但其实应该能承受 100 个以上喷口。

最终试作模型的制作时间由原来的一周缩短到了一晚。关于成本，模型并不是所有的都是实心，而是采用了诸如（从内侧看）用螺纹强化成型面之类的构造，原料费控制在最小限度，削减到了原来的十分之一。

▶ 产品材质的分类使用

AKAISHI 公司最早引入的 3D 打印机并不是综上所述的那样，能用的材料只有丙烯腈—丁二烯—苯乙烯共聚物（即 ABS 树脂）一种。起初是用于健康器具的试作品的制作。

然而，像高弹性体这种的柔软材质，是无法用 ABS 树脂制作的试作品来代替的。虽说如果仅仅是为了确认其形状的话也不是不能使用，但健康器具与人体肌肤接触部分的硬度等会直接与使用感受挂钩。“我们也考虑到像这种产品，不用 3D 打印机直接做成模型，而是看是否能用喷射成型用的模具来制作”，他说道。

为此引进的不仅仅是 ABS 树脂，还有能使用聚碳酸酯（PC）和 PPSF 的 3D 打印机。首先用高耐热性和高强度的 PPSF 制作了试作模型。但是在试作像刷子这样细的产品模型时，高弹性体的试作品不能很好地脱落。在 PPSF 达到最小基层厚度（0.254 毫米）的情况下，模型表面产生的差异会影响成型品表面。

于是，这次又尝试用 PC 材料制作模型，因其能实现比 PPSF 材料更薄的 0.127 毫米的基层厚度。实际操作中，高弹性体的试作品能轻松从模具中脱离。PC 材料在耐热性和强度上也没有大问题。

因此可以得出“高弹性体的试作品能与 PC 材质的模型相对应”这一结论（图 2–78）。但是，正如文章开头介绍的高弹性体那样，在需要更高的耐热性和强度的时候，试作品可能会破损。因此没有采用 PC 材料，而是采用 PPSF/PPSU 材料制造模型（图 2–79）。

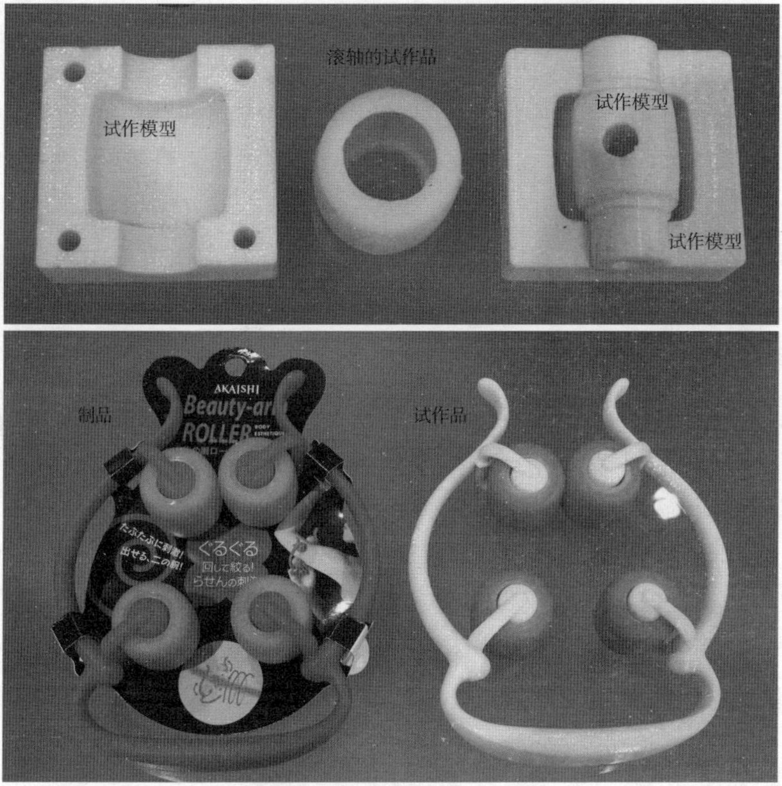

图 2–78 用 PC 材料制作的滚轴按摩器具：若想验证该制品的使用感受，与用户肌肤接触的部分就要与制品的材料相同。因此，不仅用 3D 打印机制作了滚轴的试作模型，还尝试制作了其他的部件。

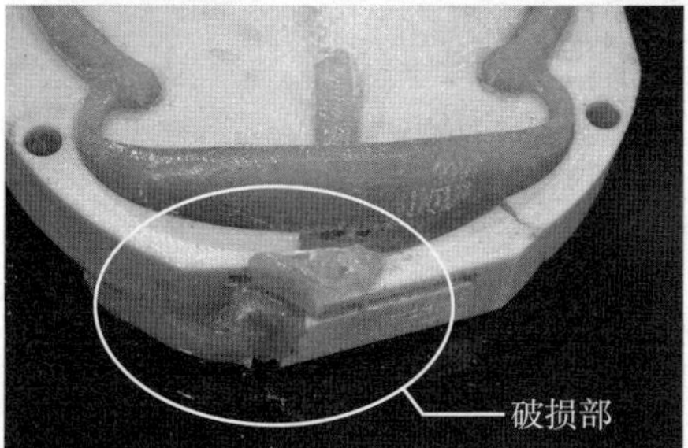

图 2–79 是破损了的试作模型：喷射压过高的情况下，成型时模型可能会破损。AKAISHI 公司为了铭记此次失败的教训，将这个破损模型保留了下来。

其他方面，在对PA和聚丙烯（PP）的试作品进行成型时，因其耐热性的问题，所以采用了PPSF材质的模具，像这样，该公司会根据产品材质的变化，改变与之对应的试作品的材质和制作方法（图2-80）。如前面所述，尽管产品的材质是高弹性体，模具材质基本为PC，根据情况采用PPSF材质来进行区别使用的状况也是存在的。产品材质是PA时，因为可以用PC材质直接成型的试作品来代替，所以根据具体情况把它区分为喷射成型和直接成型。

现在该公司为了进一步活用3D打印机，正在尝试在（3D打印机）制作的模具表面施加镀金。这也是为了消除积层造型永远的课题——差异。如果通过镀金能提升材料的脱模性，适用材料的种类也会大幅增加，这一点备受大家期待。

其实该公司不仅做本公司产品的试作模型，还接受设计、试作模型类的委托业务。因此（他们）认为熟练使用3D打印机还能增加试作模型的委托业务。

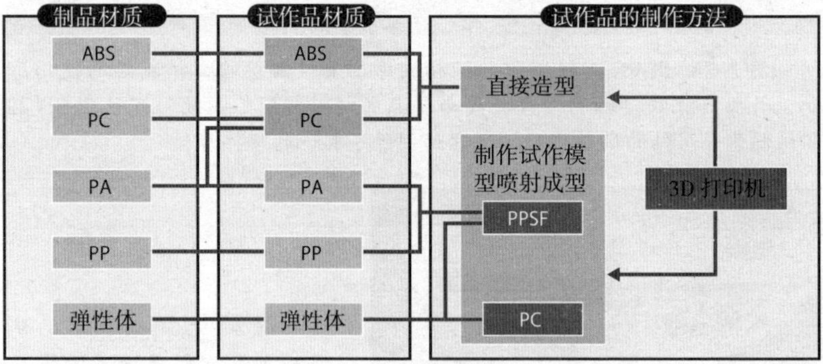

图2-80 不同试作方法的区别使用：当制品材质为ABS或PC时，要考虑能否直接使用由3D打印机制作的试作品。有必要使用PA或PP等高弹性体的试作品的话，则由3D打印机制作出PPSF或PC的模型，并使其喷射成型。材质为PA的情况下，用PC直接造型也是一个选择。

▶ 树脂模型的冲压加工

像上述那样，通过用 3D 打印机制作射出成型的试作品能使试作程序更加效率化。3D 打印机原本就拥有好几种打印技巧，能够使用的材料也富于变化。再加上用 3D 打印机制作的试作品能直接成型，从 3D 打印机制作模型的过程来看，能够快速、便宜地得到试作品的种类也会大幅增加。

模具的活用不仅仅局限于喷射成型（工艺），比如还有模具冲压加工。三菱重工业的高砂制造所在制作构成燃气轮机燃烧器零件的试作品时，对用 3D 打印机制作的树脂模型的适用性进行了探讨。

这个树脂模型由冲压成型的、厚度为 5 毫米以上的镍合金平板构成，在弯曲时使用。现在，“这个树脂模型已被应用在了冲压机上，已经到确认金属板是否能被弯曲的阶段了。”（该公

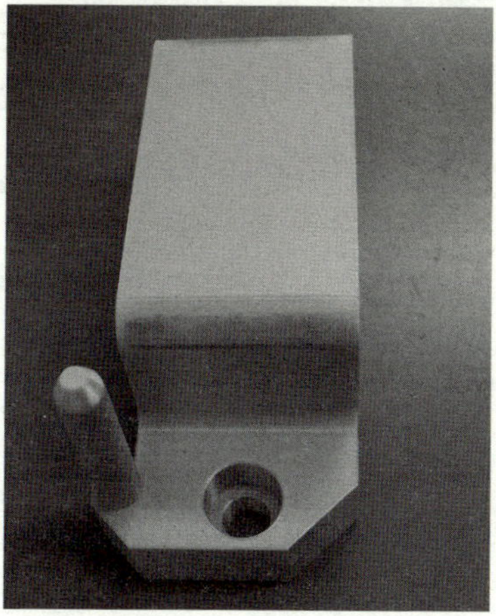

图 2–81 用 3D 打印机制作的冲压加工用树脂模型：虽说对于燃烧器的实验来说金属制冲压零件是必不可少的，但在尝试制作阶段，为制作金属模具而反复试验，不仅成本高还花费时间。若能用树脂模型冲压加工金属模具的话，这个问题就能解决了。三菱重工已确认能用 3D 打印机制作的树脂模型冲压加工厚度为 5 毫米以上的镍合金平板。

司原动机事务本部叶片与燃烧器制造生产技术课课长原口英刚说）。

进一步，该制造所还在一部分精密铸造（脱蜡法铸造工艺）所使用的模具上活用 3D 打印机。模具本身虽为金属，但由于改变设计造成（模具）形状也随之改变，所以用 3D 打印机制作出一部分模具，并将其与金属模具组合成型为蜡模。

本公司产品开发的试作过程的进化——由切削加工到 3D 打印机

AKAISHI（静冈总公司）原本以被委托生产鞋类的材料为主要业务内容。之后从提供鞋类部件的“分包”工作向自主制造产品的生产商的业务转换。随之开始了对足部养护产品和按摩器具之类的健康日用产品的企划、制造、贩卖。现在，作为该公司销售额的构成，鞋和凉鞋占六成，健康日用品占四成。

在向鞋类和健康日用品生产商身份的转化之时，该公司注重的是“充分研究产品的机能来提升产品的价值”——AKAISHI 公司董事长赤石文男先生。所以试作阶段在产品机能的经验方面花了不少功夫。

在这样的方针下，赤石文男先生表示“想要开发出穿着方便、舒适的鞋子，光靠大脑所想的信息是不能积累起这样的技术窍门的。”因此在 1999 年引入了三维 CAD 技术。并进一步着手解决了使用三维数据制作试作品流程的构建问题。在当时，因为木制模型是向外部订货的，所以“模型到手的时间很长，而且能试作的次数也受到限制。”赤石文男表示。

首先引进的是小型切削加工机。可用于加工木材和乙烯-醋酸乙烯共聚物（EVA）。但当所需的试作品数量增多时，问题就显现了出来。该公司的村冈表示“转轴很小加工速度上不去，此外，当作业十分灵活的时候，加工突然停止的情况也有，太耗工夫了。”并且还出现了对切削金属更进一步的需求。

因此，该公司于五年前引进了 5 轴同时操控的直立式机床。“社长说不会用的话，它就是废铁。并让我们把它研究透彻。”村冈说道。

虽然因引进了正式的制作用机器，并解决了大部分小型切削加工机所面临的难题，但还有一个问题没能得到解决。那就是制作被称为“最后的难题——鞋型”的能决定脚形的夹具。因其被自由曲面所覆盖，所以加工很难，即使是能同时操控 5 轴的机器，生产工艺的切换也变得十分必要。

该公司也考虑过引进能加工鞋型的专用制造机器。但恰好在那段时间得到某展示会展出的 3D 打印机的消息。“3D 打印机与专门加工鞋型的机器的价格大致相同，且能用在别的方面，所以便引进了它”，村冈提道。

于是该公司引进了以 ABS 树脂为原材料的 3D 打印机，并开始用于确认产品形状的试作品和夹具上。之后又追加引入了能使用 PC 和 PPSF 等材料的 3D 打印机 RP 装置，使用树脂材料的试作模型也能制作高弹性体的试作品。也就是能达到 ABS 树脂制的试作模型所不能达到的，与产品几乎同等的柔软性。

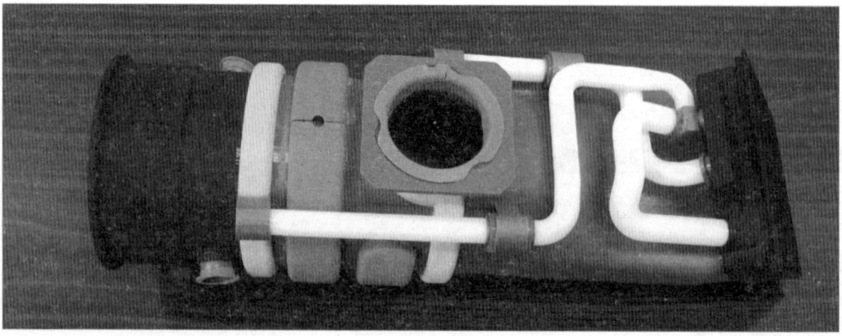

图 2–82 燃烧器的试作品：因为用颜色把零件的种类全部区分开来，所以很容易把握各零件之间的关系。试作品很轻，可以很方便地从各个角度确认它的形状。

该制造所于 2006 年引进了 3D 打印机。在此之前，虽然从外部订购使用了光硬化性树脂的三维积层造型的试作品，“由于其昂贵、慢、麻烦的特点，只用于每年 5 件左右的重要零件的生产”，原口说道。实际上，从外部订货的成本在五十万日元到一百万日元之间，过程需要几周，且与接受订货方的商洽、保密合同、数据发送等都要花费时间。

在探讨能更方便、更快速、更低成本地得到试作品的方法时，公司得到了能免费试用某 3D 打印机半年的消息。趁着这个机会，关于引进 3D 打印机后的利用方法，该公司开始在设计和制造现场进行调查和听取意见。

通过对 3D 打印机制作的立体模型实物的体验，最终他们了解到对于强度的需求是最大的。虽然也有对于透明性和精度的需求，但例如，如果只把它用于确认（初期探讨）设计评审和形状的话，并没有必要要求那么高的精度。

因为结构性的检验和制造现场的夹具很容易损坏，不能发挥什么作用。在进行流量试验之类的功能实验时也是如此，由于试验机器中产生高压的情况很多，所以螺栓必须要固定好。

于是该公司决定最优先考虑强度，选择了通过融化 ABS 树脂之类的热可塑性树脂来进行积层的 3D 打印机。

如今社会对于 3D 打印机的精度要求也在提升。比如作为教学用的试作品——涡轮机的每个扇叶都需要被准确地再现（如图 2–83）。因此，该公司还引进了能将石膏类的粉末原料用黏合剂固定的高精度 3D 打印机。形成了（因需求不同）把两种 3D 打印机分开使用的生产体制。

现在的高砂制作所不止步于试作品的制作，在各种情景下都会使用 3D 打印机。例如制造现场的画线用的钻模以及表面涂层用的遮蔽钻模等，3D 打印机都适用。因为有少量的钻模和量规能短时间、低成本地被制造出来，所以得到那些以往从未被制造过的钻模也变得方便快捷。

当然在试作领域，3D 打印机的应用案例还有很多。其中最有代表性的是探讨模型的结构组成。即便确认了用三维 CAD 已经组装完毕并且没有干扰，但在构造上不能被组装的情况也会发生。就是那种想往里安插零件却已没有空隙的情况。但如果使用 3D 打印机，探讨（模型）结构组成就很容易了。

关于流量实验，以前一直都是用机械加工和冲压加工来制作试作品，现在还编入了一部分由 3D 打印机制作的模型。从而把成本和交货期都降到了以往的三分之一。同时，试作品的形状更加准确，试验精度也得到了提高。

把该公司使用 3D 打印机的方法归纳起来有：①确认 DR 和形状，②验证产品的结构性，③焊接顺序等制造性的探讨，④让钻模等工具在生产现场得到应用，⑤在流量试验和气流实验中的应用，⑥用于对新职员和顾客等的教学和说明。其中①

图 2–83 教学用涡轮机的迷你模型：用 3D 打印机制作的这个立体模型对于新员工和海外合作伙伴的教学效果很好。由于它是用设计数据制作出来的，不仅能忠实地再现制品形状，对于靠文章和原理图不能完全表现出的构造和机能的说明，也起到了重要作用。它的转轴和扇叶等零件是用 3D 打印机制作并一个个组合起来的。

图 2–84 画线用钻模：使用 3D 打印机制作的、在制造现场使用的钻模和计量器具的案例在不断增多。像化纤用钻模、安装在自动机械顶端的修正用钻模、决定打孔位置用的钻模等。除此之外，为防止工作机械切削时机油飞溅所用的护罩也是使用 3D 打印机制作的。

是最多的，将近五成，③和④分别超过了一成。作为模型的材质，ABS 树脂占了六成，石膏占了四成。

今后，该公司会以前面提到的试作用简易模型的应用为目标，与此同时，关于在焊接现场等也能使用的难燃性材料，以及能让冷却管内液体流动可视化的透明材料的应用也在逐步探讨中。此外，不仅是 3D 打印机，其他生产方式也会被纳入讨论范围之内。

▶▶ 材料和断面形状的制造方法大致有三种

3D 打印机也被称作“快速原型设计装置 /RP 和三维积层造型装置”。基本上就是使用三维数据，通过不断叠加三维形状的断面来制作立体模型的装置。虽无明确的定义，但一般多指那些在 RP 装置和三维积层装置中价格低、容易引进的产品。根据适用材料和制作断面形状的制作方法不同，大致将 3D 打印机分为三类。

使用热可塑性树脂的 3D 打印机，是靠熔解内置的可移动喷头中的金属丝材料来形成断面的形状。它可以利用与产品几乎同样材质的ABS和PC等热可塑性树脂材料。

使用粉末材料的3D打印机，可以分为：通过激光烧结断面形状的方式，以及用喷墨打印机的喷管涂黏合剂的方式。前者使用的是金属、树脂和砂类等材料；后者使用的是石膏、淀粉之类的粉末状材料。

使用液态光硬化型树脂材料的打印机，最为常见的是用电流镜等调节照射激光的位置。最近，通过利用放映机的机械装置，将断面统一曝光的产品也上市了。也有的产品可以用喷墨打印机的喷管选择性地喷出可溶性树脂。

在3D打印机是通过不断叠加形成断面的这一原理之上，对凸起部分的支撑也是必要的。除了使用粉末材料的3D打印机之外，最终想要得到的立体模型与分离支撑后的处理也是不可或缺的。需要了解的是，虽然有那种采用了通过溶剂进行熔解的技术的产品，但那也会花费不少的工夫。

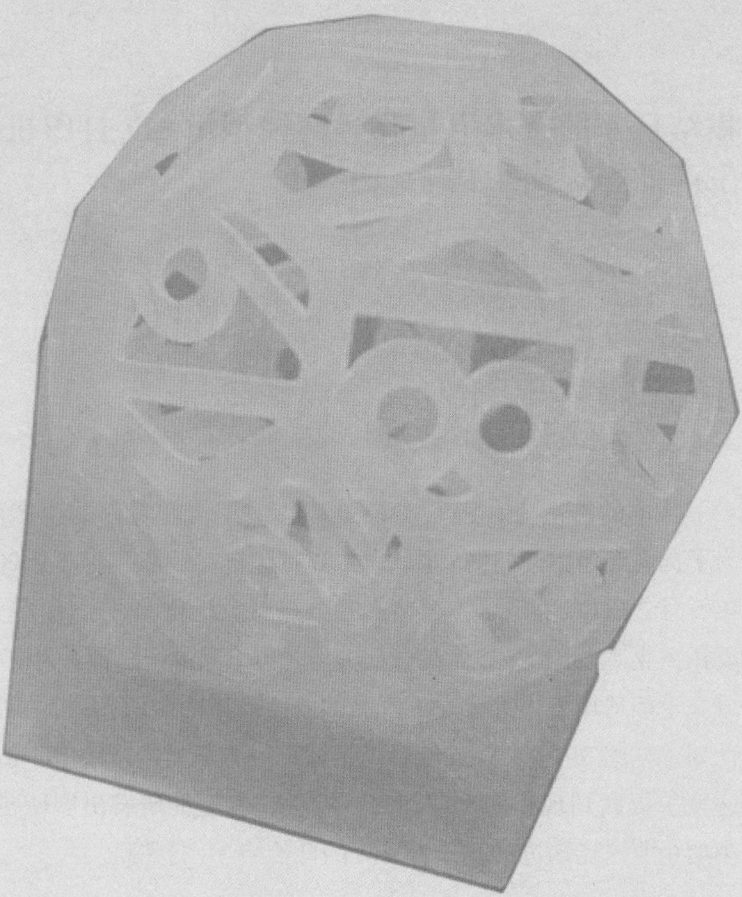

03 3D 打印引领制造业工艺变革

随着可使用多种造型用材料的 3D 打印机的发展和进步，以及造型工艺的改进，3D 打印机将引领制造业进行工艺变革。

集结日本的技术力量将砂铸模型用 3D 打印机的生产效率提高十倍

日本的铸造业，进一步说是那些使用铸件零件的生产商，为了提高竞争力开始研发国产的 3D 打印机。经济产业部于 2013 年 5 月 29 日，决定了“超精密三维造型系统技术研发计划”的委托企业[①]。以产业技术综合研究所（以下简称产总研）为中心，成立了能适用于中等数量生产品的砂铸模型用 3D 打印机的研发计划（如图 3–1）。以五年后为目标，一方面将生产效率（造型速度）提高到现在的十倍，另一方面，希望能研发出即使是中小型企业也能购进的几千万日元的低价格 3D 打印机。

▶ 通过积层造型工艺来制作铸造用砂铸模型

这次计划中研发的是，将每层粉末材料（砂）都用黏合剂固定并叠加的积层方式的 3D 打印机。“比如，装置是以能够月产 3000 台规模的、高级汽车用缸盖的砂铸模型为目标”（产总研先进制造计划研究部门基础加工组组长冈根利光）。具

① 于 2013 年 4 月 10 日至 5 月 10 日期间公开招募。

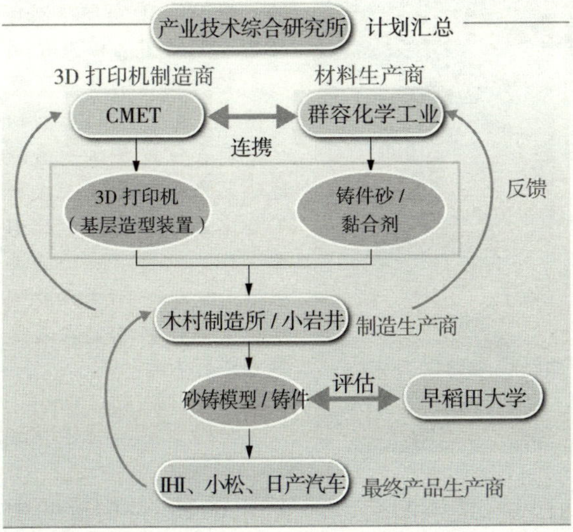

图 3–1 参加研发砂铸模型用 3D 打印机的企业：不仅是研发 3D 打印机装置与材料的生厂商，就连制作、铸造砂铸模型的生厂商和使用铸件的生厂商都参与到了其中。

体来说，就是以约一小时的时间可以制造出体积为 100 升（100cm × 100cm × 100cm）的砂铸模型的速度为目标。

对于 3D 打印机来说，根据它最大造型尺寸（造型区域）中配置的造型形状数量，生产效率会有很大变化。配置造型形状的趋向，以及积层方向的角度都会对精确度、生产效率产生重大影响。虽然具体没有规定是哪种程度大小的装置，但将汽车的引擎零件和发电站的燃气轮机等放入了视野。

一般的砂铸模型是使用木质铸型临摹制作出来的。因担心拔模，必须要准备数个木制模型的情况很多，很多复杂形状的砂铸模型需要靠组装来完成。

如果用 3D 打印机，因为不用考虑木质模型的脱模问题，所以可以实现整体造型。通过一体化提高精准度、削减铸造时的作业时间等效果也值得期待。更重要的是，还可以挑战以前制作不出来的形状（如图 3–2）。

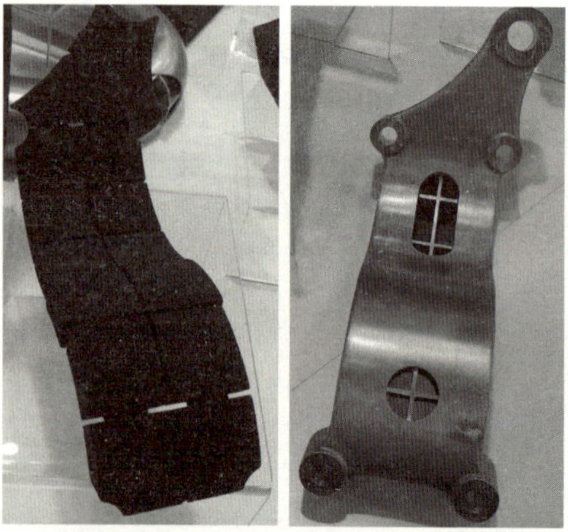

图 3–2 3D 打印机制作的芯（见左图）以及使用这个芯所制造的铸件（见右图）：通过使用 3D 打印机，现在可以整体制造通过临摹木制模型的方法所不能实现的砂铸模型的形状。照片中的芯是小岩井公司用既有的 3D 打印机制造出来的，并将其在展览会上展出了。

例如，因为现在可以整体制造以前要用无数零件构成的中空形状的铸造品，所以可以期待实现轻量化。汽车生产商可以期待燃油费上涨这样的附加价值的增长，对于铸造生产商来说，减少熔解用金属和削减电力等优点更具有魅力。

▶ 用户企业也可以参与该计划

3D 打印机的研发是由装置生产商、材料生产商、铸造生产商和使用铸件的最终产品生产商共同参与的。装置本身的研发是由光造型系统[①]的生产商 CMET。群荣化学工业负责 3D 打印机所使用的砂和黏着剂的研发。木村制造所（本公司位于静冈县、清水町）和小岩井（本公司位于神奈川县小田原市）用 3D

① 关于光造型系统——让液体光硬化树脂的表面通过激光照射，使其硬化并制作断面形状的积层造型装置的类型。

打印机进行砂铸模型的制作和铸造。制作完的铸造品由日产汽车和YAMAHA、小松进行评估。早稻田大学对砂铸模型和铸件的物理性质的评估进行支援。

具体采用什么方法提高3D打印机的生产效率呢？现在还不得而知。不仅在黏合剂的喷出速度和砂的供给速度上下功夫，该计划还将缩短造型结束后去除未硬化砂的时间、提高能制作薄款砂铸模型的材料强度，都列入了研发的视野范围之内。“首先是在三年后，达到提高生产效率五倍的目标”（产总研的冈根）。

▶ 现状是只有欧美厂商

现在，研发和销售这种制造铸造用砂铸模型的3D打印机的，是德国的EOS公司和美国的ExOne公司，都是海外生产商。因为砂和黏合剂都是从海外进口，所以会有“即使想使用日本生产商生产的砂和黏合剂，也使用不了”（产总研的冈根）的真实情况存在[①]。

EOS公司的3D打印机采用的是用激光烧结混入砂中的树脂粒子的方法；ExOne公司的3D打印机采用的则是用喷墨打印机喷头喷出黏合剂使砂凝固的方法。这次计划中想要研发的3D打印机使用的是后者的方法。

虽然这个方法的基本专利权到期了，但有一些高精度、短

---

① 有些海外生产商设计的装置也能够使用日本国内的材料。ExOne公司的日本法人XONE（本公司位于神奈川县小田原市）预计在今后也会供应由国内生产商生产的黏合剂。

时间内凝固的周边专利还在有效期。对于这部分的担忧，也将成为今后的课题。

▶ 积累能熟练使用的诀窍

这个计划不仅是对 3D 打印装置和材料本身的研发，能够铸造高熔点金属的高耐热性砂铸模型的研发，以及充分发挥其能够制造复杂形状模型的优点，局部冷却性能调节技术的研发，也在进展之中。

“只有装置是不行的。砂铸模型是怎么制造、如何铸造的这些能熟练应用的技巧的积累也很重要”（产总研的冈根）。铸造零件的形状也罢、砂铸模型的形状也罢，根据 3D 打印机的使用情况不同，最适合的形状也有所改变。没有必要什么都用 3D 打印机来制造，重要的是人尽其才地使用 3D 打印机。在该计划中也会逐渐积累这样的技巧。

虽然这个计划只有预期五年的时间，但冈根表示“今后也会继续，将来会以实现生产出是现在生产效率的一百倍的 3D 打印机为目标”。这样的话，3D 打印机制砂型也能适用于需要大量生产的零件的制造了。

可将任意不同种类的材料一体成型的 3D 打印机

有的 3D 打印机从一开始就可以把由几种不同材料构造而成的成品打印出来（多材料成型），而不是将各个部件单独成型加工，然后再接合到一起。因为采用了一体成型的技术，甚至可以打印出因部件组装等原因无法制作出的形状。

▶ 任意场所挤喷出任意的树脂

如今可实现多种材料成型的 3D 打印机里，首先能列举出的是从喷墨嘴挤喷出光硬化树脂的 3D 打印机。采取这种方式的几乎所有的 3D 打印机都具备了分别挤喷出成型材料和辅助材料的打印头，甚至有一些 3D 打印机仅用于成型材料的打印头就有多个。总部位于美国和以色列的 Stratasys 公司的“Objet Connex”系列和美国 3D Systems 公司的“ProJet 5500X”，都可使用多种材料成型。

例如，Stratasys 公司的“Objet500 Connex3”可同时使用三种成型材料，一部分使用硬质材料，另一部分使用橡胶般的柔软性材料，余下的部分使用透明性材料（图 3–3）。因为全都是从相同位置挤喷出几种材料混合而成，所以可使制品具备混合的物理特性。如此搭配还可用于提高立体模型的

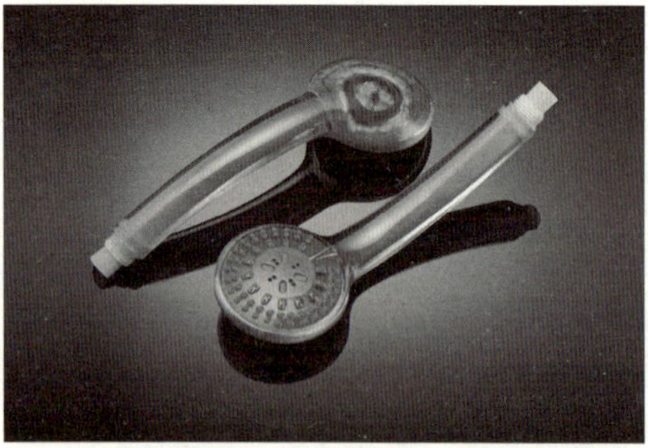

图 3-3 搭配了软质彩色素材和透明色素材的一体成型淋浴喷头

使用 Stratasys 公司的“Objet500 Connex3”打印出的物品。

色表现力（复色成型）。

即使从内置加热器的可动头中挤喷出热可塑性树脂的 3D 打印机，也可实现多种材料成型。而价格仅为数十万日元的低价机也推出了搭载了几个打印头的机型，每个打印头都可变换材料。实际上，从多个打印头中挤喷出模型材料和辅助材料，或者从多个打印头中挤喷出同种类的颜色不同的材料，这些方法都正在被利用着。

▶ 切换金属粉末

将不同金属混合一体成型部件的方式，根据 ASTM International 的 Additive Manufacturing（附加成型）分类，被称作“directed energy deposition（指向性能源堆积）”。喷上粉末材料的同时，用激光等方式照射熔解，紧接着在此位置上堆积金属。采用此方式时，如果在任意时间点变更材料，部分材质在理论上会发生变化。当前，国外的几家厂商正在推进技术开发和产品化的工作，受到业界人士的关注。

2013 年 12 月，在德国举办的“EuroMold 2013”展上，德国

DMG MORI SEIKI 公司参考展出了采取此方式并且组合了附加成型和切削加工设备的装置。该公司还与 DMG 森精机合作，共同进行产品化的开发，预定于 2014 年 10 月—11 月，在“日本国际机床展（JIMTOF2014）”上展出。

2014 年开始的日本产金属打印机开发项目中，采用了利用激光或电子束熔融凝固铺满粉末的材料的方法，作为一项技术开发课题，提出了“利用倾斜构造积层不同金属”的理念。期待可以早日得以实现。

新技术设计革新

▶ 陆续推出的日本产小型 3D 打印机

▶▶ 采用光成型技术，精度更高，中小企业以及个人均可利用

以中小企业和个人事务所为目标用户群，日本各制造商相继推出了低价格的光成型设备（使用紫外线等方式硬化液体树脂的 3D 打印机）。和树脂熔融积层方式的 3D 打印机相比，尽管机器的价格略高，但容易成型复杂的形状，即使积层的厚度（每层的厚度）相同，层边缘的硬化也不明显，是其特点之一。

▶ 硬化料带上的树脂

abee（总部位于日本横滨市）于 2014 年 9 月 1 日开始销售利用紫外线硬化树脂的光成型设备“SCOOVO MA30”“同 MA10”[①]。为便于中小企业等使用，采用了尽量减少树脂浪费的

① abee 开始销售 MA 系列的同时，也开始销售树脂熔融积层型 3D 打印机“同 X9H”。价格为 277593 日元（不含税）。

结构，缩短了成型时间。

积层厚度为 0.05mm（MA10、同 30）或 0.025mm（仅同 30）。除专用丙烯树脂材料外，还准备了成型后可变成橡胶状的材料[①]。MA30 的成型尺寸为长 96mm× 宽 54mm× 高 150mm，MA10 的成型尺寸为 100mm×75mm×150mm。

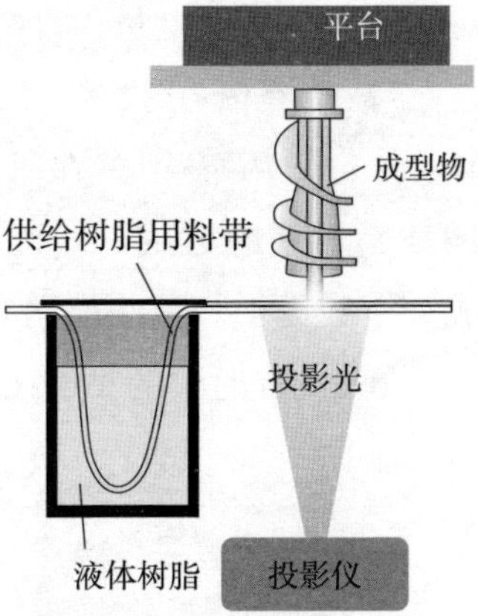

图 3–4 abee 的光成型设备“MA 系列”的构造

使用柔软的料带，逐层供给液体树脂，从下部曝光。

成型时，逐层供给成型部分液体树脂（图 3–4）。柔软的料带浸泡在液体树脂里，使料带上承载液体树脂的厚度达到一定的厚度。此状态下，从料带下方照射紫外线，将每层的截面形状固化。将成型的形状按顺序向上延伸。

通常的光成型设备，在构造上需要大的成型槽，可储备数十升的液体树脂。所以不仅在更换树脂时会出现浪费，树脂一下子接触到空气，包括距离照射到紫外线等硬化部分特别近的树脂，多少都可能出现劣化，需将其回收后再重新利用。MA 系列最早是往主体箱中注入 300mL 左右的液体树脂，开始成型。

而且，以往设备的成型槽很大，液体树脂的温度根据场所不同易产生差距，导致硬化不均匀，为预防出现此种情况，通常会利用加热器将整个成型槽保持在一定的温度。MA 系列因为不在容器内处理硬化过程，所以不必使用加热器加热整个容器，

① 颜色为无色（成型后稍带黄色），选项中，有十多种颜色的色素可供选择。

进而也节省了耗电量。

曝光指借用投影仪的投影机构中使用的DMD（Digital Micromirror Device），在每层截面投射数秒光线。因为不采用扫描截面形状的方式，所以每层的成型时间是固定的，与形状、成型个数无关。每小时可成型约25mm（使用MA30，每层的厚度为0.05mm时）的高度（图3–5）。

图3–5 MA系列打印出的成型物
每层厚度（成型速度）为0.05mm。和一般的树脂熔融积层方式相比，成型后很难看出层次。

MA30的主体价格为298万日元（不含税），MA10的主体价格为168万日元。材料的价格大概在每公斤3万日元。

▶ 68万日元的桌面机

Roland DG于2014年9月3日起开始发售长430mm×宽

365mm× 高 450mm 的小型 3D 打印机“ARM-10”（图 3-6），是该公司早期的 3D 打印机产品。价格为 68 万日元（不含税）。“除日常使用 3D-CAD 的工程师外，创新人员和设计人员也都愿意使用此产品实现快速成型”（该公司某工作人员）。

从 ARM-10 采取的利用投影仪从下方照射紫外线硬化树脂这点来看，和 abee 的“MA”系列所采取的方式相同。“尽管也探讨了其他成型方法，但从小型低价桌面机的产品概念出发，决定采用紫外线硬化树脂的投影方式”（该公司某工作人员）。可是，ARM-10 并不使用料带，而是直接利用紫外线照射底盘（树脂槽）中的树脂。这样不仅结构比较简单，而且容易维护。

此方式的关键技术在于投影仪和树脂。Roland DG 独自开发了使用紫外线 LED 的专用投影仪和专用树脂“imageCure”。该

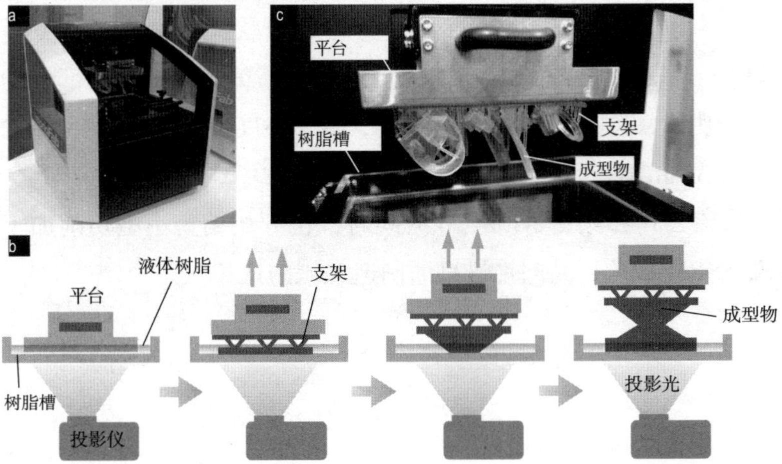

图 3-6 桌面型 ARM-10 及其成型方法

长 430mm× 宽 365mm× 高 450mm 的小型机，可置于桌面等处使用（a）。从下方往树脂槽照射紫外线，边逐层硬化边向上成型（b、c）。成型厚度最小为 0.05mm。

投影仪在市面上销售的产品的基础上，改良了镜头特性以及紫外线的频率等指标。

imageCure 使用了丙烯酸酯系列树脂，成型后变为白色半透明，具有和聚丙烯（PP）相近的物理特性（图 3–7）。“容易实施除去支架以及打磨加工等后续加工处理工艺”（该公司某工作人员）[①]。

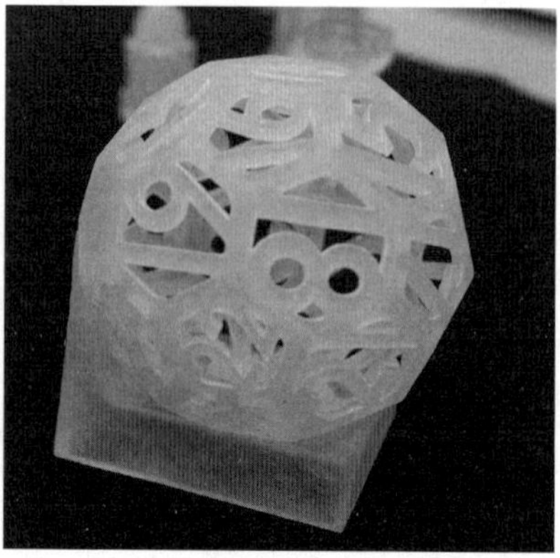

图 3–7 ARM–10 打印出的成型物

使用专用丙烯酸酯系列紫外线硬化性树脂“imageCure”。硬化后的物理特性和聚丙烯（PP）相近。

最大成型尺寸为长 130mm × 宽 70mm × 高 70mm。积层厚度在 0.05~0.2mm 之间。当积层厚度为 0.15mm 时，积层速度为 10mm/h。

为输出数据，还提供了免费的专用软件“monoFab Player AM”。搭载了数据修复功能，自动生成、编集支撑材料部分的数据功能，以及积层仿真等功能，读取 STL 形式的数据，并输出到 ARM–10。

该公司在销售 ARM–10 的同时，也开始销售小型切削加工机“SRM–20”，共同推进桌面制造领域的进步[②]。

① 现在所用的树脂仅此一种。今后会继续增加更多的品种。

② 销售 ARM–10、SRM–20 的同时，公司宣布开始启动研发桌面制造小型加工机新系列“monoFab”的方案。而两产品正是 monoFab 的第 1 弹。

04 智能生产（3D 技术在工业生产过程中的应用）

EXEDY 在两小时内利用 3D 自动设计模具

▶ 积极引进 3D 打印机和扫描仪

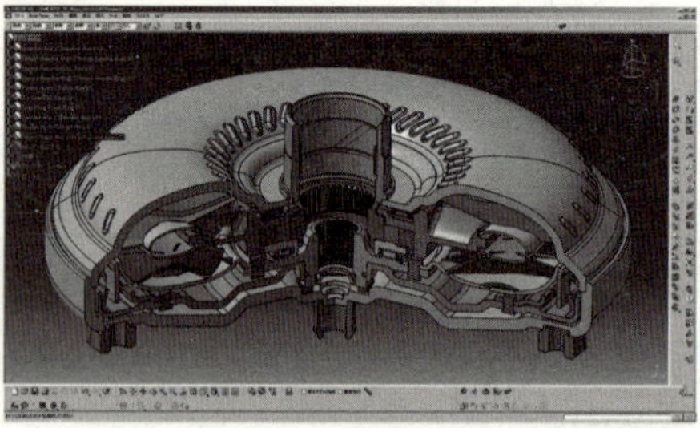

图 4-1 变矩器的 3D 设计数据

以往仅利用 3D 设计内部的叶片形状，现在用 3D 设计整个部件。

随着变矩器制造商 EXEDY 对产品设计工具 3D-CAD 全面引进，从此开始走上了自动设计模具的道路（图 4-1）。以往，模具设计的每个面都需花费大约 30 个小时，现在仅需 1~2 个小时即可完成，极大缩短了设计周期。

以现有的标准模具构造为基准，采用自动生成新的模具设计数据的方法，将新设计的部件形状或工程中的成型形状生成数据。“尽管在操作 3D-CAD 或 CAE 上增加了工作量，但整个设计周期缩短了。特别是因为模具设计的自动化，大幅度缩短了设计周期”（执行开发总部副总经理藤本真次）。

▶ 一个部件使用了 5~8 面模具

很多变矩器的部件都是采用了 5~8 个步骤的多工位压力机方法，从圆形钢板制造成型。一个部件的模具设计时间，即从开始设计到确定了所有模具形状的时间，以往需花 30 个小时左右的时间。现在比原来缩短了 28 个小时，仅需 2 个小时即可完成设计。每个制品的数量多于 10 个时，缩短了时间，提高了效率。

图 4–2 模具的 3D 设计数据

包括针类等零件在内的所有数据。在现有的模具数据的基础上，自动设计新的模具。

各模具的设计数据是基于标准的雏形模具数据（图 4–2）来生成的。该公司拥有多个构成雏形。基于何种雏形构造，由部件的种类决定。以选好的雏形为基础，通过多工位压力机各工程，应用成型的形状数据，生成新的模具设计数据[①]。从雏形和成型形状的数据中，自动生成新模具数据的功能所用的专用软件由该公司独自开发，编入到了市面出售的 3D–CAD 中。

为了应用模具的自动设计功能，设定了 CAD 生成成型形状数据方法的规则。模具的设计人员在制作成型形状数据时，事

---

① 因为使用多工位压力机成型部件，除了最后阶段的模具，其他步骤中的成型形状和部件的形状并不相同。中间过程中的 4~7 个成型形状，都是由生产技术人员对部件的成型方案进行探讨后决定的。

先将数据的各部分命名，如“下型嵌套冲床面”“产品中心”等。然后在模具的自动设计功能中，可指定设计模具时的输入数据。而且，规则中还记录了模具的切割位置以及制品板厚等参数，作为成型形状数据的属性信息，利用模具的自动设计功能时可参考使用。

▶ 导入了 3D 打印机、扫描仪功能

在制作、成型自动设计的模具时，为掌握设计数据的差异，开始了对 3D 扫描仪的利用。首先，在加工完成模具部件，但还未组装的阶段，使用 3D 扫描仪，测试模具表面的形状（图 4–3）。将测试结果和原来的 3D 数据相比较，如果发现问题，对部件进行加工修改，直至没有问题后，再组装模具。

组装好模具后，用 3D 扫描仪测试试制的成型品，和 3D 设计数据进行比较，检测形状是否符合要求。如果存在很大的差异，就反馈给模具设计人员，采取更改设计等措施。

图 4–3 使用 3D 扫描仪测试模拟组装状态的模具

和模具的设计数据相比较，检查形状是否符合规定。真正组装好后，仍要利用 3D 扫描仪测试试制的成型品。

该公司的 3D 打印机还被应用于生产技术领域。因为全面引入了 3D 设计，今后在较早的阶段，即可生成产品形状的 3D 数据，并可用于成型阶段（图 4–4）。制作出的立体模型交付生产现场，可在探讨组装方案中起到参考作用。使用模具制作出的试验样品用于方案探讨阶段的参考，可起到加速提高量产的效果。

图 4–4 3D 打印机打印的成型品变矩器的一体成型部件。主要用于制造现场探讨组装方法时参考。

▶ 模具和制品都进行 3D 设计

制品（变矩器）自身的 3D 设计是运用模具自动设计功能、3D 打印机、3D 扫描仪的前提。EXEDY 至今仍然仅在变矩器内部的叶片形等部分使用了 3D–CAD。该公司在全面引进 3D 设计的同时，计划今后开发的全部产品都会使用 3D 设计。最早利用 3D 设计的制品在出图时，也使用了 3D 数据，而不再是纸质图面。很快量产产品的出图都会采用 3D 数据的形式。

引入 3D 设计不仅减少了设计制作模具的工作量，还提高了制品的设计品质。“通过引进必要的硬件和软件，设计人员可以自行进行解析计算。”（开发总部 CAE 项目组组长木村宏）（图 4–5）在可自行进行解析计算的同时，还需重视计算结果（精度）和实物的实验结果、物理现象的匹配度。

设计时遇到需要解析计算的问题时，以前都必须委托专门

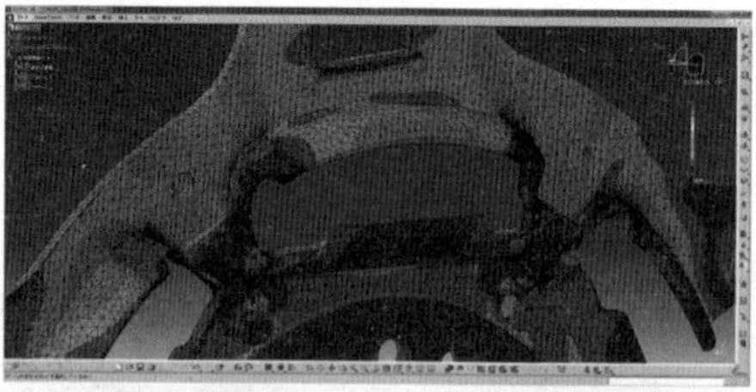

图 4-5 为设计人员进行解析计算
因为全面引进了 3D 设计，设计过程更加快捷。

的部门进行计算，不仅需要花时间准备委托事宜，在拿到结果前还需要等待一段时间。如果由设计人员自行实施解析计算，不但能节省等待的时间，还可以尽快地做出判断。尽管增加了设计人员的工作量，但却缩短了完成整个设计项目所需要的时间。

最新机床又上新台阶

▶ 增加了 3D 打印或 FSW 功能

▶▶ JIMTOF 2014 详细报道（2014 年 12 月）

2014 年 10 月 30 日 ~11 月 4 日，“第 27 届日本国际机床展（JIMTOF 2014）”在东京国际展示场（东京 · 有明）举行。6 天中，到场人数达到 165482 人，比上次展会（2012 年）多了一万多人。在日本各家机床制造商展出的各种最新机型中，格外引人关注的是增加了切削加工的附加成型以及摩擦搅拌黏合等功能。

照片是展会期间的会场场景。

“第 27 届日本国际机床展”上展出了各日本机床制造商研制的最新机型。随着大型工件控制逻辑的革新，产品加工越来越趋于高精度化、高速化。展会上展出的复合化机型，不仅具备切削功能，还增加了其他的功能，格外引人注目（图 4-6）。具体来说，陆续推出的切削加工设备增加了 3D 打印 /Additive Manufacturing（附加成型）或摩擦搅拌黏合（FSW）的功能。

在这之前，复合加工机都是指组合了车削加工中心（TC）

图 4–6 Sodick 展位
以复合加工机“OPM250L”为中心的展台前，人群络绎不绝。

和加工中心（MC），执行旋转切削和打磨（铣削）加工（利用旋转工具加工）的机床。但都局限在切削加工的范围内。本次 JIMTOF 推出的新型复合机，不仅执行从主材料削取材料的切削加工工序，还追加了堆叠材料的附加成型或将不同种金属黏合的 FSW 等加工功能。

▶ 两种成型方法

日本的四家公司［Sodick、DMG 森精机、松浦机械制作所（总部位于日本福井市）、山崎 MAZAK（总部位于日本爱知县大口町）］展出了组合切削加工和附加成型功能的复合加工机。各公司都采用了使用金属粉末的附加成型技术。成型方法大致分为两类。

Sodick 和松浦机械制作所采用的方法是利用激光扫描铺满金属粉末的表面，将金属粉末熔融结合成截面形状。打印出一层截面形状后，再在上面铺满新的金属粉末，然后用激光扫描，如此进行反复操作后，将截面形状堆叠成成型物[①]。

两公司的复合加工机每堆叠几次积层，就要使用 MC 工艺进行切削加工。基本上可加工完成截面形状的轮廓线部分。从而提高了加工品的尺寸精度以及表面粗糙度。并且，由于此项技术的基本专利权为松下所有，Sodick、松浦机械制作所在和松下各自缔结许可合同后，才可将其产品化。

DMG 森精机和山崎 MAZAK 基本上都采用了激光熔覆的附加成型方法。即集中性地喷上金属粉末的同时，照射激光，让金属粉末熔融凝固。通过控制喷嘴和作品的相对位置，打印出任意的形状[②]。

熔覆头为同轴三层构造，由中心照射激光，从其周围（圆环形喷嘴）挤喷出金属粉末，再从更外侧挤喷出保护气体。这个熔覆头和工具支柱都装在主轴上，可在任意时间点切换附加成型和切削加工功能。

下面通过展示样品，了解各公司的复合加工机特点。

---

① 这种附加成型方法被称作“粉末床熔融结合（Powder bed fusion）。当前很多金属 3D 打印机都采用这种方法。

② 将此种附加成型方法称为“指向性能源堆积（directed energy deposition）”。

▶ 专业化射出成型模具

Sodick 展出了复合加工机“OPM250L”，在 JIMTOF 开幕之际，开始发售（图 4-7）①。该公司把 OPM250L 产品化的同时，在主要的控制轴上采用了该公司自制的直线电机，以及用于激光扫描和控制切削加工工序的专用 NC 等设备，充分发挥了该公司的关键技术优势。而和生成附加成型和切削加工的控制数据的 CAM 软件有关的部分，则对已应用同类产品的 OPM 研究所（总部位于日本京都市）投入资金，共同开发。

图 4-7 Sodick 推出的“OPM250L”机型

OPM250L 的基本规格参数：最大成型尺寸为长 250mm × 宽 250mm × 高 250mm；设备的外形尺寸（不包括周边机器在内）是 1870mm × 2230mm × 2055mm；质量为 4500kg。激光是最大输出功率为 500W 的镱（Yb）光纤激光，波长为 1070nm。切削加工的主轴的最大旋转速度是 45000rpm，工具支柱方式采用“HSK-E25”，自动工具交换设备（ATC）的数量是 16 个。

---

① 设备的主体价格在 6500 万日元（不含税）起。计划每年生产 60 台以上，由该公司的加贺事业所（日本石川县加贺市）制造。

由 Sodick 供给金属粉末材料，首先是“STAVAX”的两个品种，一种是超强力钢，另一种是树脂成型模具用钢材。今后，该公司还打算增加钛合金、不锈钢等材料。

▶ 可制成型状复杂的冷却配管

Sodick 主要将 OPM250L 用于射出成型用模具。在 JIMTOF 上，展出了成型塑料瓶的样品，其顶部外侧配置了模具样品（图 4–8）。为提高冷却性能，内部装上复杂的冷却配管，而这些形状都是由复合加工机实现完成的。

在展位现场所设的实体机演示了同时成型九个模具的过程。将固定三个由金属制作的圆柱形底座的专用夹具排成三列，装配在 OPM250L 上（图 4–9）。在底座和夹具的空隙间事先铺满金属粉末，底座的上面因此成为开始附加成型积层的第一层。

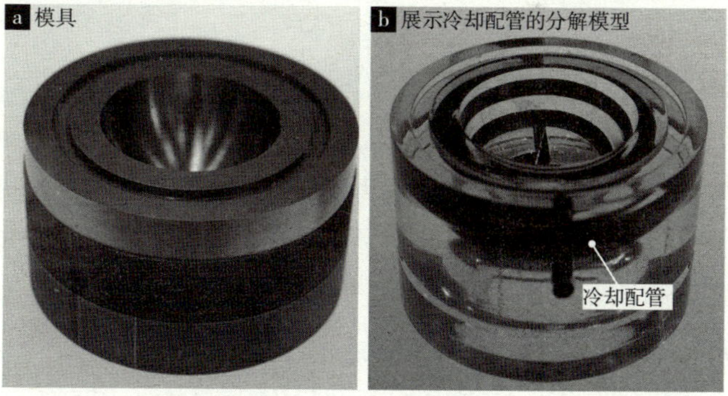

图 4–8 由 OPM250L 成型的模具样品

（a）用于成型塑料瓶模具的成型样品。内部有复杂的冷却配管。（b）为展示冷却配管（深蓝色部分）所做的模型。

图 4–9 夹具上安装金属制底座的位置
以此种形式装配到复合加工机。

成型完成后，仅需除去冷却配管内残留的粉末，就可直接获得和底座为一体的模具。

复合加工机适用于模具，再配上该公司射出成型机采用的“V–line”（在线上分别执行可塑化[①]），会取得加倍的效果。从设计模具到成型的整个进程中，提供了根据一贯的设计理念制造的一系列制品，这一大特点也帮助 Sodick 公司奠定了地位。

▶ 改良 CAM 软件

松浦机械制作所在展会上展出了复合加工机“LUMEX Avance–25”。实际上，松浦机械制作所从松下获得产品化的许可权比 Sodick 要早。作为模具制造厂商，在 JIMTOF 中展示了用户的具体应用实例（样品）。

松浦机械制作所还展出了用于 LUMEX Avance–25 的新 CAM

① 可塑化：通过加热的方式软化，以提高流动性及射出的方式。

软件（图 4–10）。可用于切削加工积层方向的出包锥形状的截面。还展出了使用此功能成型的样品（图 4–11）。

由于切削加工采取了三轴控制，一般的工具无法切削加工包锥形状。所以该公司采用了顶端直径更大的专用工具。此专用工具还带有生成工具数据库的功能，可执行从粗加工到完成工艺的全部操作。

另外还有如成型时只需将要切削加工面的设定值放大的功能。在操作面上，只要登录切削工具、切削条件、切削面，即可生成最合适的工具数据库。

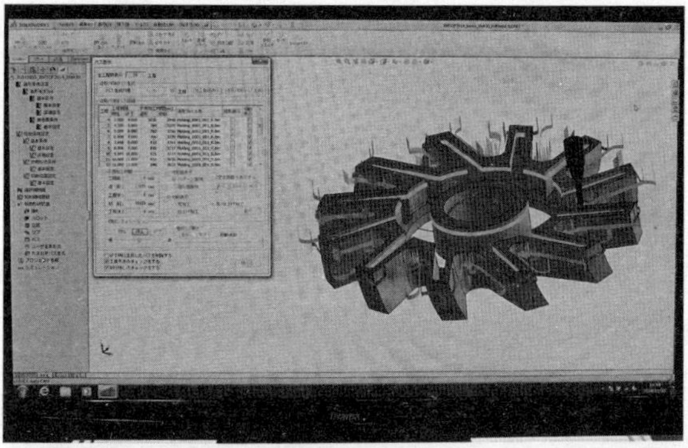

图 4–10 松浦机械制作所用于复合加工机的新 CAM

可用于切削加工包锥形状。

图 4–11 含包锥形状的零件样品

与左侧的实心零件相比，制造出的中空形状，在质量上减轻了 44%。

以前，松浦机械制作所所用的复合加工机用 CAM 软件都是由 OPM 研究所提供的。但如上文所述，Sodick 将 OPM250L 产品化时，将 OPM 研究所并入该集团。松浦机械制作所一直也在本公司内开发用于复合加工机的 CAM 软件，今后将开始供应自主开发的新 CAM 软件。

▶ MC 和 TC 双方进行开发项目

DMG 森精机展出的“LASERTEC 65 3D”是在 5 轴控制的 MC 基础上研制出的复合加工机（图 4-12）。初次在 2013 年 12 月德国举办的“EuroMold”展上展出了样机。继 2014 年 9 月在美国举办的“IMTS2014（统称芝加哥展）”之后，此次 JIMTOF 展上，也展出了面向产品化的改良机型。

针对实现产品化的目标，对其构造进行了改良，采取了将熔覆头部分和加工区域完全隔离的构造。开发 CAM 软件的工作也在同步进行着。该公司已经开始和一部分用户洽谈，有在 2015 年交付客户使用的可能性。

DMG 森精机和山崎 MAZAK 所采用的付加成型法可在曲面等部分追加形状，和 Sodick、松浦机械制作大不相同。并且，因为可强力黏合和主材不同的金属，在已有的金属部件上涂装高性能金属，从而提高附加价值。另外还可用作标记设备，不用金属粉末，只需照射激光。

虽然附加成型已经为独立设备并且已被产品化，但在同一设备内的任意时间段都可切换附加成型与切削加工的功能是复合加工化的意义所在。特别是在外形尺寸上，加工形状小且需

图 4–12 DMG 森精机展出的复合加工机“LASERTEC 65 3D”，具备附加造型功能

基本构造：主轴的移动量为 X 轴 735mm、Y 轴 650mm、Z 轴 560mm 时，旋转范围为 A 轴 +120°～–120°、C 轴 360°。最大的加工范围是直径 500mm× 长 350mm。台面的最大负载质量为 600kg。光纤激光的输出功率为 2000W。

图 4–13 LASERTEC 65 3D 制造的样品

不锈钢风轮。直径 160mm× 高 156mm，加工时间共计 428 分钟（大约 7 小时）。其中，附加造型 273 分钟，切削加工 155 分钟。

要削掉很多部分的形状时，所需的时间更短。例如，该公司展出的加工样品和铸造品、无垢材切削出的物品相比，加工时间更短。

DMG 森精机还正在开发基于车削加工中心（TC）的设备。德国 DMGMORI 开发基于 MC 的设备，而基于 TC 的设备主要由 DMG 森精机开发。不仅是切削加工，从基本上采取朝下挤出金属粉末这点来看，二者也是被区分使用的。

▶ 配备了两种成型头

山崎 MAZAK 展出的“INTEGREX i400 AM”复合加工机（图 4-14），在原有的复合加工机基础上，增加了附加成型功能。打磨（铣削）主轴上附带的熔覆头可自动交换，并被收入到工具夹中。还设置了供应金属粉末等供给线路的歧管对接装置。

图 4-14 山崎 MAZAK 的复合加工机“INTEGREX i400 AM”。兼有附加成型功能的复合加工机。

假设因成型形状、加工条件、金属粉末的不同需要分开使用熔覆头，首先准备好的是用于高速成型和高精度成型的两种熔覆头，其激光的输出功率和金属粉末的供给量都不同。

该公司在 JIMTOF 的会场上，演示了由不锈钢（SUS316）和镍基合金“镍铬铁合金（Inconel718）”两种金属接合构成的轴件。在圆管形的主材上，附加成型镍铬铁合金，再切削加工后完成（图 4–15）。

具体方式为将涡轮叶片部分附加成型到某个高度后，切削加工侧面，再附加造型主体部分，然后切削加工断面。其他的如法兰部分，在经过附加成型和切削加工后，对主体部分加入激光标记等工序，制作出成品。

这种将附加成型和切削加工工艺分开的小组生产方式，不仅生产效率高，还缩短了加工时间，并且减少了在库量。不同种金属接合技术的实现，从根本上改变了产品设计和加工工程

图 4–15 INTEGREX i400 AM 的内部

左侧第 1 主轴上的工件由在不锈钢圆筒部件上附加造型的镍铬铁合金而成。右侧可见附加成型用头。

的传统模式。特别是对单价很高且材料难以切削的部件，取得了很好的效果。

该公司今后也会考虑为本公司的生产设备引进此复合加工机，并扩大使用该设备的制造范围。

具备 FSW 和切削功能的复合机

山崎 MAZAK 还展出了在纵型 3 轴控制 MC“VTC-530/20”的基础上，搭载了 FSW 功能的复合加工机（图 4-16）。纵型 MC 采用的是固定台面驱动阵列的专列方式，在此基础上，又搭载了欧洲 Airbus 公司的 FSW 用工具。并和 Airbus 公司合作开发了自动交换切削加工工具和 FSW 用工具的功能，可实现从切削工件到 FSW 接合的全过程的自动处理。定于 2014 年 10 月 30 日

图 4-16 复合加工机“VTC-530/20 FSW”

具备切削加工和 FSW 两种功能。采用非旋转式静轴肩的 FSW 用工具。右侧为附加成型用头。

开始发售，4000 万日元（不含税）起价。加工对象为航空机的机身加强部件、汽车的车身面板、半导体制造设备的冷却板等部件。

JIMTOF 还公开了 FSW 用工具。和以往的 FSW 用工具不同，只有顶端凸起的针旋转。因此，压力较原来减少了两、三成。接合部分变窄，表面更光滑，并且，更加不易变形。

以前的 FSW 工具都是一体型。即圆柱形工具顶端的针和固定针的静轴肩部分是一体的。静轴肩和针一起旋转时，静轴肩碰到工件的表面，给机械主体的侧面带来很大的反作用力。

而山崎 MAZAK 采用的 FSW 工具，将静轴肩和针分开，尽管针在旋转，静轴肩不会跟着一起转。不仅可以接合钢、铜、镁合金等不同种类的材料，还可接合同种金属，如铝合金、镁合金等。“可局部精细接合”（山崎 MAZAK）。

▶ 由不同种金属接合的样品

在 JIMTOF 会场，山崎 MAZAK 展出了热交换器（冷却板）的样品（图 4–17）。是在铝合金底板上，利用 FSW 接合铜、铝合金、黄铜的产品。使用 FSW 工具搅拌材料、固定、接合，将不同种类的材料接合。

首先，利用 MC 功能切削铝合金（AW6061）制底板。切削外形的同时，切削嵌入部件的“S”字形孔穴。切削后，执行洗净工序，将工件上的冷却剂和切削粉末除去。接着，将铜（C1100）制、铝合金（AW6061）制和黄铜（C2801）制三种不同材料的 S 形部件插入铝合金制底板后，利用 FSW 接合。

沿着铝合金底板和各个 S 形部件的边界线移动高速旋转的 FSW 工具，将两种材料接合。接合速度和熔接速度几乎相同，接合强度甚至优于熔接。

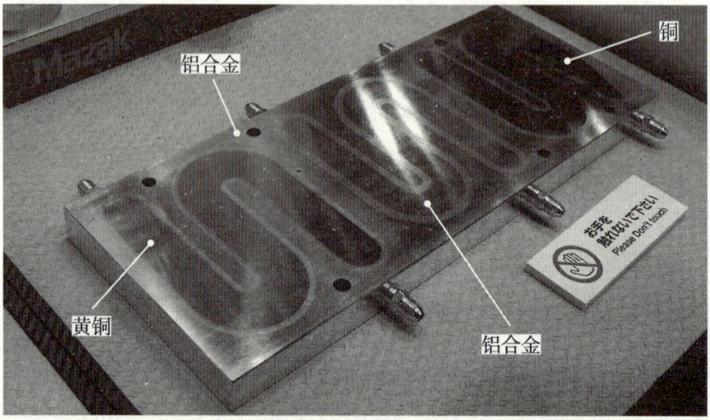

图 4-17 利用不同种材料结合的热交换器样品

切削后，插入 S 字形的部件，用 FSW 接合在一起。最里面的 S 字形的材料是铜，中间的是铝合金，最前面的是黄铜。

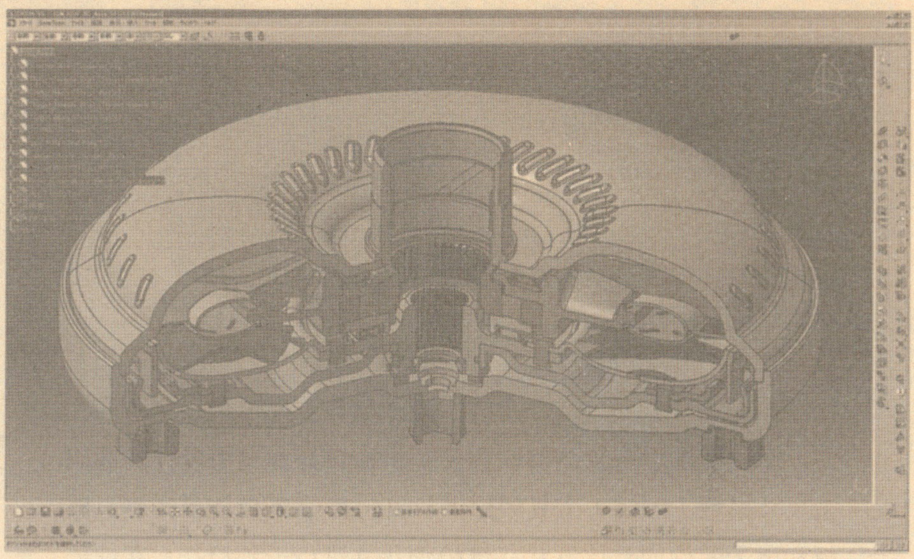

05 3D设计

细致地将印刷电路板三维化

▶ 事前通过 DMU 验证电力特性

图研推出了一款能够联合验证机械设计和电力设计的数码全尺寸模型（DMU）工具“XVL Studio Z”。不仅能将印刷电路板和电子零件的具体形状三维模型化并进行干预检查，在性能方面还具备检验各零件电力特性的验证功能。因为采用了构成三维模型的轻量三维数据形式“XVL”，使得难以用三维 CAD 处理的、零件数量庞大的产品的验证成为可能。由此，还可以大幅扩大机械和电力联合检验的适用范围。

▶ 将电子零件细致化

XVL Studio Z 是从 LATTICE TECHNOLOGY 公司（本公司位于东京，以下简称 LATTICE）生产的 DMU 工具“XVL Studio Pro”中的设计评审功能中提取一部分，并附加了读取数据、细化（转换为更接近实际零件的形状）印刷电路板数据的功能的产品[①]。此外，图研与LATTICE公司共同研发的电力检验功能"电子检测"也是可选项之一。

结构零件的话，是通过LATTICE提供的转换器将主要的结构三维CAD数据转换为XVL数据。图研还免费提供用于电力CAD数据转化（三维模型化）的转换器。具体来说，就是将图研的印刷电路板CAD"CR-5000/Board Designer"的数据转换为XVL形式的转换器"BD-XVL Converter"。

但是，即使用转换器将印刷电路板CAD数据转化为三维模型，电子零件也只能显示出长方体或圆柱体等粗略简易的形状。若推进小型化机器，实际安装密度提高的话，没有细致形状便无法判断的部分也能显示出来了。

因此，XVL Studio Z预备了能让简易形状转换为细致形状的方法。那就是能免费提供名为"ePartFinder"的电子零件三维模型的网站。这个网站中除了图研制作的约四万个规格零件的数据之外，现在有九个电子零件生产商登陆的各自公司产品的三维模型[②]。

虽然是三维模型，但也对应XVL形式，可以直接用XVL Studio下载。使用D-XVL Converter转化后的XVL数据包含电子零件的属性信息，因此通过简单的搜索就能找到目标零件了。

随着电子零件的细致三维化，就能对电子零件是否与外壳

---

① 具体来说，就是拥有静态干预检查功能和断面确认功能、属性编辑功能、注解表示功能等。

② 截止到2011年3月8日，提供三维模型的赞助商有：阿尔卑斯电力、日本FCI、sanken电力、JALCO、第一电子工业、日本TE Connectivity 、松下电力工业、HOSIDEN、ROHM。

等结构摩擦以及间隔缝隙的大小进行严密的检查了。可以按照检查结果输入注解，也可以将检查结果列为目录并写入报告。

▶ 验证电力性能

以往的功能与至今为止的结构设计中 DMU 的使用几乎相同。包括 XVL Studio Z 的电子检测功能，也正是由于决定了结构设计（形状）才能实行电力检验。

电子检测主要的功能为：①检测安全规格；②检测静电；③检测 EMC（电磁环境并存性）。由此，就能将以往需要实体机（试作品）才能进行的检验提前了。

安全规格检测就是测量高电压侧的电子零件与低电压侧的电子零件之间的绝缘距离（如图 5-1）。能够对沿着零件表面所测量的表面距离，以及避开物体但在空气中连接最短距离的空间距离这两种进行检查。若是有比规定距离更接近的零件存在，

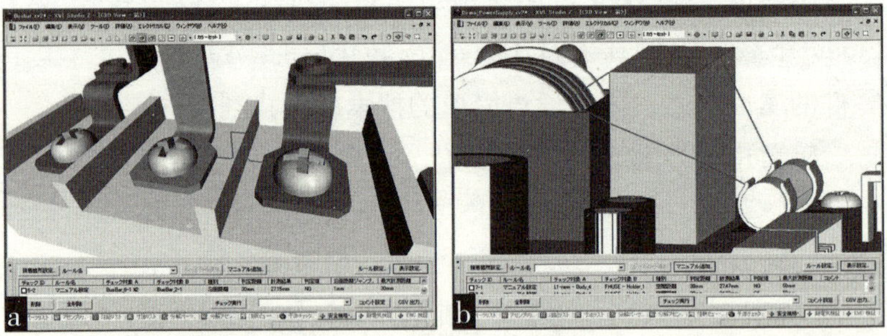

图 5-1　安全规格检测（绝缘距离）：测量零件之间的距离并确认是否低于基准值（是否过于接近）。图（a）为沿着零件表面测量距离（表面距离）的画面，图（b）为避开零件测量在空气中通过距离（空间距离）的画面。分别用红线表示测量结果。

列出零件及其位置后用红线表示出最短距离的路径。参考这个结果，一边将零件移动到绝缘距离标准值以上，一边变更遮蔽物的尺寸就行了。

绝缘距离是即使通过实体机检查也不能完全确认的问题。必须要观察零件，并对怀疑比规格值更加接近的地方逐个检查。表面距离和空间距离不是直线，所以测量才更加困难。也正因为安全规格检测是包含了对这些问题的检测并能正确实施的功能，所以不仅省时省力，还能减少疏漏的产生。

检测静电是测量从电机的操作按钮等与人体接触的部分开始，到 IC 或电路板连接孔位置的距离（如图 5–2）。以前都是用静电枪来确认是否会对 IC 等产生影响。

XVL Studio Z 靠模拟静电枪的三维模型顶端，用红线表示静电向哪里传导的空间距离。此外，通过探索静电的传导路径就能确认其中对 IC 有不良影响的地方。

最后，EMC 检测是用来确认电路板的连接是否能够按照设计意图那样正常运行的功能（如图 5–3）。能够确认电路板的连接位置以及所连接的零件个数。

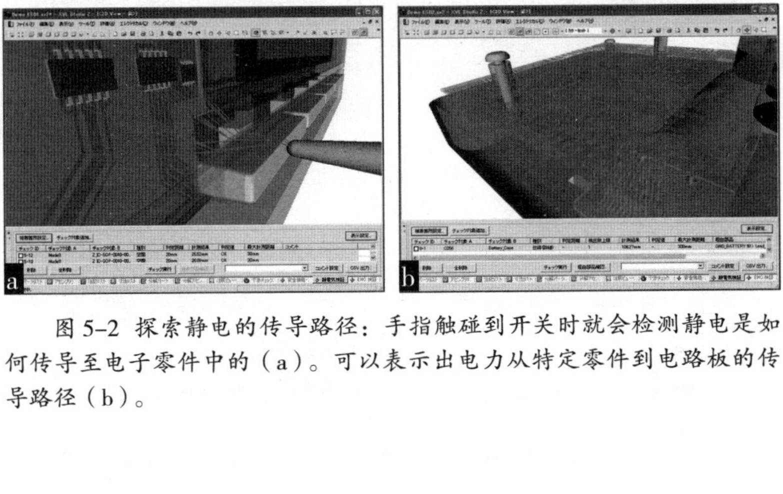

图 5–2 探索静电的传导路径：手指触碰到开关时就会检测静电是如何传导至电子零件中的（a）。可以表示出电力从特定零件到电路板的传导路径（b）。

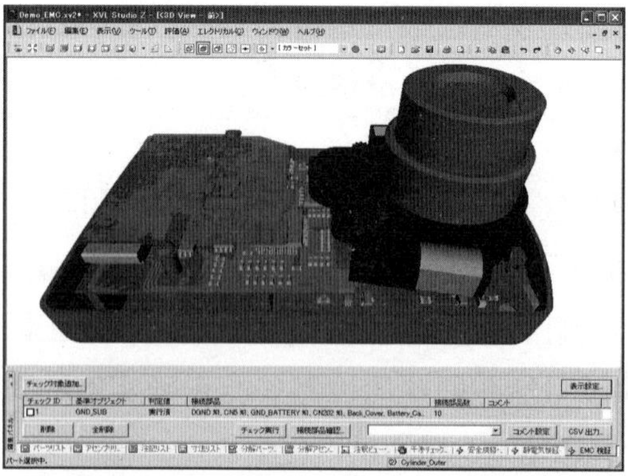

图 5-3 确认电路板的连接：判断构成电子机器的零件是否连接到电路板上。图中的红色部分表示电路板正在连接中。

可以说这些检测功能正是由于电子零件的细致三维化才有用武之地的。表面距离和空间距离随着零件形状的变化而变化。而且安全规格检测的功能是通过零件属性来选择作为搜索对象的零件的，因此，也可以检测出拥有特定功能和特性的零件，比如发热零件和不耐热零件的组合的适当距离。

此外，关于 XVL Studio Z 的价格，节点锁定版的本体售价为 120 万日元（不含税）、节点锁定版电子检查功能售价 80 万日元（不含税）、变动许可版的本体售价为 180 万日元（不含税）、浮动许可版电子检查功能售价为 120 万日元（不含税）。使用 XVL Studio Pro 的用户也可以在购买电子检查功能后进行电力检测[①]。

---

① 但是这种情况下必须至少购买一台 XVL Studio Z 本体。

图研发布了用于构想设计的 BOM

▶ 研究方案将用三维形状表示

图研发布了适用于该公司 PLM（Product Lifecycle Management）系统“PreSight”的 BOM 功能“visual BOM”①。图研在发布产品的同时还公布了 DX ANTENNA 公司（本公司位于神户市）方面的订货情况。设计部门的新方案定位是：用以前的个体和零件，系统能获得以前生产中以实际成本和制作周期为基础进行研讨时的基本信息。现在的设计是在比 BOM（EBOM）更早的阶段开始投入使用的，因此图研把它命名为“设计 BOM”（如图 5-4）。

BOM 通常被用在设计接近完成的阶段，多用于制定生产安排。由设计部门制定 EBOM、生产技术部门再以此为基础重新组织适当的生产活动制定制造 BOM（MBOM），用于所需材料量的计算。然而，设计部门很少将 BOM 使用在自己的研究作业

---

① visual BOM 的价格包括作为基础的 PreSight 的引擎部分，二十名用户的售价基准是 1600 万日元（另外从第一年开始保守费用需要 20%，不包括系统构建服务以及咨询费用）。

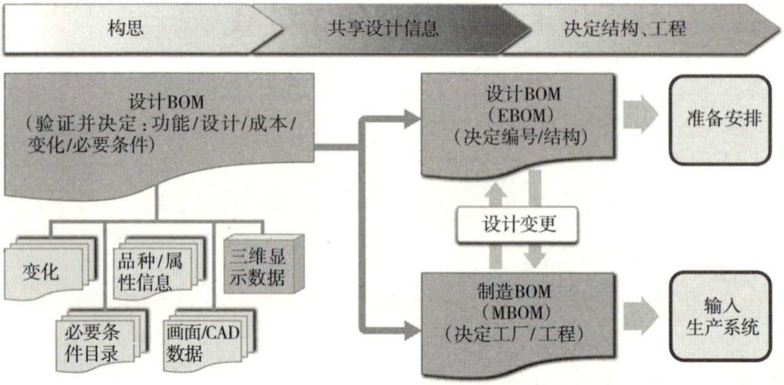

图 5-4 图研对“visual BOM”的定位：目标是能够从确定产品规格和编号前开始进行研究。

上，因此“BOM 变成了为后期工程量身定做的功能”①。

▶ 以现有 BOM 为基础进行重组

visual BOM 具体的功能是在构想设计中还未决定产品编号的阶段制定产品的构成信息，以及改变一部分产品的构成。设想的使用方法是读取以前的 BOM 并研究其各种重组方式（如图 5-5）。编入三维轻量数据形式“XVL”［由 LATTICE TECHNOLOGY 公司（本公司位于东京）研发］后，就能以三维形状的形式确认产品结构改变后的数差了。

XVL 虽然是三维数据，但文件内部也储存着零件的结构信

① 即使是图研以参加个展的人为对象发放的问卷中，用 BOM 制定安排的回答也将近半数。另一方面，在设计阶段用于研究成本和制作周期的回答还不到两成。

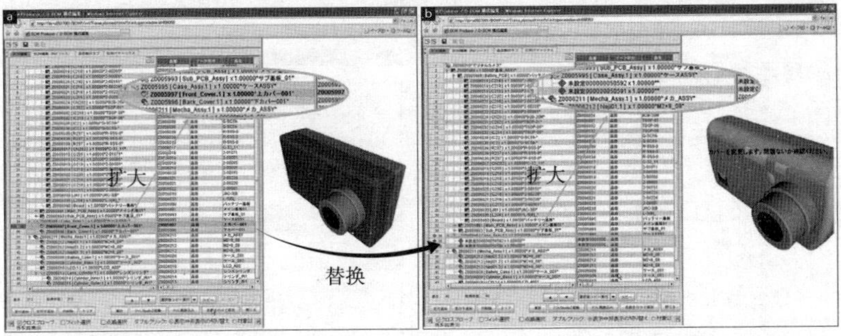

图 5-5 是 BOM 的重组研究功能：读取（a）现有的 BOM（XVL 数据），可以将一部分替换到新零件中进行研究（b）。可以发评论委托相关人员添加注解。

息。图研通过利用这些信息，能够从现存产品的 XVL 数据中抽选出结构信息并与 EBOM 信息相结合（如图 5-5a）。将一部分 BOM 的结构信息替换到新零件中就能够展开研究了（如图 5-5b）。也可以看到那些还没决定产品编号，或者处于只有设计者自身可以研究的阶段的零件编入组织结构后的样子。

为了安装这些功能，图研委托 LATTICE TECHNOLOGY 公司研发出能够改变 XVL 结构信息的功能。这些构成信息将作为 XVL 制定基础的三维 CAD 构成信息如实反映出来，因此不一定与 EBOM 一致。用 visual BOM 功能读取并编辑完结构信息后，就能生成带有信息的 XVL 形式。

如果是需要预先设定选项的产品，还可以将该选哪个选项进行组合，以表格的形式整理为矩阵零件表（如图 5-6）。设计者凭借这份矩阵零件表指定新的零件结构后，visual BOM 就会自动生成表示该构成的三维数据。选项过多的情况下是很难在设定选项时对所有的组合进行验证的。而 visual BOM 则可以在实际制作的可能性出现时迅速对可实现性进行验证。

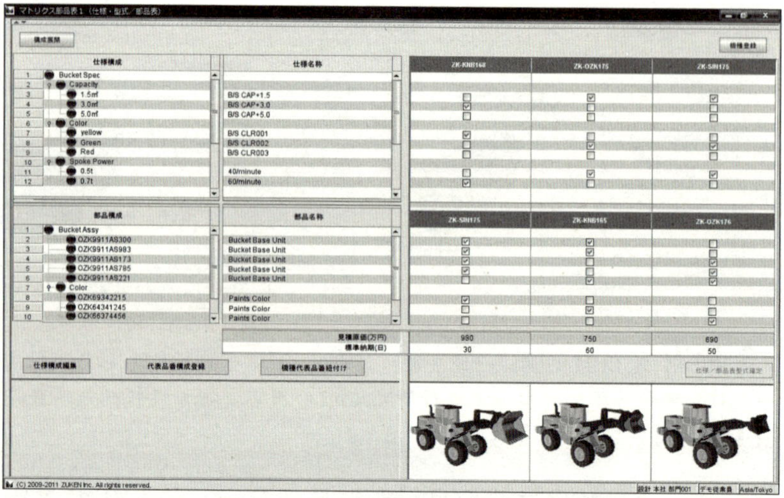

图 5–6 配置制定功能：在对可选项进行取舍选择后的结构进行研究的同时，还可以将这些结构制定为三维数据。

▶ 通过大小规格搜索相似零件

新方案中为了能再次使用以前实际应用过的个体和零件，检索功能是不可或缺的。图研设置了作为辅助功能的通过大小规格搜索相似零件的功能。具体来说就是记录下某个个体或零件的长宽高的尺寸，从现有方案的数据中搜索与之相似的个体或零件（如图 5–7）。

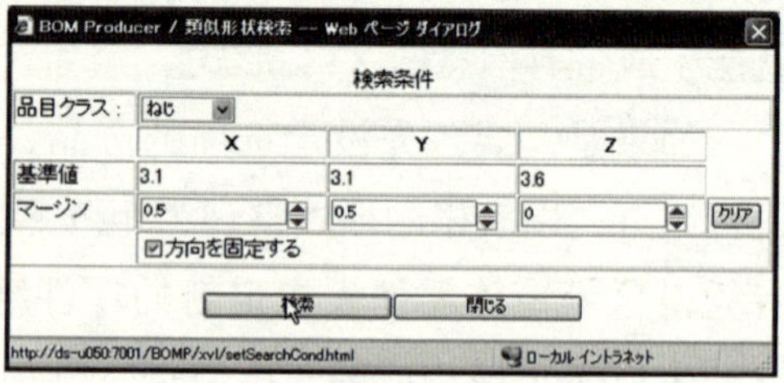

图 5–7 依据三维模型的大小进行检索的功能，用于大小相似的个体、零件的检索组件。

因为并不是通过

形状上的特征来检索而是大小规格，所以从功能上来说比较单一。但这个功能却能够搜索到在同一空间内可以进行交换的个体或零件。此外，图研还认为“想要去掉某个个体并在该空间内实现其他的功能时，凭借搜索功能也有可能完成”。为了实现这个功能需要在visual BOM的基础数据中记录下整个零件的长宽高的尺寸。

关于把三维模型与BOM的信息进行组合，该公司的常务董事上野泰生表示：“三维模型只有关于形状的信息，因此无法表达出设计意图。这是因为并没有去搜索那些本应使用的个体和零件，而是从最初开始重新制作。因为可以参考模型的大小、过去编入了哪些产品等信息，三维模型可以作为企业资产或多或少地发挥些作用。”

三维扫描仪的基础知识：不仅能用点群，还可以用几何形状表现实物的表面形状

不用通过接触就能计量实物表面形状的三维扫描仪。通过三维扫描仪实现检查、逆向工程等，用途丰富多彩。随着兼顾硬件 / 软件性能的提升，低价格产品的上市也降低了引进难度。下文讲解了探讨三维扫描仪必须要了解的知识。

想要正确估测零件的三维形状，品质的确保是必不可少的。尤其是近年来，不仅是特定的点间距离（尺寸公差），希望能通过几何形状（几何公差）来保证品质的需求正在增加。

并且，把通过手工作业修正的形状的全尺寸模型设计以及金属模具不作为实物保管，而是通过三维数据保存的话，在这之后的设计变更和 3D 打印试作品就变得容易了。

在这样的背景下，对于采用光学原理、不接触就能估测物体表面形状的三维扫描仪的需求在逐步增加。

表 2 三维扫描仪的案例

开发商	主要产品	概要	联系电话
Artec公司	Artec 3D Scanner	便携式三维扫描仪。外形尺寸为高261.5毫米×宽63.7毫米×进深158.2毫米，质量仅为850克。可以获取表面的画像数据。还可以扫描动态物体。	Data design（052-953-1588）

（续表）

开发商	主要产品	概要	联系电话
德国 Breuckmann 公司	smartSCAN	边缘模式投影、用CCD相机摄影并处理变形模式。获取数据时间约1秒，且能获取1280×1024像素的数据。除了形状信息外还可以同时拍摄全彩图	KS DESIGNLAB（03－6416－5216）
加拿大 Creaform 公司	Handyscan 3D	基础款的"REVscan"、提高了精确度和解像度的"EXAscan"、面向扫描大型物品的"MAXscan"、能够获取物体表面全彩数据的"VIUscan"。	Creaform Japan（045–534–3728）
美国 FARO 公司	FARO Laser Scanner Focus 3D	可以在一秒钟内获取97.6万个数据，还能达到25米内2毫米的精确度。面向测量工厂内布局等大范围的测定。	FARO Japan（0561–63–1411）
	FARO 3D IMAGER AMP	采用了被称作"Accordion Fringe干涉分光法（AFI）"的FARO公司的专利技术。一次测量可生成数百万个点群。	
德国 GOM 公司	ATOS Triple Scan、ATOS Compact Scan	因采用蓝色光源的LED灯，可以对于以往拥有难测定表面的物体的测定变得容易了。此外，还搭载了被称为"三层扫描"的新测定技术，缩短了测定时间。ATOS Compact Scan因其是ATOS Triple Scan体积的五分之一、质量的三分之一，以小型、轻量的设计占据优势。	丸红信息系统（03–5778–8571）
瑞士 Leica Geosyetems 公司	Leica T–Scan	激光非接触式测定仪。可以测定15米范围内的物体。通过对单手持传感器的位置，以及倾斜度的跟踪来进行实时计算。	东京贸易 TECHNO–SYSTEM（03–3555–7140）
以色列Mantis Vision 公司	MVC–F5	用红外线激光扫描，1秒内可以获得最多10帧（1帧最多5万点）的数据。测定后的传送也很容易，将取得的数据传输到电脑就能执行数据处理。	Rapidform Japan（03－3265－9446）
美国 NEXTENGINE 公司	NEXTENGINE DESKTOP 3D SCANNER HD PRO	将几束激光照射目标物，通过CMOS图像感光摄影来进行测量。将扫描仪本体固定、使目标物旋转的方式。包含旋转托盘在内，约五十万日元的低价格。	同上
韩国 Solutonix 公司	RexcanDS2	小型物品专用的全自动双相机式三维扫描仪。搭载140万像素的相机，运用固定投影模式自动获得点群数据。	Toyotsu Machinery Corporation（03－6781－5739）

（续表）

开发商	主要产品	概要	联系电话
德国 STEINBICHLER 公司	COMET 5 / COMET L3D	高端产品的COMET 5拥有能在11米范围内测定约1100万（4008×2672像素）点群的型号，以及在4米内测定400万（2048×2048像素）点群的型号。COMET L3D则是有可移动性、高性价比的产品。	东京贸易 TECHNO- SYSTEM （03-3555-7140）
	Optotrak T-Scan 3	激光形式的三维扫描仪。可以测定的范围最大为6米。	
KONICA MINOLTA	KONICA MINOLTA RANGE7、 KONICA MINOLTA RANGE5	RANGE7采用了交换式受光镜头的设计，是测定范围的扩大与高精度同时并存的最高级机种。RANGE5则仅装配了最适合500~1000毫米作业的镜头，是能控制引进成本的产品。	KONICA MINOLTA （03-3349-5321）
	VIVID9I/ VIVID910	VIVID用缝隙状的激光扫描目标物体后，利用CCD相机接收反射光来进行测定。一次扫描能进行640×480个点的测量，在获得距离数据的同时还能获得图像数据。标准型号配备了三种受光镜头。	
NIDEC TOSOK CORPORATION	RVL6540/ RVL6540-L	将包含旋转托盘在内的测定部分收入到机壳之中的三维扫描仪。从开始扫描到输出STL数据都能高速运行。	NIDEC TOSOK CORPORATION （046-252-3132）
Real Vision Systems Incorporated	Real Scan	缝隙状的激光一秒内最多扫描10行，并采用500万像素的CCD相机用来受光。一秒钟内可以得到25000个点群数据。标准型号配备了旋转托盘和水平移动托盘。	Real Vision Systems Incorporated （044-872-7816）
Roland DG	LPX-RE LPX-DS	使承载了目标物体的旋转托盘旋转，从一定的方向照射激光后执行数据读取的旋转扫描；固定对象物，并用激光在旁边一边扫描一边执行数据读取的平面扫描。	Roland DG （0120-808-232）

▶ 可以得到点群数据

三维扫描仪是通过将产品表面布满的点的坐标集合，也就是通过点群数据来估测产品表面形状的。这些点群数据可以转换为多角形数据（将每个点作为顶点的三角形的集合体），以及表现曲面计算公式的 CAD 数据（如图 5–8）。

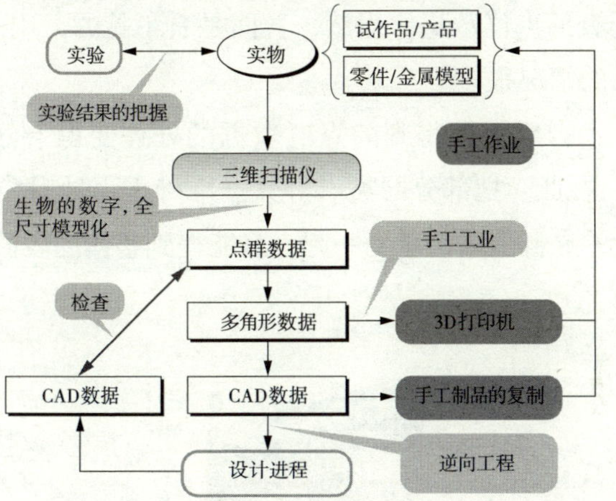

图 5–8　三维扫描仪的使用进程及用途：三维扫描仪通过光学原理对产品和零件等目标物的表面进行非接触式估测。测定结果能得到无数的点群数据（坐标）。为了更容易处理，使其转化为多角形数据，然后更进一步把它 CAD 数据化。在把握生产工程上的形状误差及试验中的形状转变以及手工制造业中修正结果的反馈这些用途上，三维扫描仪都发挥着作用。

比方说，为估测加工后产品的形状，而与设计时完成的 CAD 数据相比较时，就可以直接使用点群数据。另一方面，使用完三维扫描仪再使用 3D 打印机的情况下，多角形数据也是必需的。另外像逆向工程等，为了充分利用对于形状变更必要的设计程度，就必须把其转化为 CAD 数据。

▶ 数次的估测是必要的

作为计算三维扫描仪表面坐标位置的方法，一般使用由投光部分和受光部分的位置关系进行三角测量的原理。一边在实物的表面扫描激光、一边用设计出的特定样式的光来进行投影。在这里，最重要的是无论采取哪种方法，都能一次性测定到覆盖表面所有的点群数据。当然，背面是看不见的，用一次测量，存在死角的情况很多。

因此，合成能够得到的点群数据的处理变得十分必要（如图 5-9）。在此，把部分同类点群数据准确无误地对位、将各个角度测量的点群数据汇总到一起，就能得到整体的表面形状（如图 5-10）。

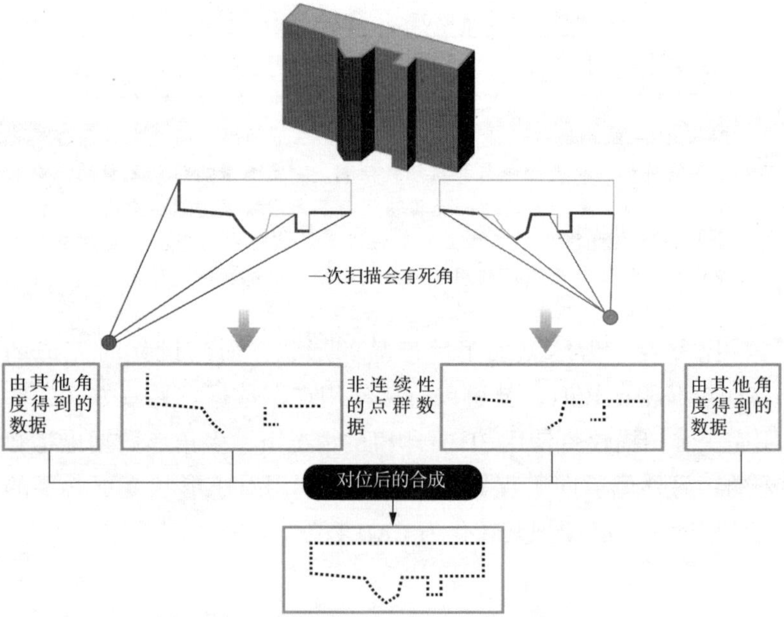

图 5-9 点群数据的合成：三维扫描无法仅凭一次扫描就估测出目标物整体的表面形状。根据物品形状以及测量方向的不同会有死角产生。从各个角度进行测量得到的点群数据，在对位的基础上合成就能得到整体表面的点群数据。

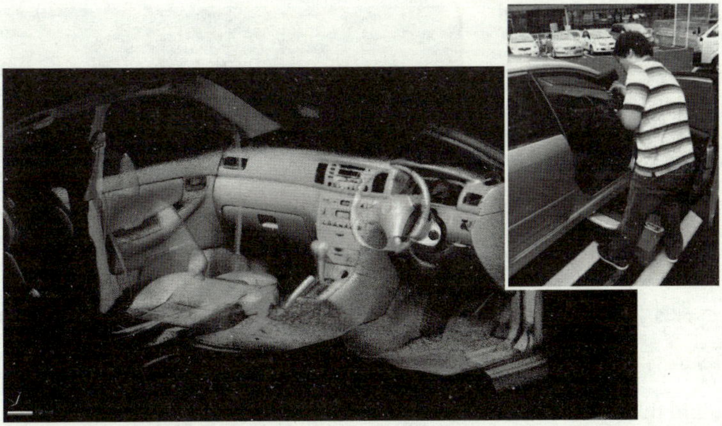

图 5-10 通过测量得到的点群数据：在汽车内，使用便携式三维扫描仪（MVC-5F 以色列 Mantis Vision 公司）测量得到的点群数据。因便携式三维扫描仪能在短时间内进行各个角度的测量，故可以应对表面形状复杂的目标物的测量工作。

以前曾把被称为“位置标示”的标记贴在目标物体的表面作为对位的基准。但最近生产的三维扫描仪，不仅其电子计算机的演算速度提高了，还能单从形状特征就实现高精度的对位[①]。

▶ 数据处理软件也丰富了

如上所述，想要活用通过三维扫描仪得到的点群数据的话，向多角形数据和 CAD 数据进行转换处理的软件是必不可少的。既可以使用由三维扫描仪生产商独自开发并提供的附属软件，也可以利用由专业供应商提供的通用软件。最近，还可以找到

---

① 但是，在对平滑的表面形状进行连续测量的情况下，因没有作为特征的部分，所以标记是必不可少的。

免费的具备一部分机能的软件[①]。

图 5-11 通过使用机器人自动化的三维扫描仪：在多轴机器人的前端安装三维扫描仪（ATOS Triple Scan 德国 GOM 公司），将机器人的运作与测量运作相连接。这主要适用于工程检查。

进而还出现了提供使测量进程自动化的软件生产商（如图 5-11）。给机器人安装三维扫描仪，机器人的运作就能实现测量的目的，从而使数据处理可以自动执行。

因为有必要得到各个角度的测量数据，从哪个角度测量精度最高、测量次数是多少是根据目标物形状的不同而变化的。所以要在一定成程度上预测目标物的形状、进行必要的检查工程，对于自动化软件的需求就很高。像这样的软件的充实对三维扫描仪的应用也会起到助力作用。

① 拥有点群数据和 CAD 数据的比较机能。例如韩国的 INUS Technology 公司（Rapid Form-JAPAN）和 GOM 公司（丸红信息系统）就提供免费的数据处理软件。

使用高速制定工具制成作业指示书

▶ 目标：启动海外生产

富士通 / 数码工程公司（本公司位于神奈川县厚木市）集团与 LATTICE TECHNOLOGY 公司（本公司位于东京）相继发布了以三维（3D）设计数据为基础、半自动式制定作业指示书的改良版工具。不仅为国内工厂，也是为了帮助新产品在海外工厂启动生产，所以可以使用动画和当地语言操作该工具。

国内厂商以往所积累的生产技术也能在海外生产据点得到充分应用，所以可以确保更好的产品品质和生产周期。而工程设计和制定指示书等生产准备正是其中重要的作业内容，因此国内用户的意见对所使用的工具来说也很重要。无论是富士通集团还是 LATTICE TECHNOLOGY 公司，都会在听取国内生产商的要求后才开展研发工作。

▶ 自动计算出装配步骤

富士通公司与数码计划公司于 2012 年 11 月 2 日发售了数

码全尺寸模型工具“VPS”的新版本“VPS V15L13”[①]。该版本的特征是设置了自动计算出由CAD软件读取的3D模型装配步骤的功能（如图5–12）。将它与以前版本中研发出的3D动画自动生成功能合并后，据富士通公司说：“以前制定一份由一千个左右的零件组成的产品装配步骤书需要一周时间，现在在三个小时之内就能够完成制定工作。”

在该工具自动完成装配步骤时，系统也在计算从完成状态反向分解的步骤（如图5–13）。对除去外侧可见零件时对其他零件造成干扰的难易度、除去的方向（是否朝上）、零件规格的大小等项目进行评估，再从得分高的项目开始逐个除去。处理工作开始时对连接零件和被连接零件进行分类，按照先卸下连接零件，再卸下被连接零件的顺序来提高计算结果的妥当性。把该分解步骤反过来就得到了装配步骤。

自动计算所产生的不完善部分，再使用手动修正功能（以前版本中的制定普通装配步骤的功能）。例如，CAD数据是一个组件，但实际必须分成两个组件安装的话，即使决定了组件单位的安装顺序也不能把它作为装配（分解）的顺序。手动操作可以只优先将组件内部的特定部分安装到本体当中。

---

① 适用于设计阶段使用的“VPS/Digital Mockup”（设计研究用数码全尺寸模型功能）与适用于生产准备阶段使用的“VPS/Manufacturing”（装配性研究和装配步骤研究功能）合并后的售价曾为650万日元，现在下降到了400万日元。预计在2013年1月会以98万日元的价格发售由生成装配步骤与限定制定动画的构成软件（不包含装配性研究、计算出工作量、资源研究的功能）。作为这个售价98万日元的软件的部分可选项，计划以50万日元的价格提供由Microsoft Excel自动生成表单（指示书）的功能（价格都不含税）。

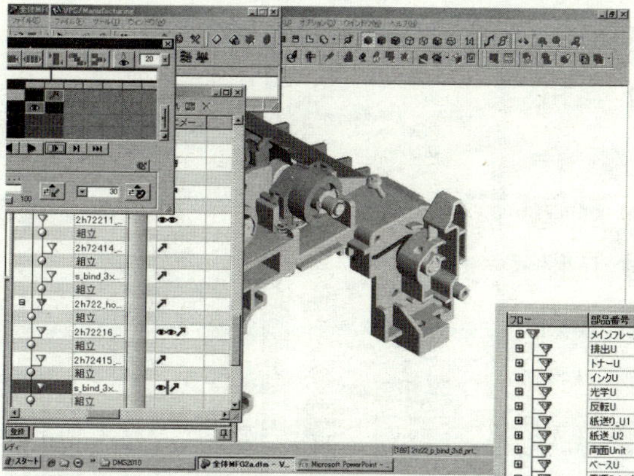

图 5-12 VPS 的画面：在左边可以看见表示装配步骤的工程树。

图 5-13 使用 VPS 自动计算出装配步骤的案例：以 CAD 数据的构成（图 5-13 的左侧）为基础，用可以执行的顺序（与分解步骤相反的步骤）对右侧的结构进行排序。

然后该工具就会按照决定好的装配步骤自动生成动画。当然也可以手动更改动画。以前的版本若想在修改时改变零件的表示位置，就必须输入其坐标值。但在改良后，只要用鼠标给出指示就可以完成修改了，进而缩短了制作动画的时间。

▶ 可以使用外语

另一方面，LATTICE TECHNOLOGY 公司在以轻量 3D 数据形式“XVL”为基础的产品群中附加了制定外语作业指示书的功能。具体来说，就是将 XVL 编集工具“XVL Studio”与制作表单工具的“Lattice3D Reporter”分别进行版本升级并编入这些功能[①]。这两款工具的升级版本都已经于 2012 年 10 月发售了。

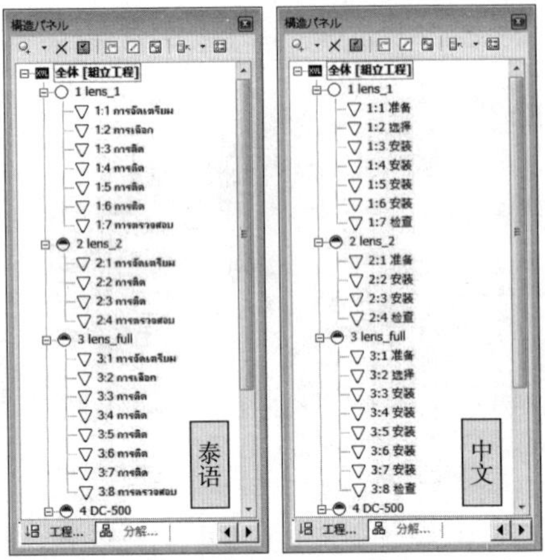

图 5–14 用泰语和中文表示出的工程树：这是使用 XVL Studio 时的一部分画面。在编入“工程库”后组成。

在 XVL Studio 的新版本（Ver. 11.1）中对工程设计功能进行了强化。因为已预先用数种语言记述标准作业名称、内容以及注释，所以只要操作鼠标（拖拽 & 下拉）就能进行对一连串作业工程（工程树）的设定了（如图 5–14）。标准作业的目录会以 CSV 形式的文件保存下来（如图 5–15）。

以前的版本中需要分别输入工程的名称和内容，所以作业人员之间所使用的语句有时会不一致，从而造成时间浪费。使用工程库的话，就能够高效率地制定有均质标明的工程树。工程库中还登记了包括日语在内的中文版、泰语版等信息，所以在 XVL Studio 的工程表达中可以简单地切换各种语言。由此，便可以将工程设计委托给那些不会日语的国外的人才们。

为了对应 Unicode，XVL Studio 新版本中不仅是工程库，注释和固定信息也可以对应各种语言。此外，工程动画中的标记

---

① 工程库的功能可以通过 XVL Studio 系列阵容中的 XVL Studio Pro 和 XVL Studio Standard 来使用。XVL Studio Standard 的许可使用费为 70 万日元，每年的维修费用为 14 万日元；XVL Studio Pro 的许可使用费用为 150 万日元，每年的维修费用为 30 万日元。Lattice3D Reporter 的许可使用费为 19.8 万日元，每年的维修费为 3.96 万日元（价格都不含税）。

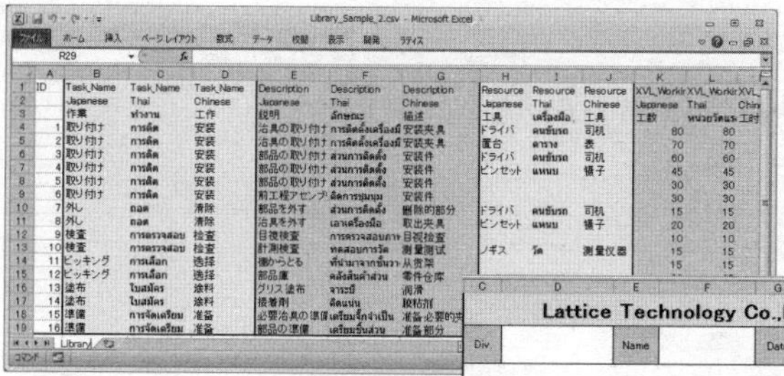

图 5-15 以 CSV 形式保存的工程库：有日语版、泰语版和中文版的定义。

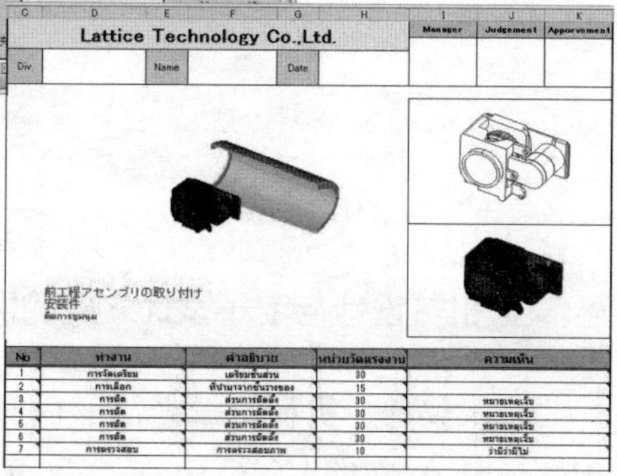

图 5-16 使用 Lattice3D Reporter 工具制定的作业指示书（泰语版）：产品画面的左下方所提示的注解由三种语言共同记载。

功能也得到了扩展。可以实现用数种箭型符号和剖面线来表示画面数据的粘贴等。

上文提到的多语言作业工程设定信息能保存在一个 XVL 文件中。从 XVL 文件到表单（作业指示书）的制定工作由 Lattice3D Reporter 完成。新版本（Ver. 6.1）的 Reporter 参照用工程库定义的 XVL 文件，依据操作标准框在“Microsoft Excel”软件上制定各语言的作业指示书（如图 5-16）。作业指示书不仅可以印刷出来使用，还可以作为可见 3D 数码文件被分发出去。

今后，上述工具的海外销售很可能会增加。富士通集团把包括国内生产商的海外生产据点在内，将“想要引进日本生产技术的海外生产商”作为销售对象。数码计划告诉预计把出货量的四成放到海外市场。

线束设计工具：用 3D 设计制品内部的大规模线路

▶ 支援机械设计与电子设计之间的协作

精密仪器、机械电子产品的内部空间中存在着很多电线。因其是用 3D 数据进行设计的，所以能比以前更早地研究它的路径。除 3D-CAD 之外，还有具备专业性能的数码全尺寸模型软件产品。

连接部件与印刷线路板，并传输接线用零件（线束），是由无数根电线（电缆）扎在一起组成的。这些线束由谁来设计，根据企业的不同发生变化。有的企业请电力设计者来设计构成电路的零件；有的企业则让机械设计师处理零件空隙处的协调工作；还有的企业不同于以上两种情况，而是担任生产技术者职责的企业。

企业之所以担任生产技术者，是因为以前在完成试作品后，大多会用绳子之类的实物来决定线束的路径和长度。线束的路径并不是平面的，靠图纸无法得知准确的路径长度，会发生路径过长或过短的情况。

如果使用 3D-CAD 软件，便能在极小的误差范围内决定空间里的路径与长度。因此可以做到将线束设计提前，机械设计与电子设计并行作业。而且很多 3D-CAD 都具备制造线束和配管路径模型的性能，以及从起止点位置自动生成路径的性能（见 224—225 页表 3）。

此外，还存在包含将构成线束的电缆与线束扎起来的皮带，以及固定线束的夹板、能将线束作为零件进行仔细设计的线束专用 3D 软件工具（如图 5-17）。比如“enterprise 线束”“线束设计师”地标科技（本公司位于东京）等软件；“VPS/Harness”数字程序（本公司位于神奈川县厚木市）；“Advanced Routing/HarnessDesign” emblem（本公司位于神奈川县大和市）等。

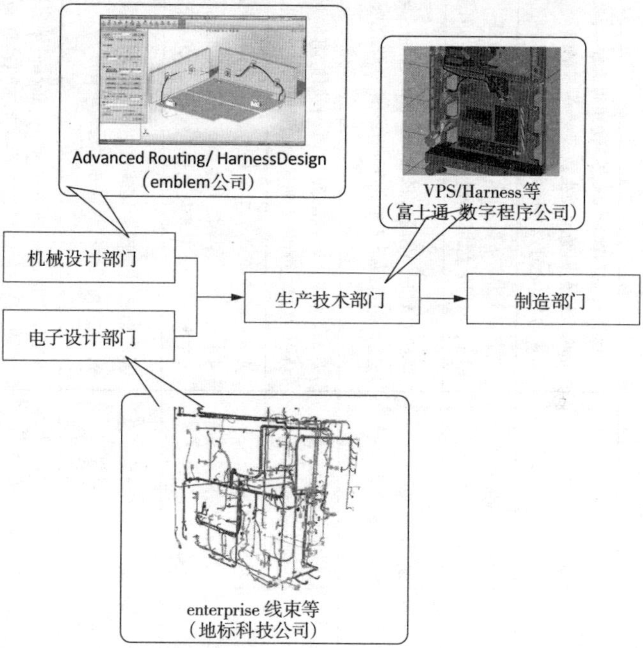

图 5-17 线束设计的担当部署及软件工具：负责线束设计的部门根据企业不同也会产生变化。机械设计、电子设计、生产技术都能作为担当。与其相对应的，数码全尺寸模型软件也是从浏览器发展而来的，还有附加在 CAD 中的功能，使用形态各不相同。

表 3(一览表) 能够进行 3D 线束设计的工具软件(包含 3D-CAD 软件)

产品名	研发公司	概要	联系方式(电话号码)
Advanced Routing / HarnessDesign	emblem	完整编入SolidWorks状态下使用的软件。指定线束的类型和起止点间的连接，就能自动生成最短路径的线束。可以通过操作鼠标编辑路径。也可以只优先设计一部分的区间。	emblem (046-277-4950)
Autodesk Inventor	美国Autodesk公司	具有以规则为基础来制定路径的功能。可以使用由"Auto Electrical"等电力设计软件读取的from-to目录	Autodesk (03-6221-3513)
CATIA - Electrical Wire Routing 2 (EWR)	法国Dassault Systemes公司	参照 CATIA V5的路径指定组件信息和from-to目录制定线束模型。具备依照企业用户的设计准则，最优化制定路径的功能。	Dassault Systemes (03-5442-4137)
CATIA Piping and Tubing Design	法国 Dassault Systemes公司	设计 CATIA V6的配线、配管用软件。有按规则智能配置零件的功能，从路径的定义到详细的设计都能适用。	Dassault Systemes (03-5442-4137)
EPLAN Harness Expart	德国EPLAN Software&Service公司	虽然一般来说属于二维软件，但也可以进行三维设计。当配线管道中的电缆占有率达到上限时，该功能可以监视设计方案是否超过了这个上限。主要适用于电缆加工专用机器，也可以输出数据。	System Metrix (052-219-8831)
ICAD/SX	iCAD	具有按照线路图和结线信息自动生成线束的功能。通过干涉检测，达到对周边结构零件的检验的目的。	富士通(0120-933-200) 数字程序(046-225-3924)
NX Electrical Routing	美国Siemens PLM Software公司	以NX的"Routing Application Architectur"为基础进行配线的软件。拥有自动设计、解析线束的功能。可以读取和摘录from-to目录，也能自动制作出制作线束用的3D模型。	Siemens PLM Software (03-5354-6700)

（续表）

产品名	研发公司	概要	联系方式(电话号码)
PTC Creo Piping and Cabling Extension	美国PTC公司	具有对扁平电缆进行自动配线，或者根据对话操作进行配线的功能。包括形状的自动扁平化在内，能够拟定用于制造指示用的文件。	PTC日本 (03–3346–8100)
Solid Edge Wire Harness Design	美国Siemens PLM Software公司	能够通过Solid Edge制定线束、指定路径的组件。当有线束过粗或者曲面半径过小等违反设计规则的情况出现时，会实时向设计者发出警告。在设计线束过程中，会制定电缆切断长度和除去遮盖的长度的相关报告书。	Siemens PLM Software (03–5354–6700)
SolidWorks Routing	美国Dassault Systemes SolidWorks公司	根据连接结构零件之间的配管、软管、线束，将目录路径制定为特殊的组件。是SolidWorks Premium的追加附件。	SolidWorks日本 (03–5442–4001)
VPS/Harness	数字程序	通过指定模型的经由点来制作线束。将线束形状用柔软体的形态表现出来，通过动态干涉检测，能够验证当可移动部分产生动作或组装/分解时，线束是否能咬紧。	富士通(0120–933–200) 数字程序(046–225–3924)
enterprise 线束	地标科技	通过点击3D模型的路径经由点来制定线束。能够在已设定的路径中增加分歧点。因为不会表示出线束和电缆的详细状况，所以储存器的使用量非常少，即便是线束达到1000根以上的大规模路径也可以适用。	地标科技 (03–3239–9241)
线束设计师	地标科技	以from–to目录为基础线束自动进行配线。可以通过指定路径经由点来编辑路径。指定线束通过预先决定好的路径也是可以的。	地标科技 (03–3239–9241)

▶ 大范围操纵使用线束成为可能

地标科技的线束设计师表示，原本该软件是由显示3D-CAD模型的浏览器发展而来，是用于制定电缆和线圈的详细形状的工具。但电缆数量的增加也使得所需的处理时间延长，操纵多达1000根电缆的大规模产品成为极限。因此，“enterprise 线束”通过只表示线束路径和粗细来削减数据量和处理时间，从而能够操纵大量的线束[①]。

半数以上的用户为电子设计师。通过电路设计的结果了解到应该通过电缆建立关联的接线头组，用电路设计工具把它作为“from-to 目录”摘录下来。根据这份目录，用“enterprise 线束”读取机械设计的3D模型，就可以决定满足指定连接关系的线束的3D形状。地标科技表示：“因为软件前身是操作简单的浏览器，因此即便是对于那些不习惯用3D-CAD的设计者来说，操作门槛也很低。”

将“enterprise 线束”产品化是在2008年。那时，虽然已经掌握了构成线束的电缆信息，但也只被用户称为“作画的工具”而已。因此，现在在性能强化的过程中，用3D数据定义了覆盖线束的软管、扎线束的皮带、固定线束的夹板等线圈构成要素的信息，从而使线束的详细设计成为可能。此外，还可以通过检验阀门之类的可动部位是否咬紧，来表示线束的松弛

---

① 当线束由700根以上的电缆组成时，与“线束设计师”相比，“enterprise 线束”的处理时间约为它的五分之一，数据容量约为它的三十分之一。

度。但据说，制定生产指示用的展开图等图纸，将会成为下一个课题。

▶ 表现出线束的动态和变形

富士通和数字程序公司的数码全尺寸模型（DMU）软件“VPS”具备能够模拟、定义线束形状的组件“VPS/Harness”。它能检验影印机、服务器等包含线束在内的，由超过数万个零件构成的产品的装配工程和完成后的结构动作。

很早以前 VPS 公司就与富士通研究所（本公司位于川崎市）等共同开发并使用柔软物体的模型仿制技术，成功表现出长线束因为重力而松弛的样子。这样可以检验线束的松弛是否会干扰装配作业和结构动作。2011 年，VPS 公司还研究出针对柔软物体的变化和变形的模拟造型技术，通过动画就可以看到作业和动作的状况。

因为是 DMU 软件，所以是靠读取 CAD 结构部分的 3D 模型来进行作业的。因为它能在决定路径的同时检验装配性，所以适合由生产技术部门担当线束设计工作的情况。

数字程序公司的 3D-CAD 软件“ICAD/SX”也具备制定线束的 3D 路径的功能。还可以测定电力零件的配置、编集和路径长度。在结构设计阶段确保线束所到之处的空间，在设计线束的概况方面被认为是适合那些设计 CAD 线束设计功能的设计师 / 企业的。

▶ 从确定的部分决定路径

3D-CAD 也具备通过读取 from-to 目录自动生成路径的性能。比如，美国 Dassault Systemes SolidWorks 公司生产的“SolidWorks”就拥有制定路径的追加组件“SolidWorks Routing”。除此之外，emblem 公司开发了增添各种与线束设计性能相关的、适合 SolidWorks 的应用程序 Advanced Routing 和 HarnessDesign。除了机械设计者能亲自设计线束之外，也适用于能够操作 SolidWorks 的生产技术人员。直接使用进行中的机械设计 CAD 数据就可以设计 / 研究线束。

为了充分发挥这个优势，在最新版的 Advanced Routing 和 HarnessDesign 中增添了能设计一部分线束区间的功能。根据机械设计的进展程度，有时会有大致确定的部分和不确定的部分同时存在的情况。设计能跨越双方的线束，在通常情况下是难以着手的。新版本软件能够将线束区间分开，优先决定确定部分的路径和夹板位置。

中途区间的一部分叫作“段片”，定义为暂时的连接零件。全区间的线束设计都结束之后，就能算出合计的长度，去掉段片便能实现线束的一体化。

虽然使用线束的产品数量极多，从机械设计之后的准备周期缩短的观点来看，这却出乎意料地成为了盲点。与金属模型不同，3D 数据不能使用在线束制作的自动化上。正因为如此，线束设计要在机械设计后马上展开，如何能够迅速完成作业成为决定胜负的关键。

见证新出品的3D-CAD免费版的实力，让调试纠错过程变得更轻松

业务用功能强大的3D-CAD增加了。尽管和100万日元（如果按汇率100日元=6元人民币计算，折合人民币6万元左右。以下如此类推）以上的有偿版3D-CAD在功能上存在差距，但其功能用途已经非常广泛。以下列举三个主要的工具，了解其强大的功能（表4）。

▶ 在CAD的基础上增加了其他用途

工业用电子产品通信销售公司阿尔勒组件（总部位于日本横滨市），于2013年9月18日开始免费提供3D-CAD的"DesignSpark Mechanical"版。该软件是由该公司的母公司英国Electrocomponents公司与3D-CAD的供应商美国SpaceClaim公司共同开发的产品，在有偿3D-CAD的"SpaceClaim Engineer"的基础上开发的产品 。但是并未搭载有偿版的一部分建模功能，如有偿版具有的和制作解析模型有关的功能。

SpaceClaim在建模方式中，采用直接建模，即在CAD上拖拉立体形状，仅通过操作四个主要的按钮（拉、移动、填充、

组合），就可完成几乎整个建模的操作。在开发产品整个过程都需要被用到的基础 CAD 上，又增加了如此仅通过简单操作，即可自由变更形状的特点，更被愈来愈多地用于需要不停进行调试纠错的产品策划、方案设计以及研发等工程项目中[①]。

DesignSpark Mechanical 的目标就是在此类工程项目中对本产品充分加以利用。原本阿尔勒组件提供的产品类别中，“所定义的使用对象为用于新产品试运行而少量购买的技术工作者，而不是要求达到一定量的产品购买部门”（该公司技术市场部技术市场工程师宫原裕人）。

为了让这些技术工作者更多地使用本公司提供的产品，该公司开设了名为“DesignSpark”的门户网站，从 2010 年开始提供设计印刷线路板（PCB）的免费 CAD“DesignSpark PCB”。“今后，不仅是电子产品，工业用产品及产业用产品的范围也会扩大”（宫原裕人）。基于此项计划，已经开始提供面向机械设计的免费 CAD“DesignSpark Mechanical”。“自从供应开始的一周之内，世界上就有约 5 万的下载量，仅日本就有 7000 的下载量”（据该公司统计）。

▶ 还提供了有偿版不具备的功能

为了让用户在调试运行等开发阶段充分利用本软件，DesignSpark Mechanical 追加了 SpaceClaim 不具备的独特功能。具体功能为产品的报价功能、3D 数据的下载功能以及设计 PCB

① 实际上，在 SpaceClaim 的用户群上，发表了丰田汽车等使用实例。

用 CAD 相关功能。

报价功能与制作产品表（BOM）的功能互动，并通过和阿尔勒组件通信销售网站“RS 在线”的合作，可轻松对使用该网站中产品所需的花费进行估价[①]。

3D 数据的下载功能和海外 3D 数据提供网站互动。该网站中，容纳了包含阿尔勒组件提供的 37000 件在内的数十万件的产品数据。在设计 PCB 用 CAD 的相关功能中，可将此 CAD 工具制作的 PCB 形状数据以 IDF 格式（标准数据格式）导入。

▶ 引导用户购买有偿版的作用

美国 PTC 公司提供的免费 3D-CAD“Creo Elements / Direct Modeling Express”还具有直接建模功能，可更轻松地进行编码操作。作为该公司出品的有偿 3D-CAD“Creo Elements / Direct Modeling”的免费版，有装配产品数量最多为 60 个和输入输出数据功能少的限制。现在，PTC 公司将其 3D-CAD 统一命名为“Creo”。Creo Elements / Direct Modeling 为 PTC 公司于 2007 年收购的德国 CoCreate 公司“OneSpace Modeling”的后续产品[②]。

尽管与上述的有偿版的功能存在差距，但其基本的建模功能和有偿版的相同。此产品是很令人期待的一款产品，当用户利用其工作时，可引导这些与 DesignSpark Mechanical 同样

---

① 这种和本功能互动的方式，“即使实际上没有订购产品，也可清楚地掌握各地域对各产品的需求情况”。

② “Creo Parametric”的原型是 PTC 公司的 3D-CAD“Pro/ENGINEER”。

负责方案设计等工作的技术人员进一步引进功能更高的有偿版3D-CAD。

▶ 在 3D 打印机上输出使用

最后介绍的是美国 Autodesk 公司出品的“Autodesk 123D Design”，于 2012 年 11 月开始正式供应，随着 3D 打印机的普及，一举成为备受关注的产品[①]。尽管上述的两种产品也可以 3D 打印机标准输入格式（STL 形式）输出，但是 Autodesk 123D Design 更重视 3D 打印机的输出[②]。

例如，在“3D Print”菜单选项中，选择“Print at home”或者“Order a 3D Print”。选择“Print at home”，可启动 Windows 应用程序“3D Print Utillity”项，执行修改模型、设定成型条件等功能，并生成适用于市面上出售的各种 3D 打印机的数据。“Order a 3D Print”具有和“i.materialize”“shapeways”成型服务互动的功能，可将生成的数据发送，打印出样品。

本次介绍的免费 3D-CAD 都要求用户必须登录后才能使用，如果继续使用，也不必花费费用。对于不打算在 3D-CAD 投入，却又想进行 3D 设计的用户，上述介绍的 3D-CAD 免费版是很值得一试的。

---

① Autodesk 123D 中，除 123D Design 外，还带有“123D Catch”“123D Creature”“123D Make”等工具。

② 123D Design 搭载物理变换 3D 数据的功能，不仅可用于 3D 打印机，还可灵活用于 NC 切削机以及激光刀等场合。

表 4 主要的免费 3D-CAD

产品名	DesignSpark Mechanical	Creo Elements/Direct Modeling Express	Autodesk 123D Design
供应方	英国Electrocomponents公司	美国PTC公司	美国Autodesk公司
简要	与美国SpaceClaim公司共同开发。和基础软件有偿版3D-CAD“SpaceClaim”相比，一部分建模功能受限。搭载了产品估价功能以及3D数据下载功能。仅适用于Windows版。支持日语。	免费版。限制了有偿版3D-CAD“Creo Elements/Direct Modeling”一部分功能。对制作装配产品的数量以及输入输出接口有限制。需要连接网络。仅限Windows版本。支持日语。	独立于该公司其他有偿3D-CAD的产品。搭载了3D打印机的输出功能。除支持Windows版本、Mac版本、iPad版本外，还提供了在网络浏览器“Google Chrome”上使用的网络应用版本。不支持日语。
利用方法	从“DesignSpark”专用网页（http://www.designspark.com/jpn/page/mechanical）下载。用户必须先登录后才能使用。	从PTC公司的Web网站（http://ja.ptc.com/products/creo-elements-direct/modeling-express/）下载。用户必须先登录后使用。	从Autodesk公司的Web网站（http://www.123dapp.com/design）或者美国Apple公司的“App Store”等处下载。用户必须先登录后使用。
图例	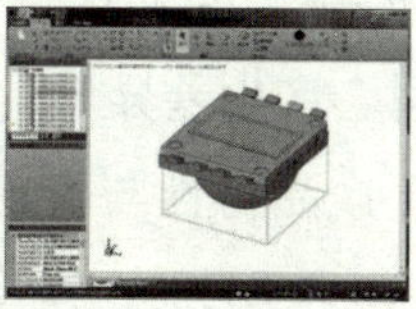		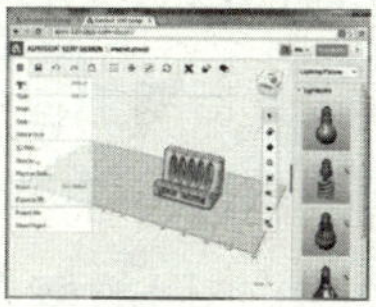

3D 单图的效能和问题

▶ JEITA 通过金属模具设计和零件的检查进行证实

以集中处理制造中的重要信息为目的所制作出的 3D 单图。虽然设想得很好，但实际应用时会有怎样的效果、应该解决的问题是什么等不明确的部分还很多。为解决这些问题开始采取一系列的措施。

即使 3D-CAD 软件已经普及，但很多时候还会需要 2D 设计图。虽然 3D 模型能够如实展示出产品形状，但对于制造来说，必要的信息不只是形状，而且产品设计时制定的形状与金属模具设计后期工程中制作出的必要形状有时会产生差异。

因此，在 3D 模型中添加各种信息（产品特性与管理情报）的 3D 单图的概念诞生了。比如说通过 3D 单图，3D 模型与 2D 设计图并用的浪费情况就不会发生了。

▶ 证实计划

近年来，电机和汽车等各个行业都在开展普及 3D 单图的活动。其中就实施了证实效能和问题的措施。电机、精密行业团体的电子信息技术产业协会（JEITA）的三维 CAD 信息标准化专业委员会至今都在采取持续发行 3D 数据的使用指导方针的对策。该证实计划就是按照 JEITA 已经发行的或者将要发行的规格指导方针，在基础业务工作中弄清 3D 单图的效能和问题。

其实，已加盟 JEITA 的各个企业都在使用 3D 单图。但各公司所使用的 3D 单图都是研发中的产品数据，因为包含精密信息而是不能公开的。因此，在 JEITA 活动中，通过一系列方案使结果公有化，并借此将其与标准 / 指导方针的修改挂钩。

▶ 注重金属模型的设计与零件的检查

这次证实计划的对象是产品设计、金属模具设计和零件检查这三项工程（如图 5–18）。这是为了明确在产品设计、金属模具设计和零件检查的各项工程中使用 3D 单图传达信息的情况下应该如何改善业务。

比如在金属模具设计的工程中不仅省去了出图后与产品设计者的磋商工作，应该也无需再更改状况不佳的模型设计。在零件检查工程中，用非接触测定自动生成用于表示是否达到公差的彩图并进行评估的这个效果也值得期待[①]。

证实计划具体的流程如下（见图 5–19）。首先，产品设计中，以 JEITA 制定的“3DA 模型指导方针 Ver.3.0”为基础，并

① 此外，虽然按道理来说可以期待它在产品设计工程中产生效果，但预计还是会在下次证实计划中进行评估。

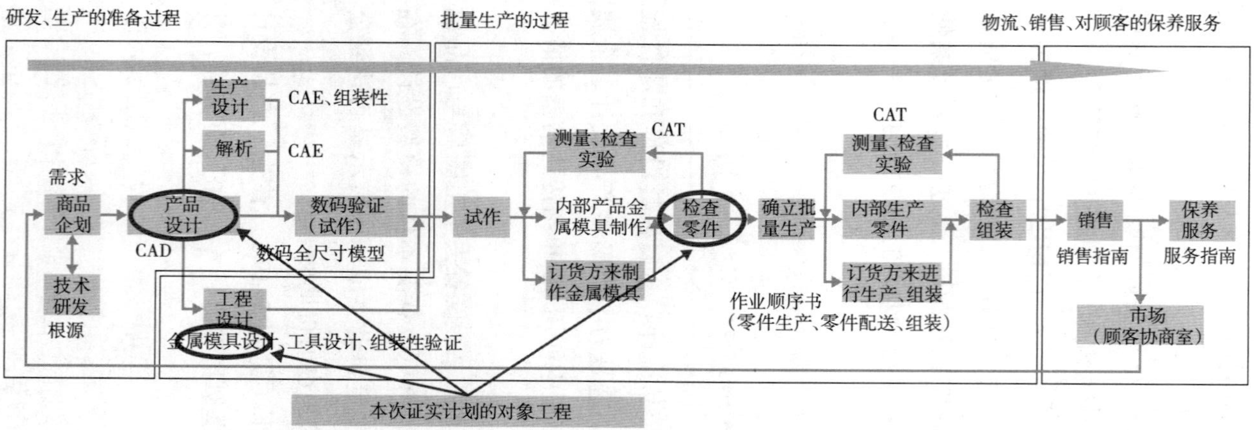

图 5-18 证实实验中所展开的工程定位：3D 单图信息传达的范围很广。这次计划着眼的是产品研发、金属模具设计和零件检查这三项工程，并验证了在使用 3D 单图的情况下这些工程会有怎样的变化。

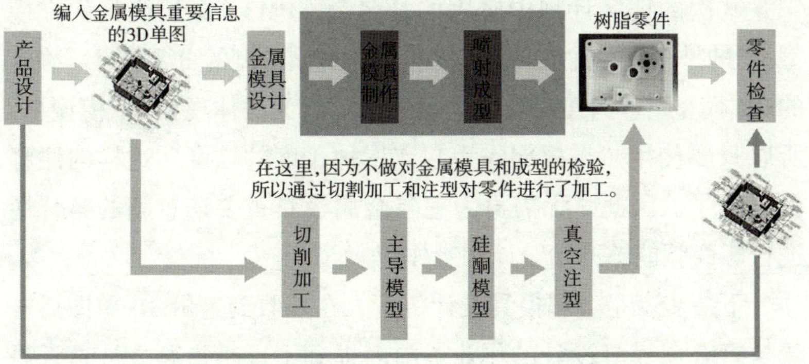

图 5-19 证明实验中三项工程的关系：在产品设计过程中制定编入金属模具重要信息的 3D 单图，再由接收到该 3D 单图的设计者尝试设计金属模具实物。另一项零件检查则是按照产品设计过程中制定出的 3D 单图对树脂零件进行测量，之后再与 3D 单图中的形状数据相比较来评估零件的精确度。

使用 3D-CAD 软件模拟产品形状①。这一步中不仅会生成型状，也会编入金属模具设计所需的必要信息条件。

这里参照的是“3D 单图金属模具工程联合指导方针 Ver.1.0”②。该指导方针将 3D 单图内金属模型重要信息（设计金属模具不可或缺的信息）的编入方法定义为几种顺序。以前，由金属模具生产商边参照 2D 设计图，边与产品设计负责人磋商来决定的内容，现在则是由 3D 单图指定到何种程度、是否注释了传达方式、是否是具体形状等来决定。

---

① 正式名称是“JEITA 3DA 模型指导方针——与 3DA 模型制定、使用的相关指导方针——Ver.3.0”。在 2013 年 9 月公开，因此证实计划是基于暂定版内容的。

② 正式名称是“JEITA 3D 单图金属模具工程联合指导计划——产品设计与金属模具设计和制作之间 3D 单图的高效使用方法—塑料零件篇 Ver.1.0”。制定于 2012 年 7 月并在同年 10 月公开。

这次的证实计划中应用的是名为“PM3（金属模具研究模型）”的排序[①]，就是“研究完主要的金属模型的重要信息后确定的3D模型”。例如螺纹之类的拔模形状无法体现在3D模型上，所以只要使用“将根部作为起点增加1度的坡度”这样的注释就可以了。因此，无需再为它与金属模具重要信息间的整合性进行磋商就能够开始设计和制作了。

下一步就是金属模具设计负责人在接收到这份3D单图后开始执行金属模具设计的作业。前面提到了设想指导方针是无需再与产品设计者、金属模具设计者进行磋商的。然后，再验证现在与以往3D模型和2D设计图并用后的作业相比是否缩短了作业时间。

▶▶ JEITA的活动——从3D单图到3D DPD

JEITA从2004年开始致力于推进3D单图的标准化等3D数据的应用。这次的证实计划除了作为“3DA模型指导方针”“金属模具工程联合指导方针”“3DA模型应用的测量指导方针”的参照用之外，还发行了“3DAM几何公差表记载

① 除此之外还定义为PM1（功能设计模型）与PM5（树脂化模型）。PM1是“完成功能本身设计，但还没有确定在金属模具的设计和制作前需要明确的主要金属模具，且不能表示形状的3D模型”；PM5是“能够如实表示出被研究金属模具形状的3D模型”，可以直接应用在金属模具的设计和制作工作上，是检查成型品时作为比较对象的3D模型。PM2和PM4是这二者的中间状态。此外，在金属模具工程联合指导方针中，不仅定义了与产品形状有关的PM1~5，还将与金属模具形状相关的金属模具模型的等级定义为TM1~5。

事例集”“3D 单图试验事例集”等。这些全部都能在 JEITA 的网站上免费下载。

最近在 JEITA 的活动中，把 3D 单图称为“3DA 模型”。其实 2008 年发行的“3D 单图指导方针”的这个名称一直被使用，直到 2011 年发行“3D 单指导方针 Ver.2.0”。在 2013 年 7 月 Ver.3.0 的发行之际，JEITA 将名称改为“3DA 模型指导方针”。最初 3D 单图的英文名称为“3D Annotated Model”。

其中一个事例就是引进了叫作“3D-DPD（Digital Product Document）”的概念。虽然以往的 3D 单图是设计成果的中心数据，但也能将其应用范围扩大到除设计以外的其他各个工程。基于这个想法，JIS 也在推进研发，当然 JEITA 也参与了这个研发过程。

实际情况下的批量生产过程中，会在已经得出金属模具设计数据的基础上，加工金属模具并喷射成型。但是证实计划中会制约成本和生产周期，因此采用的方法是：按照设计数据切削加工原模，再用真空注型机制造出与喷射成型品相同的树脂零件。

最后，测量树脂零件的形状，检查其是否能按照设计方案那样执行。现在的主流测量方法不仅使用接触式测量机，还会应用非接触式测量机对测量结果和 3D 模型进行比较，以及验证指定几何公差的有用性。这一步可参照 JEITA 发行的“3DA 模型应用的测量指导方针”，以查明省略自动化和工程会对作业产生多少改善性效果。

此外，在 3D 单图的流通过程中使用的 3D-CAD 软件等工具会对 3D 单图的流通产生很大影响。这是因为交易双方不一定会使用同一种工具。因此这项计划预计会将金属模具的设计工作委托给两家公司来完成。一家公司使用与产品设计相同的 3D-CAD 软件，另一家公司使用与产品设计不同的 3D-CAD 软件（如图 5-20）。

下面会介绍关于产品设计、金属模具设计、零件检查的各项工程的证实计划结果。

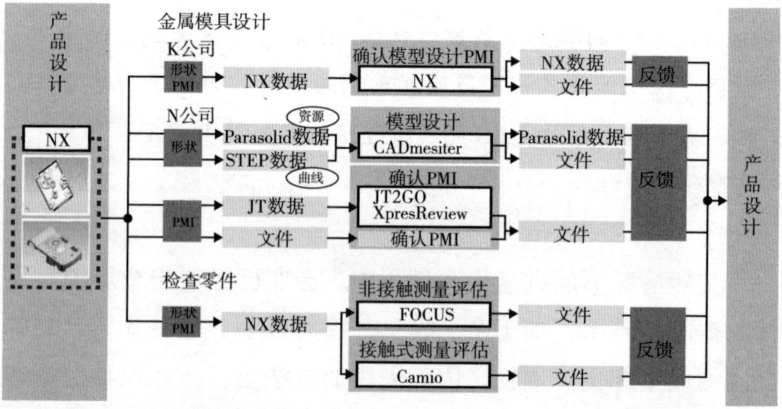

图 5-20 设计数据的授受状况：在委托设计金属模具的两个公司中，K 公司使用的是与产品设计相同的 3D-CAD “NX” 软件，因此不仅能显示形状信息，还能授受 PMI（产品制造信息）。N 公司使用的则是与产品设计不同的 3D-CAD 软件，因此要借助中间格式实现授受关系。与 PMI 相关的部分虽然使用了 JT 格式，但因接受方的工具功能不足的原因导致一部分信息没有被传达，因此才使用了画面截图文件。零件检查（测量）的相关部分通过使用接受方工具的转换功能，能够授受大部分的信息。

▶ 产品设计

虽然严格来讲产品设计不是这次证实计划的对象，但它原本是制定在 3D 单图的过程中，所以查明了几个问题。

▶ 两种喷射成型品

这次 JEITA 开展证实计划的理由是：即使过去存在但很难应用到实际的设计数据当中。必须要对虚构的产品进行假定，但稍微脱离现实就无法评估其产生的效果了。因此在这里选择齿轮箱和相机前罩这两项（如图 5–21）。

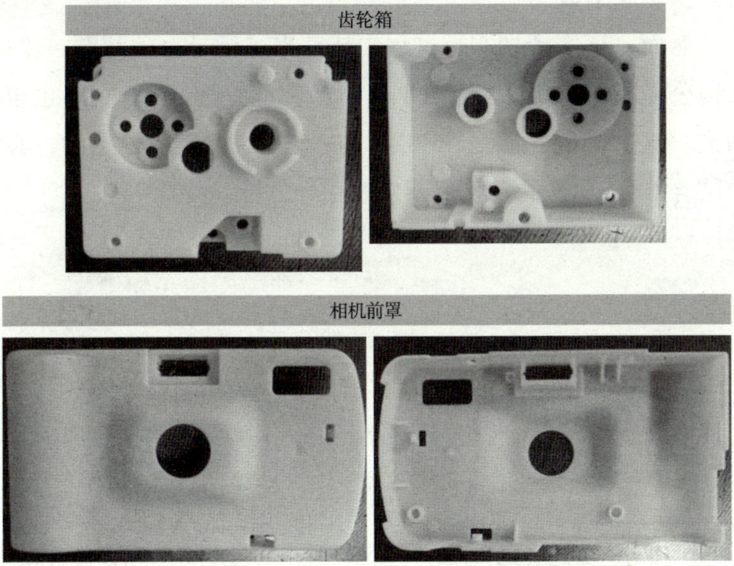

图 5–21　证实计划中采用的零件：采用了形状复杂的齿轮箱，以及有自由曲面的薄型相机前罩。它们都是由喷射成型得到的树脂零件。

组成电机、精密行业产品的零件制作方法中，最多的是金属板加工与树脂喷射成型这两种。这次计划根据前面提到的金属模具工程联合指导方针，选择了后者。并选择结构复杂的齿轮箱，以及有曲面的薄型相机前罩作为喷射成型品，这是为了达到与实际产品相同的等级。

产品设计采用 3D-CAD 软件“NX”（美国 Siemens PLM Software 公司生产）并参照各指导方针来制定 3D 单图（如图 5-22）。形状模型除了添加必要的公差信息，还附加门位和结合面等金属模具的重要信息。

这次产品设计作业的重点是引入公差指示中的几何公差，以及定义 JEITA 自身的普通几何公差[①]。这样不仅能够比以前的尺寸公差更加明确地传达设计意图，还能减少 3D 形状对应的几何公差记录个数。

然而，证实计划实行过程中却突出了记录上的问题。比如，几何公差指示不能按照 JIS 书写，即使能够按照 JIS 书写也很费功夫。这些问题主要是由 3D-CAD 软件的功能所导致的，必须要结合 CAD 功能的现状重新修改指导方针。

▶ 设计金属模具

接收到以指导方针为基础制定的 3D 单图的两家金属模具制

① 因为前提是 JIS 的普通几何公差与尺寸公差并用，所以根据情况解释可能会很含糊。JEITA 为了排除这些含糊的解释，完成图纸上没有几何公差指示时只有一个意思的解释，单独制定了基本规则。

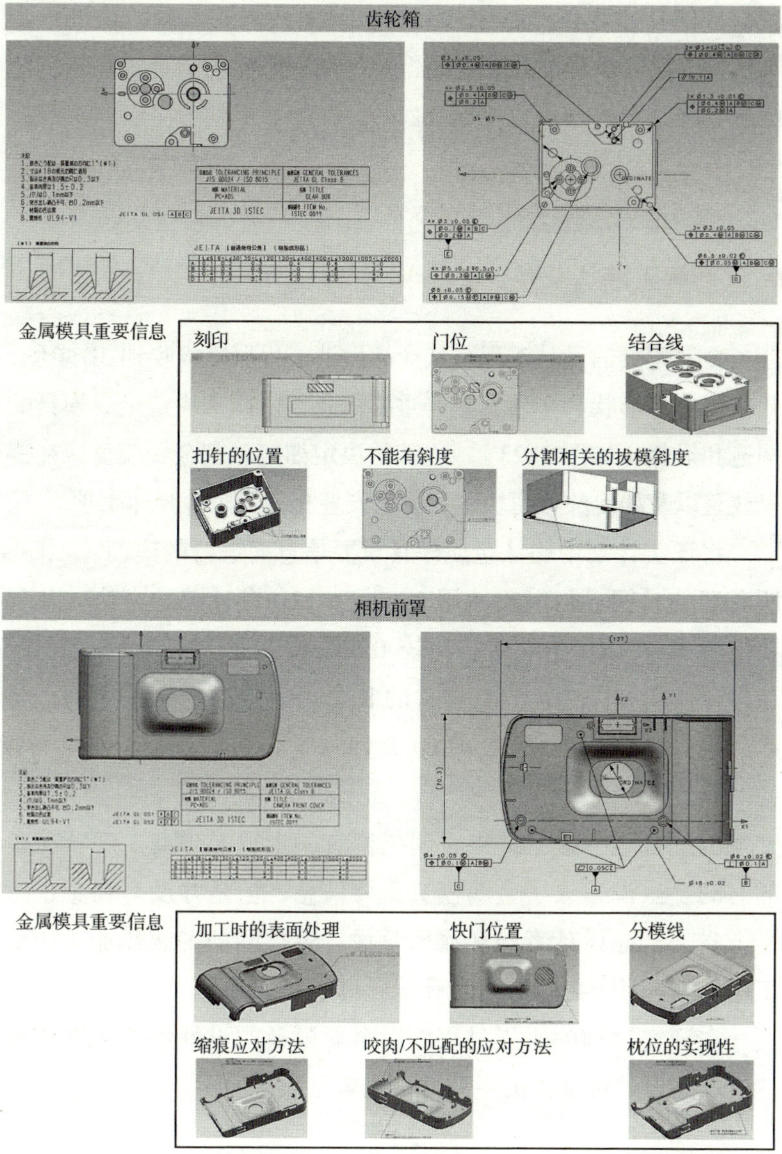

图 5–22 编入金属模具重要信息后的3D单图：除了基于指导方针的几何公差指示，还包含了快门位置和分模线等信息。

造商，便开始边参照其中含有的金属模具重要信息，边进行金属模具的设计工作[①]。究竟能否像预期的那样确认金属模具重要信息、削减双方磋商等工序呢？

▶ 磋商等工序几乎减少了一半

金属模具的设计工程是从产品设计工程那里接收到 3D 单图，并获取产品形状和金属模具等重要信息，由此来决定金属模具的构造和形状（如图 5–23）。也就是决定如何分割金属模型，在哪里放置以及如何放置滑块，在哪里安置扣针和门等具体事项。

将证实计划中确认金属模具重要信息而进行的磋商（工序）所花费的时间，与以前使用 3D 模型、2D 设计图的方法，及现在使用 3D 单图的方法进行比较（如图 5–24）。这时会发现与产品设计使用相同 3D–CAD 软件的 K 公司削减了 44% 的时间；与产品设计使用不同的 3D–CAD 软件的 N 公司削减了 48%～49% 的时间。

但反言之，这个结果表明仍留有一半以上磋商工序所花费的时间。虽说编入了金属模具重要信息，但是并没有在真正意义上省去产品设计者与金属模具设计者之间的确认作业（磋商工序）。下面让我们来具体看一下其中的缘由。

在证实计划的进展过程中，金属模具的设计负责人能够传达给产品设计负责人的主要磋商内容如表 5 所示。

① 证实计划的参与成员不仅只有 JEITA 的会员公司，还有金属模具工业会。

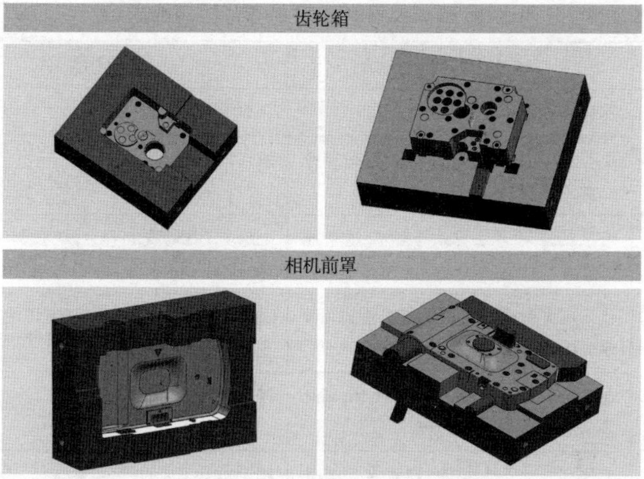

图 5–23 在金属模具设计工程中制定的金属模具的 3D 模型：通过使用 3D 单图的信息来进行金属模具的设计工作。主要验证是否传达了金属模具重要信息。

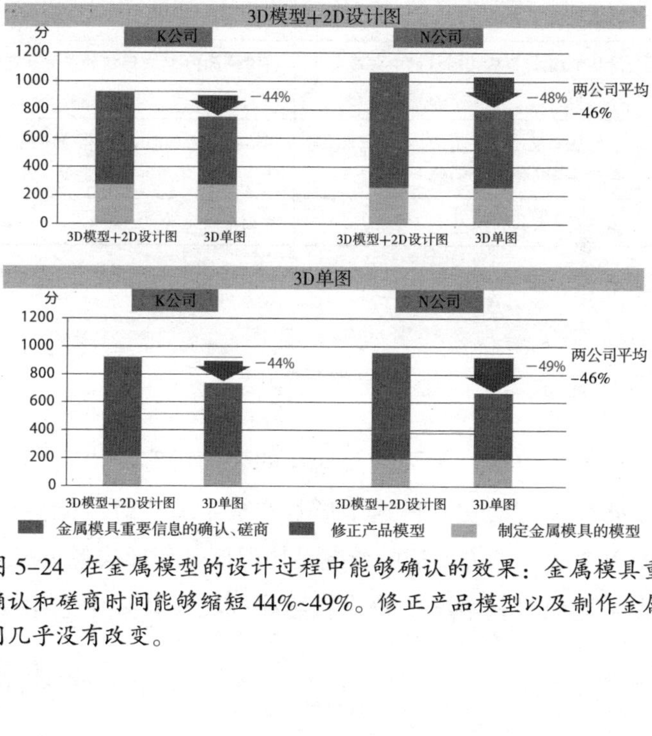

图 5–24 在金属模型的设计过程中能够确认的效果：金属模具重要信息的确认和磋商时间能够缩短 44%~49%。修正产品模型以及制作金属模型的时间几乎没有改变。

表 5 金属模具设计时需要进行磋商的内容

	磋商内容	回答内容
齿轮箱	应该有多大的收缩率	收缩率设定为“0.3”
	是否有必要对金属模具较薄的部分采取对策	应用“指示R”
相机前罩	缩痕的应对方法中是否钻孔越深越有效	削除其周围的减胶部分，钻孔加深0.5毫米
	放入闪光灯的位置上方是否最好用四方形模块做标记	若不是放别扣的地方，即使模块突出来也没事
	在滑块和模槽之间会产生枕位，因此希望降低滑块上面的PL	降低滑块上面的PL
	滑块可能会产生粘连，因此希望提升下面的PL	提升滑块下面的PL
	担心一部分快门滑块可能会产生粘连，希望用扣针别住。这时留下扣针的痕迹是否有问题	在一部分快门上添加圆形凸起作为设计变更
	滑块的PL是否从R形状的中央垂直放入更好	将滑块的PL从R形状的中央垂直放入
	孔的底面没有必要再深入0.5毫米，是否应该与其他几个面统一	“钻孔底面加深0.5毫米”的这个应对方法很妥当，不用再进行变更
	应该有多大的收缩率	收缩率设定为”0.3”

▶ 事先探讨金属模具重要信息的难度

比如相机前罩，就会涉及这样的磋商内容。快门部分形状的构成必须要有滑块。但这个形状在抽出滑块时可能会产生粘连（如图 5–25）。最糟糕的情况是快门部分变形或者破损。

为了避免这些情况的发生，金属模具设计者考虑用扣针别

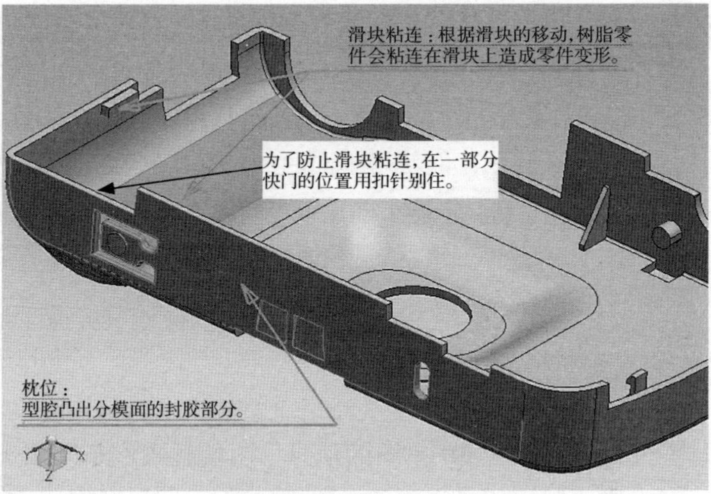

图 5–25 在金属模具设计现场指出的案例：虽然喷射成型时根据滑块的移动，过分地向树脂零件施加力的话，零件可能会变形（滑块粘连），但这会在金属模具设计阶段得到解决。因此在一部分快门的位置添加扣针来别住快门。此外，图中有下划线的文字是原先设计图纸中的指示。

住一部分的快门。但是这么做的话就会留下扣针的痕迹。是否允许安置扣针还需要与产品设计者商量并确认。产品设计者决定实施在一部分快门上添加圆形突起形状（别扣针的部分）的设计变更方案。

像这样只有考虑到实际金属的构造和成型才能弄清的事很多。比如分模线（PL）的位置等就是很可能在金属模具设计阶段被改变的重要信息。

金属模具和成型的专业知识很难被在产品设计阶段全部编入到 3D 单图中。出图后的初期阶段会有一次以产品设计者与金属模具设计者之间的简单磋商作为前提，似乎也正是这个问题实际的解答。

另一方面，除了金属模具重要信息的磋商，数据转换上的问题也得到了解决。就像前面所说的那样，N 公司使用的是与产品设计不同的 3D-CAD 软件。若想把所有的金属模具重要信息都传达出去，使用与产品设计、金属模具设计相同的 3D-CAD 软件就没有什么问题，但使用不同的 3D-CAD 软件，就会产生数据转换时信息遗漏、不能正确显示等问题[①]。

▶ 零件检查

零件检查是基于 3D 单图的信息，用接触式、非接触式测量机对已完成制作的树脂零件实物进行测量，并检查其是否按照设计方案执行。与原先使用 2D 设计图、3D 模型的方法相比，现在使用 3D 单图的方法是以明确哪种作业改善到何种程度为目的的。

▶ 用色彩来区分表示是否在公差范围内

证实计划使用的测量机是：使用接触探头的门型接触式测量机、将探头部分替换为用激光扫描方式的非接触式测量机（门型）、在多关节机体的顶端安装激光扫描式探头的非接触式测量机（机体型）。下面就来比较一下这三种测量机的工作量。

---

① 当初，使用不同 CAD 软件的 K 公司想要使用中间格式的“JT”传达金属模具重要信息，但是并没能顺利传达，因此，采用将金属模具重要信息通过文件（画面截图）的形式来进行传送。

特别是预计会在今后扩大普及程度的非接触式测量机，将零件表面全部都当作点群数据来进行测量，因此比 3D 数据更容易表示出全体的误差（如图 5–26）。例如，可以用彩图表示误差是否在指定的普通几何公差范围之内。当然这项作业也有一些问题，这会在后面进行说明。

首先来看一下在各种测量方式中 3D 单图的使用效果（如图 5–27）。检查工程大致有“确认测量个数和对测量方式的研究”“实际测量作业”“测量结果的评估”这三项作业。从总体来看，这三项作业可以缩短 20%～50% 的作业时间。

削减时间效果最明显的是机体型非接触式测量机，使用该测量机时可以削减 39%～48% 的工作量。并缩短六成测量作业工作时间、三成以上评估作业工作时间。

这与原先使用 3D 模型与 2D 设计图的方法相比，（1）自动从文件中读取几何公差，省去输入作业。（2）自动抽选出对象点群的功能，省去手动分配新特征的作业。（3）导入普通几何公差，通过非接触式测量对不同面进行评估，进而削减测量和评估。（4）也能与接触式测量通用。

从各项作业来看，有关确认测量个数和对测量方式的研究，跟以前几乎没有差别。再拿削减时间来说，对原本作业时间就长的测量作业来说，削减时间的效果更明显。

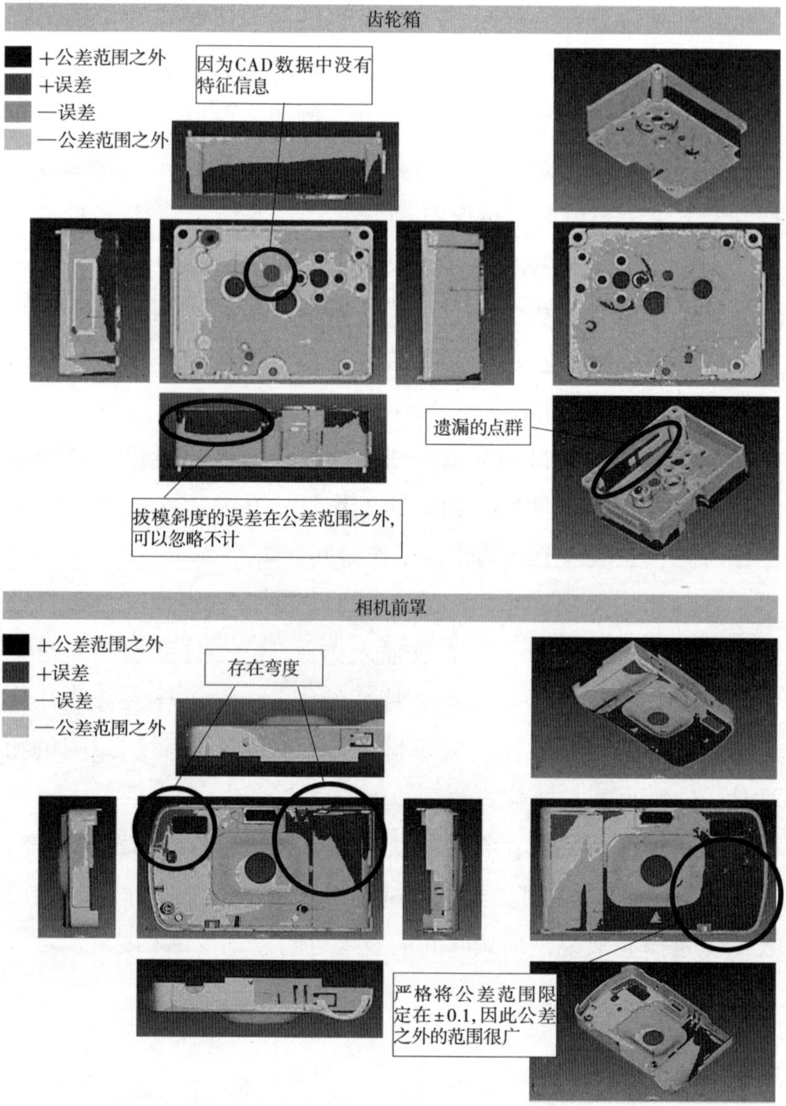

图 5-26 用彩图表示的检查结果：把用非接触式 3D 扫描仪测量的数据与 3D 单图的数据进行比较。表示零件内各部分不同的三阶段的普通几何公差是否在公差范围之内。

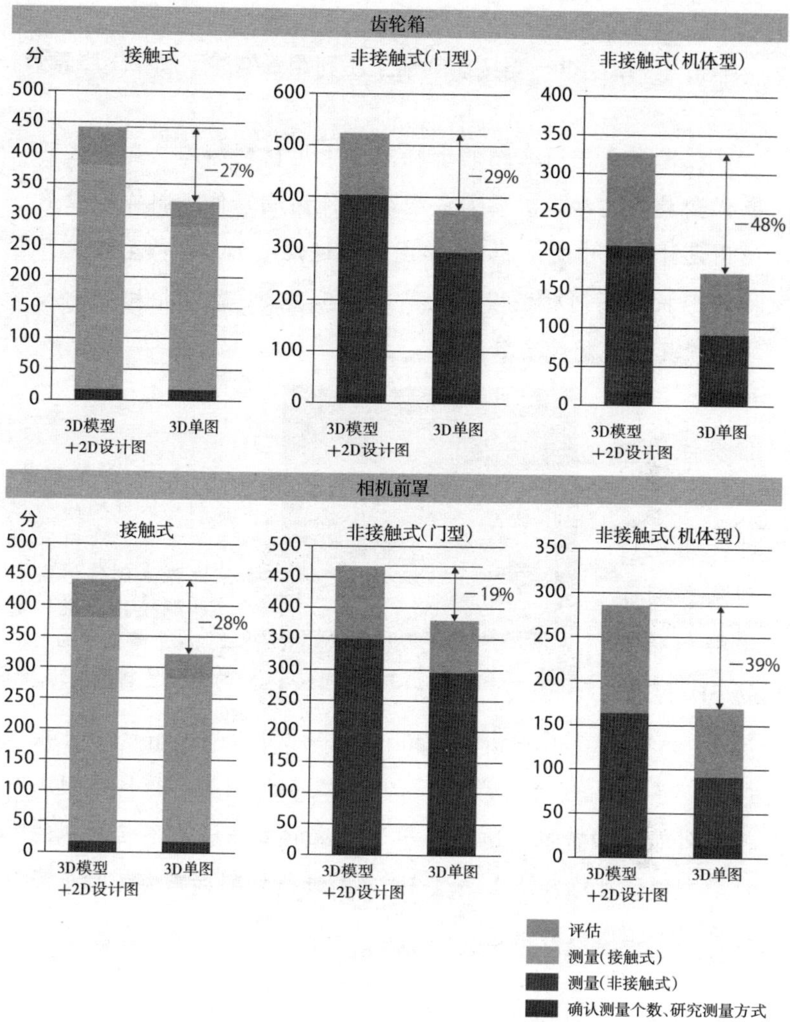

图 5–27 零件检查工程中产生的效果：对接触式测量机、非接触式测量机（门型和机体型）这三款机型分在 3D 模型与 2D 图纸并用时各自所需的工作量，以及单独使用 3D 单图时所需的工作量进行比较。

通过 3D 单图进行委托切削加工、利用真空注型制作树脂零件

就像文章中所介绍的那样，这次用切削加工、真空注型取代金属模具加工、喷射成型来制作树脂零件。制作流程是使用设计工程中制定的 3D 单图并通过切削加工制作主模，再把其形状复制到硅酮模具上（如图 5-28）。最后把树脂倒入硅酮模具中就制成了零件。

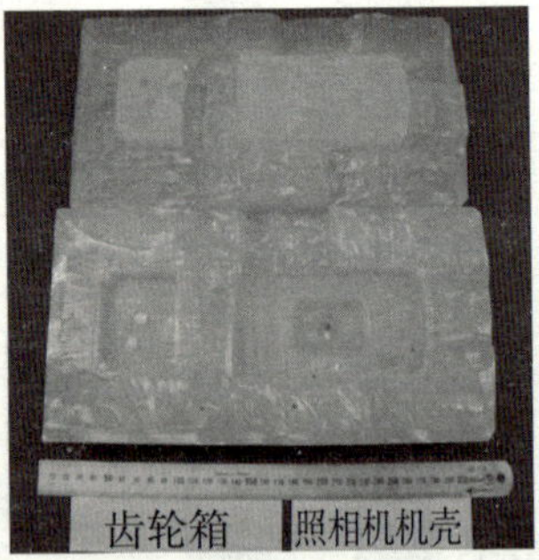

图 5-28　硅酮模具：考虑到证实计划周期和成本的关系，所以采用真空注型来制作树脂零件。硅酮模具的形状是参考 3D 单图切削加工得到的主模复制而来的。

关于树脂零件的加工方法，通过使用光造型法和树脂熔解积层法的 3D 打印技术（AM：Additive Manufacturing），还可以研究最终由直接切削加工制成的树脂零件。考虑到成本和周期、替代喷射成型品时的表面特性，所以采用了本次的方法。虽不是原本的目的，但还可以确认在通过 3D 单图进行切削加工委托时是否能提供加工所需的信息。

逐渐发现的问题

另一方面，在实证实验过程中发现的问题也不少（见表 6）。标准、指导方针、系统、应用面中都有不同的问题。虽然有些

表6 为在零件检查工程中查清的主要问题

范围	问题	暂定处理	永久处理方案
标准、指导方针	虽然用距离区别出普通几何公差的等级，但手动操作的话很难弄清楚(全部结果通用)	本次工程中不予进行处理	让测量软件自动设定，或用CAD设定
	若在加注金属模具重要信息的过程中，以指示后的3D单图作为对象的话，有可能加大拔模斜度等的误差(全部结果通用)	本次工程中不予进行处理	误差在公差范围内就没有什么问题，但误差若在公差范围之外的话就要用3D单图进行指示
系统	普通结合公差的等级无法用对应的彩图表示出来	手工合成并制定三个阶段的公差彩图	设定为可以用彩图分别表示普通几何公差的等级
	没有相对应的尺寸公差包络、突出的公差域以及公差域的附加记号，因此无法输入(全部结果通用)	不记录公差的判定结果	希望使用软件进行处理，再针对没有对应结果的部分给出指导方针
	接触式记录球过大，因此有无法测量到的地方(两个样本通用)	本次工程中不予进行处理	记录球小一些的话更好，但实在无法使用接触式测量时，就要研究别的测量方法
	虽然可以通过3D单图读取CAD和PMI，但只能手动分配各PMI的对象点群	本次工程中不予进行处理	让CAD信息能自动分配点群领域

（续表）

范围	问题	暂定处理	永久处理方案
系统	没有钻模的话很难固定相机前罩的样本。特别是用接触式测量机的探头接触时，样本可能会发生变形，这是造成误差的重要原因	组装通用的固定钻模（用于制作光学零件等）来解决这个问题。施加强力的话样本可能会发生变形，因此需使用双面胶带	制定对应样本形状的钻模
应用	树脂零件表面为白色时，激光扫描式测量机的测量效果特别不好	使用喷漆上色解决这个问题	根据公差选择与其他的测量机搭配使用
	非接触式测量机无法测量光照射不到的地方	本次工程中不予进行处理	研究使用接触式测量机（但即使是接触式测量也有无法进行测量的地方）
	相机前罩的样本看起来已经发生弯曲时，测量会产生误差	本次工程中不予进行处理	决定在安装后的状态下进行测量的方针

问题可以在现场采取措施去解决，但有必要对今后的基本指导方针进行修改。

比如在标准和指导方针中，普通几何公差的等级就是一个问题。JEITA 发行的普通几何公差中把到基准线（基准面或线）间的距离（零件的尺寸）按照等级进行划分。具体来说，距离在 6 毫米以下时为 ±0.1 毫米的等级；6~30 毫米时为 ±0.2 毫米的等级；30~120 毫米时为 ±0.3 毫米的等级。

因此，负责测量的人需要测量 3D 模型中到基准线间的距离，并手动设定这部分处于哪个等级。如能让测量软件自动进行设定，并让 3D-CAD 软件在 3D 单图中插入等级信息的话，就能够进一步削减工作量了。即使测量软件不能读取等级信息，仅有用颜色区分表示的数据，应该也能削减设定作业（的工作量）吧。

关于普通几何公差的系统方面的问题已经明了。就是像图 5-26 显示的那样制定彩图时所需的工作量。其实，这份图是在合成三张图后才制作而成的（如图 5-29）。

就像前面提到的，零件表面不同领域所指定的普通几何公差的等级是不同的。拿齿轮箱来说，内部外部的底面等级为 ±0.1 毫米；侧面的等级几乎为 ±0.2 毫米；只有远离基准线的一个侧面的内外等级为 ±0.3 毫米。

另一方面，得出图必须要根据公差等级的不同改变测量距离。这是因为是否达到各个等级的公差，以及对于中心值来说是正方向还是反方向都要用图表示出来。

因此，证实计划是在共计得出三张对应三个阶段等级的图，并参照普通几何公差的指定等级后合成的。如果系统中拥有通过输入各个部分对应的等级，来实现一次性显示出分别对应它

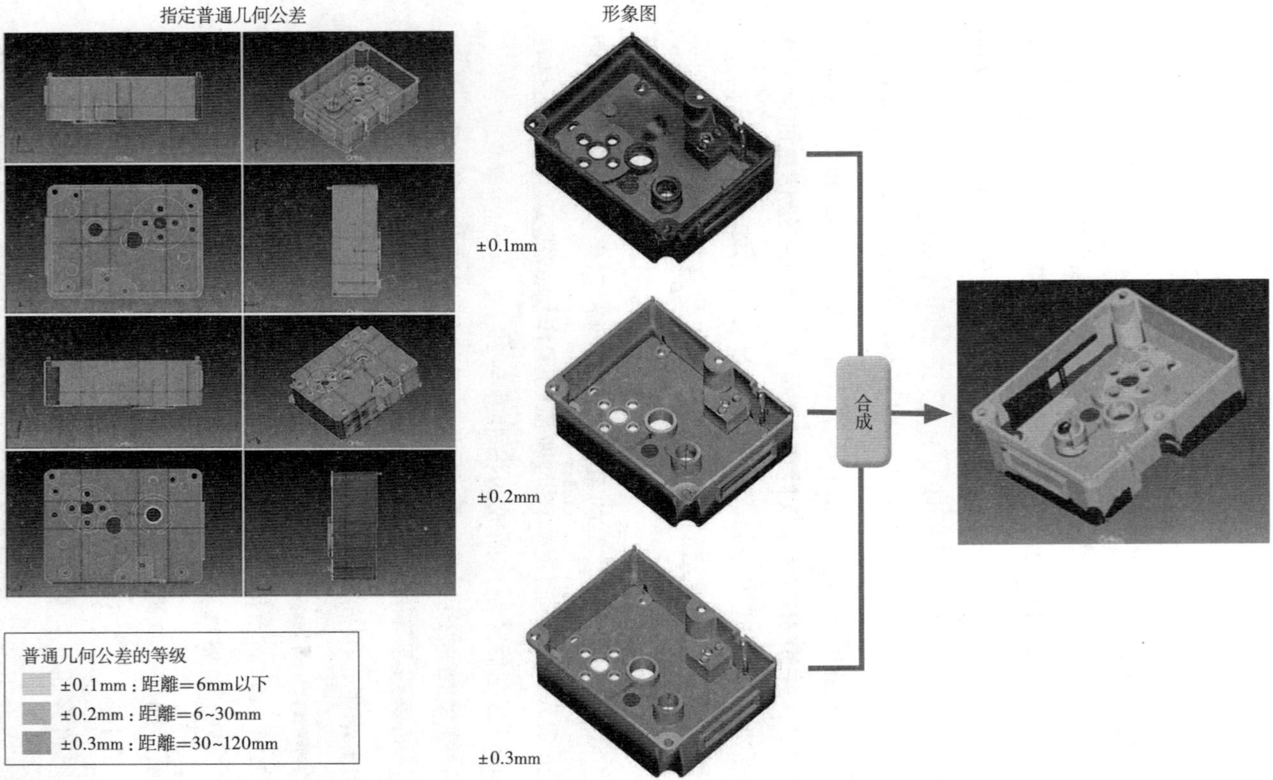

图 5-29 普通几何公差的等级与图的制定：根据零件的尺寸（距离）将三个阶段的普通公差设定为 0.1、0.2、0.3 毫米。必须要把三张图合成为一份。

们的图的这个功能的话，就可以大幅缩短合成所需的时间。实际上在本次证实计划中，合成图需要五十分钟，但系统有这个功能的话，预计合成时间就能缩短到之前的十分之一，也就是五分钟的程度。

应用方面也存在使用非接触式测量机时激光会在零件表面发生反射，以及零件的弯曲度会影响测量结果等问题。想要解决前者的话，需要在零件表面用喷漆上色来防止反射的发生。想要解决后者的话，必须要决定在安装了零件的状态下进行测量的方针。

▶ 下一次证实计划也在启动之中

这次证实计划在弄清使用 3D 单图所产生的具体效果的同时，也了解到在实务中运用现在的指导方针时会有很多需要等待解决的问题。JEITA 计划在今后推进各个指导方针的修正工作，并在 2014 年内发行或公开新版本的指导方针。

解决问题不光只是靠参考指导方针，还有很多东西必须通过 3D-CAD 软件或测量软件等工具来进行处理。因为这次证实计划发现了基础实务中的问题，所以各行业能够更简便地要求工具供应商提供相对应的工具。

下次证实计划（Phase2）会在 2014 年 4 月启动。现在修正工作在进展之中，在使用暂定版指导方针来验证其有效性的同时，本次证实计划（Phase1）也会逐渐仔细查明无法进行验证的产品设计中所产生的效果和存在的问题。例如，通过制定 3D 单图来查明其是否提高了实际设计品质、设计效率，相反会不会加大设计负荷等问题。预计会一边改变被验证零件的形状，一边在中心开展产品设计和零件检查的工作。

毫无疑问，使用3D单图能产生很好的效果。但若不推进其应用方法的确立和系统应对方法的研究的话，就不会知道是否能够发挥使用3D单图所产生的充分效果。在这次证实计划中，虽然只是明确了一部分的问题，但可以说已经稳健地向理想的形式迈进。继续采取这样的措施的话，应该就会提高日本的制造力了。

通过共享 3D 数据来提高设计效率

第一部分　机械设计与电气设计

▶ 用计算机验证对静电的抗性，同时观察其在机械和电力上的两种特性

有很多老练的设计师都会说，“年轻时，总有一些几乎有两代年龄差距的专家在生产现场一边抱怨，一边逐个给予我们指导。”这段逸事表明有很多从生产现场等后期工程到设计部门的反馈。这也应该是日本生产厂所擅长的，坚持用“互相磨合的设计”来研发出高品质产品的重要原因之一吧。

对于工作极其繁重的现代设计者来说，不仅生产据点向海外转移会对他们造成一定影响，就连直接涉足生产现场的机会也减少了。另一方面，也可以说随着基于使用 3D 数据的设计的普及，比以前包含更多信息量的设计意图也变得很容易向其他部门传达及实现共有化了。不仅是生产现场的老练设计师，能够发现更易接收各个部门传来的反馈的这个结构已经调整好了。

本连载将会介绍那些通过在电力设计者、结构软件开发设计者以及生产技术者之间的共有化 3D 数据，谋求提高设计品

质和实现更准确传达设计意图的企业的事例，同时会为大家解说关于那些企业实现目标的重点内容。第一回介绍以联合机械设计和电力设计（所谓的机械电力携同）并通过 3D 来进行实践的 SIGMA 公司（本公司位于川崎市）的事例为中心来进行解说。

▶ 案例研究

▶▶ 对机械和电力的验证

负责机械设计联手电力设计的部门与很多生产商的不同之处在于，他们是分别独立进行设计研究的。但是，当各部门独自进行研究却很难解决问题时，就需要二者联手了。从中起到支援作用的就是 3D 数据。

虽然一般来说，电力设计都是用 2D-CAD 软件来执行的，但该成果的印刷线路板（PCB）可以用 3D 数据的形式呈现。3D 数据的形式不仅包含电子零件的形状，还可以包含那些带有导电性等电力特性的 3D 数据（为轻量 3D 数据形式“XVL”等情况下）。通过使用这些 3D 数据对电力性的问题进行验证，也就是说，能够确认当机械零件和电力零件编组在一起时是否会发生短路现象以及是否会产生静电。

这样的研究在以前，需要亲眼在 CAD 画面上找到那些看起来会因为静电而产生放电现象的电路后测量其长度，因此要消耗很多的功夫。如果不使用 CAD 软件，就只能通过大量试验以及人海战术来完成了。

而事实上，与电力设计相关的用户企业给予 3D 数据最大的期望正是用 3D 数据验证电力性的问题。虽然他们想要通过 3D-CAD 软件对线束与产品的内部空间配合进行设计，或者还有用 3D 解析热度情况的需求，但还是想把使用 3D 数据作为验证电力性问题的方法的这个需求最为强烈[①]。

因此，3D 数据中不仅要有机械性的空间信息，还必须有与电力特性相关的信息。

单反相机镜头的 3D 设计

相机、交换式镜头的生产商 SIGMA 公司在设计单反相机的交换式镜头的过程中，不仅将 3D 数据用于机械设计，还用在了对电力设计的验证工作中。

单反相机的交换式镜头原本就是趣味性很高的产品。虽说随着数码化时代的发展扩大了用户层，但基本上还是对高品质以及高性能是有所期待的（如图 5-30）。为保证该交换式镜头的品质，所采取的其中一个检查项目就是“静电试验”。

若对静电的处理方案不全面的话，像内部零件发生故障、与本体的通信波形发生混乱等风险就会增高。因此，关于试验顺序和判定方法，该公司制定了严格的规则，并决定按照这些规则进行作业。

---

① 图研于 2010 年以使用该公司提供的 3D 工具的用户为中心，对 170 个公司提出“通过 PCB 的 3D 模型所想要实行的事情”这一问题。结果表示想用于验证电力问题的用户约占五成，表示期待后期工程中 3D 数据的应用的用户大约占三成，表示想应用于线束设计和热解析等方面的需求的用户不到两成。

图 5-30 SIGMA 公司研发的交换式镜头“SIGMA 35mm F1.4DGHSM”。

然而交换式镜头拥有很多可移动部位，内部结构极其复杂。虽然迄今为止该公司已经在试验中使用试作机来对其进行了验证，但在通过试验得出 NG 判定结果时，却很难指定出是哪个零件有问题。为了特别指出原因所在所需的工作量很大，不仅会增加试作机的成本，而且如果发生大幅度设计变更等返工情况，还会延误工厂的生产计划。

为了解决这个问题，该公司引进了 3D 工具，以便在制造产品之前完成以前只有试作机才能够实施的静电试验的验证工作。

同时拥有机械和电力的两种特性

SIGMA 公司引进的 3D 工具“XVL Studio Z”（由图研研发）能够同时拥有从机械设计用 3D-CAD 软件而来的信息，和从电力设计用 CAD 软件而来的信息①。也就是说，它能够同时处

① XVL Studio Z 是图研与 LATTICE TECHNOLOGY 公司共同研发出来的。

理拥有机械设计与电力设计这两种信息的 3D 数据。因此，就可以在拥有 3D 数据之后，对静电验证、EMC（Electromagnetic Compatibility）验证、安全标准验证等以往只能通过试作品进行确认的检查项目进行检查了。

静电验证能够通过测量从用户使用相机时所接触的地方，到配线模型或者零件接线头之类的金属为止的这段“空间距离”（绝缘导体间的直线距离），检查哪个地方可能会产生放电现象。而且通过沿着绝缘物表面探索电路的这个功能，还可以特别指出在产生放电现象（表面放电）时对线路中的 IC（集成电路）带来不良影响的地方。

EMC 验证能够更容易确认品牌的分离以及接续是否按设计意图执行，品牌的连接部位是否正确以及 PCB 与机壳是如何连接的。不仅能够检查高电压零件与低电压零件之间的距离，还可以对判定在哪个部分可能会发生短路这样的安全标准进行验证。

据说领导电力设计部门的该公司会津电子技术部长五十岚孝一先生在初次知晓拥有这些功能的 3D 工具的存在时，就表示“这能够高效解决电力设计上的问题”，并给予了很大的期望。实际上，导入该 3D 工具，并尝试让那些过去使用 3D 数据，却因静电问题而束手无策的电力设计负责人对试作进行评价，他们都表示能够顺利地抽出全部有问题的零件。

将电力的观点融入 3D 数据之中

评价试作所采用的手法是在带有静电的物体接近产品外部时，通过 3D 数据假定地呈现出穿透空中的放电现象（气中放电）（如图 5–31）。而 3D 数据为了保持住哪里是金属性导体、哪里是绝缘体等属性信息，能够自动发现因为气中放电而有可能让静电像雷一样“落下”的金属零件。

此外，通过探索电流可能通过的电路（导体）的这个功能，还可以特定指出没有在连接品牌的电路中发现的零件，也就是所谓的“漂浮着”的金属零件（如图 5–32）。也就是说，发现与 3D 数据有关的静电较弱的零件，并可以在设计阶段想出对策。由此便能削减采用试作机进行试验的阶段中所发现的不良状况。

五十岚表示：“以前在将产品分解为个体单位时必须要反复进行试验，有时距离探究出原因的这段过程十分漫长。我坚信今后会在很大程度上削减研究静电对策所花费的工作量以及包

图 5–31 金属零件中的气中放电、确认地线连接零件之间的电路：由轻量 3D 数据形式“XVL”［LATTICE TECHNOLOGY（本公司位于东京）］构成 3D 模型，并使用“XVL Studio Z”（图研）进行验证。

图 5-32 印刷线路板中的气中放电、确认线路板内的传导电路。

括试作机在内的成本。”

该公司在使用了这款 3D 工具之后，在对电力零件周围的空间验证方面上也得到了正面效果。虽然以前也是只把验证工作委托给电力设计者，但现在这些电力设计者能够亲自使用 3D 数据进行验证了。通过应用区分颜色来表示对应零件间距的彩图功能，还可以一眼就检查出 PCB 与结构零件双方中各个零件的间距是否过近（如图 5-33）。

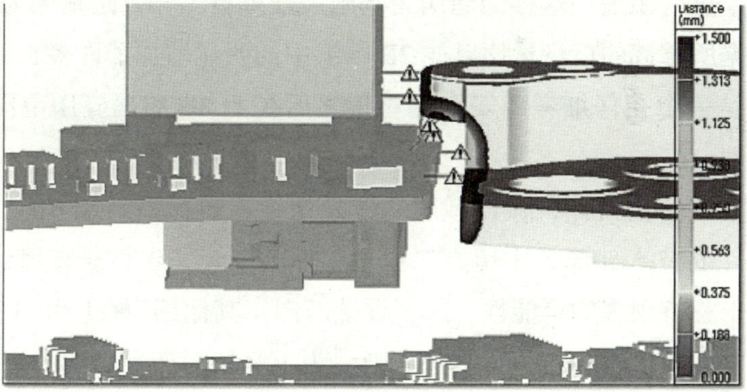

图 5-33 检查印刷电路基板和结构零件的间隔：用彩图表示出零件间距。

实际上，虽然由电力设计者执行的验证工作能够在试作前发现 PCB 模式与支撑电子线路板的金属零件之间的空间不够，但这也是非常容易看漏的细致问题。在开始批量生产以后才发觉这个问题的话，那些不好的产品很可能已经流入市场，这样的情况会导致公司损失大量时间和成本。而采用 3D 数据进行验证则可以避免产生大幅度的损失，以防患于未然。

想要开展如此细致的验证工作的话，必须要有详细的电子零件的 3D 数据。由本公司逐个制定详细的 3D 数据的话未免太过麻烦，但近来有一些服务可以免费下载电子零件的 3D 数据，并能够逐渐更高效化地准备验证所必需的 3D 数据。

▷▷ 挑战在设计部门之外的应用领域

SIGMA 公司在设计部门推进 3D 数据的应用的同时，另一方面，五十岚认为，下一项措施会以“工厂里所有人都使用 3D 数据来进行制造”这样的想法为基础展开筹备工作。正是因为 3D 数据所掌握的信息量比以往 2D 图纸中的明显增加了许多，所以这是一个在仔细考虑安全性对策之后扩大 3D 数据应用范围的计划。

该公司指挥机械设计团队，总括导入机械设计用 3D-CAD 软件的技术部部长小川真二提道：“我认为将 3D 数据应用到制造工程有很多的可能性。除了设计部门，其他部门在应用 3D 数据方面应该也会产生很多想法吧。为了坚持对产品品质的要求，以及逐渐实现设计资产在全公司范围内的应用，必须要在今后不断地发展升级。”

▶ 要点解说

通过不同课题的特别调查委员会推进设计领域的联合审查

像上面提到的 SIGMA 公司的事例所体现出的那样，机械设计和电力设计的协同虽然一方面可以通过使用已推出的与之相对应的 3D 工具来实现，但也并不是说光靠引进 3D 工具就能马上看到成效。实际上，不乏有一些因为不能熟练应用 3D 工具而苦恼的企业存在。这里的改善重点就是如何建立运营体制。

分开讨论进展、问题和风险

在此，让我们关注一下集中设计评审（DR）以及进展报告会等数个岗位的会议，也就是有较多产品研发计划的相关人员所出席的会议。这是因为有很多像这样的会议都过于形式化，并不能起到有益的作用[①]。

能够列举出的使会议过于形式化的原因之一是不能分开讨论进展管理、问题管理、风险管理。充分掌握这三个管理对象的特性，并区分与之相对应的管理方法，对于不断提高计划的效率来说是至关重要的。而有很多情况都是不能对其方法进行区分，虽召集了相关人员，但也只是汇报计划进展是否延误而已。

---

① 在反省中屡次开展“会议不是报告而是应该为改善而进行的讨论场合”等活动。

在 SIGMA 公司的事例中所介绍的机械设计和电力设计的协同就是对应其三者之一的“问题管理”。换句话说，其目标定位是“对于达成计划目标所造成影响的显在化现象中，还不明确的解决方案”的应对方法。已经分担了机械设计和电力设计的职能的小组无法独立完成作业任务，为了实现计划目标，必须要考虑在机械设计和电力设计之间实施共同的调整。

▶▶ 成立小型特别调查委员会进行讨论研究

成立不同课题的特别调查委员会作为处理问题的体制来说是非常适合的。特别调查委员会就是为了具体目的而被暂时编成的组织。特别调查委员会的这个名称和定义可能会让人感到小题大做，但它主要是研究分门别类的课题的一个团队。

例如，课题 A 的特别调查委员会领导者是担任机械设计的 a 某，另一个负责人是担任电力设计的 b 某。课题 B 的领导者是负担机械设计的 c 某，另一个负责人是担任机械设计的 d 某，就是以这种形式来明确不同课题的负责人和担当者。该特别调查委员会在按单位发表评论的过程中逐渐解决问题。

虽然有很多关于产品研发计划的实际作业都能通过分担机械设计和电力设计的职务来实现效率化进展，但仅凭借这个很难找出问题的解决方案。所以应该在成立特别调查委员会后，采取机械设计和电力设计协同的方式来对问题进行处理。不成立特别调查委员会，只把机械设计和电力设计的相关人员集中到一起来讨论，这样做只能明确问题的存在，大多情况下会拖延处理。而且因为没有明确指定领导者，不同团队之间将职能和责任轻易地判定到另外一方之后什么也不做，不久后甚至会

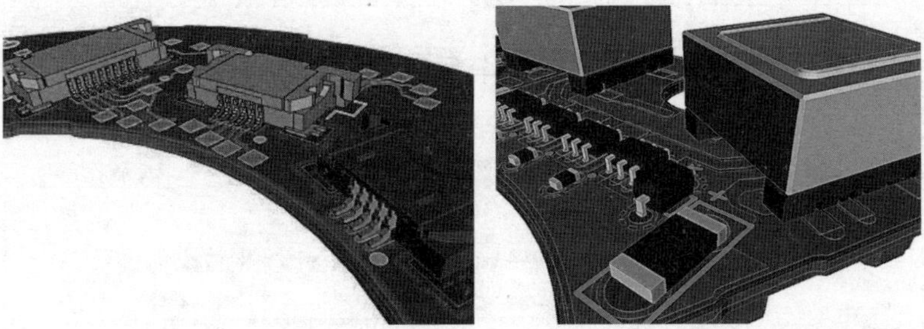

图 5-34 详细表示出电子零件形状的 3 D 数据：通过利用免费下载 3 D 电子零件数据的网址“ePartFinder”（http://www.epartfinder.ne.jp）制作而成。

产生看起来像是互相推诿的情况。如果是这样的话，计划将无法按照预期设想的那样执行。

即使是企业引进了 3D 工具的企业，能够决定机械设计和电力设计协同检查项目、方法，推动体制的不完善也是导致 3D 工具经常出现没有处于使用状态的原因。想要稳固构筑推进机械—电力的协同评论体制也是为了能够更有效地利用那些煞费苦心引进来的 3D 工具。如图 5-35 所展示出的那样，将三个管理对象相关的管理表和负责人进行分派，期望进一步明确问题管理体制。

<检查清单>

- ☐ 分成进展管理表、问题管理表、风险管理表
- ☐ 分别定义这三项管理的管理负责人、管理体制、管理流程
- ☐ 规定通过特别调查委员会来实施机械—电力的协同评论
- ☐ 根据问题的不同明确责任者和参与成员

图 5-35 协同机械—电力开展设计研究时的检查重点：分别采取不同的管理方法对应这三个管理对象，解决问题的体制最好明确一些。

进展、问题、风险的区分与管理对应的思考方法

进展、问题和风险可以像这样来定义（如图 5–36）。

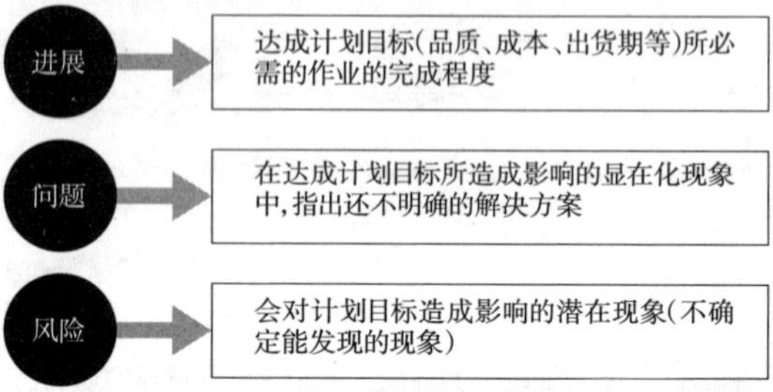

图 5–36 分开进展、问题和风险这三项管理：分别对管理方法进行划分，对于高效地推进计划是很重要的。

进展就是为达成计划目标（品质、成本、出货期等）所必需的作业的完成程度。该项管理是以计划作业全体为对象的，因此尽可能地将机械、电力和软件等分组或者分个人，他们来让完成是相对高效的方法。进展方面出现问题，也就是有可能不能按计划完成作业，或者即使按照计划作业也无法实现目标的话，就必须把该状况对全部的计划相关人员公开之后再进行管理。

问题就是在达成计划目标所造成影响的显在化现象中，指出还不明确的解决方案。解决需要消耗太多时间等难以进行解决的这种情况，会让计划目标无法达成。因此，集结相关人员的智慧，在早期进行处理是必不可少的。当问题与数个部门都有关联时，就应该在集中了各个部门的会议上针对解决问题进行集中讨论。

风险就是会对计划目标造成影响的潜在现象，也就是不确定能发现的现象。很多时候很难预测到风险的存在，因此必须要让领导计划的计划负责人、小组组长、各领域专家等人预先进行研究讨论。意料之外的情况也多有发生，所以经常在成员之间进行关于风险的研讨也是很重要的。

第二部分　机械设计与控制软件的开发

使用控制软件，驱动 3D 数据，在未生产出实体机的前期即可进行检测。近年来，像半导体制造设备、液晶制造设备、工作机械等以单个订货为主的设备机械，对其各自所持有的特殊结构设计的需求越来越大。随着最终产品的多样化发展，对能够制造出这些最终产品的设备的多样化需求也越来越大。

尽管从机械设计等硬件的层面上来看，可应对此趋势，但因为零件的种类无止境地增加，成本增加，而要确保产品的品质，所花费的时间精力也更多。要解决这些难题，需要从控制软件方面入手。即根据需求开发出相应的控制软件，既保持相同的硬件不变，又提供可满足不同需求的制造设备。

此时，重要的是要如何解决硬件和软件的匹配问题。当前所定的目标是用 3D 数据代替实体机械，开发出相应的控制软件。完成实体机前，利用软件控制虚拟的 3D 数据，通过模拟操作，检验其可行性。

▶ 实例研究“USHIO 电机”

▶▶ 采用无实体机方式测试软件

USHIO 电机制定了在实体曝光机设备完成前就开始测试软件的目标。为达成此目标，引进了使用 3D 数据的控制软件模拟器[①]。将 3D-CAD 数据转换成 Vmech 可使用的字节数少的“XVL” 3D 数据形式。自该公司创办以来，作为该公司的核心产品之一的曝光设备，因为被广泛用于制作半导体、液晶面板、印刷线路板等，积蓄了扎实的高光学技术。因为来自半导体制造商、液晶面板制造商等的设计品订购需求居多数，是不可能反复进行试验样品制造的。

每次设计的课题为开发驱动曝光设备的控制软件。迄今为止，在软件的开发过程中，仍仅能用实体机进行测试。因此，只有当硬件的组件工作进展到一定的阶段，才可以开始开发相应的软件。也就是说，一旦硬件的开发出现拖延，就会影响到软件的开发工作。

曝光设备可用于烧制硅晶片以及基板等工件。其构造非常复杂。仅构成主体的机器而言，就包括搬送工件或面罩的机器人、用于出入工件的气缸、决定精密定位的执行机构等几大机械部分。这些部分由 PLC 控制系统（Programmable Logic Controller）控制。观察曝光设备的整个控制系统，就会发现是由 PLC 控制系统、处理图像的对齐组件 PLC 以及工作站构成（图 5-37a）。

---

① 引进了“Vmech”（lattice 技术）。

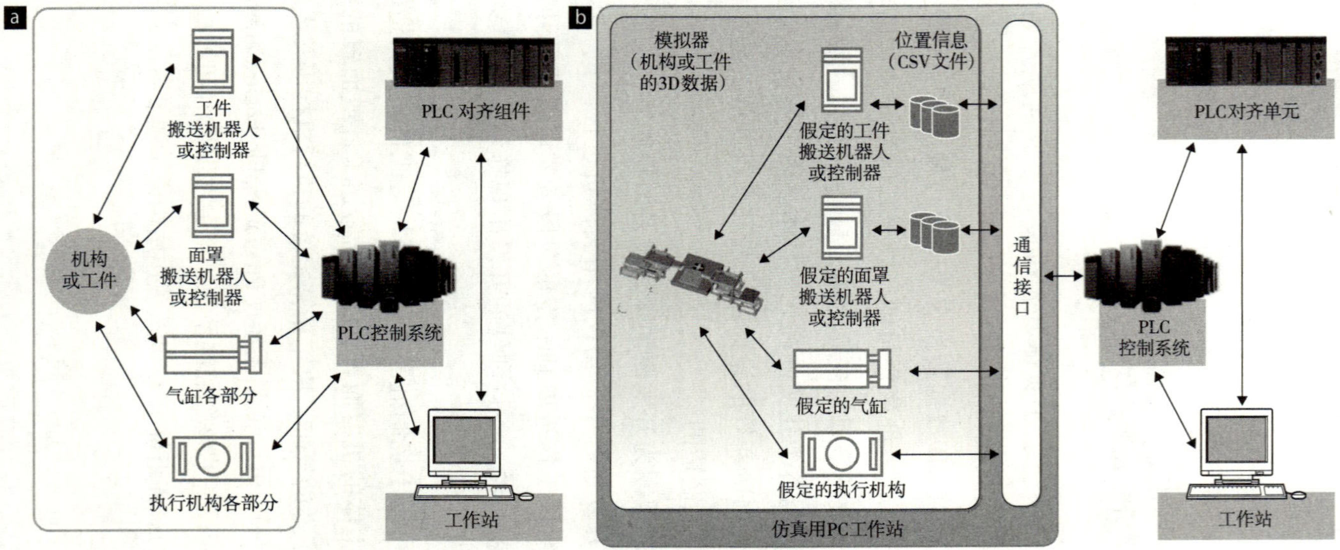

图5-37 仿真对象控制系统

（a）整个控制系统（b）仿真时的构成图。利用 3D 数据代替实体机或工件。

▶▶ 利用 PLC 信号控制 3D 数据

要想实时提供更高品质的设备，除了硬件的设计和装配外，还必须开发控制软件。其中之一就是利用硬件设计部门制作的 3D–CAD 数据，由控制软件控制的模拟器（图 5–37b）。

控制曝光设备机构的 PLC 系统信号通过通信接口发送至模拟器。在模拟器内，写有表示设备主体机构或工件的 3D 数据，利用 PLC 信号控制 3D 数据的动作。例如，通过 3D 数据的动作，了解气缸是将工件推送到指定路径，还是将工件按顺序搬送。与利用实体机检测的目的相同，都是设计人员为了确认设备是否按照指令运行（图 5–38）。

控制逻辑一旦出现错误，机器之间可能会出现相互干扰，即便如此，也同样可以利用 3D 数据加以确认。试运行时，即使不使用实体机，也可完成相当规模的调试工作。

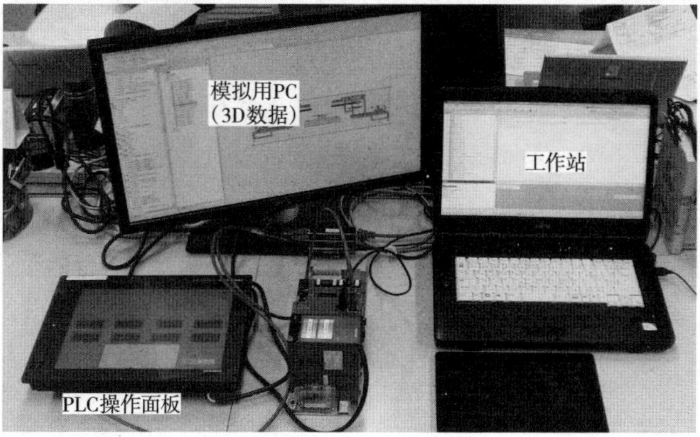

图 5–38 模拟仿真的实施情况

左上角的画面中显示出了 3D 数据，根据控制软件的指令动作。

同样适用于售后的技术支持服务

该公司在引进了控制软件用模拟器并肯定其试运行效果后，将其实际试用于规模很大的改造项目以及新项目中。其结果是"尽管在仿真上需要投入工时，却也取得了所期待的效果"[负责引进仿真技术的技术管理部（现为辅助开发室）的三浦真悦介绍说]。利用模拟器测试已成为该公司的设计工程项目的内容之一。而"设计人员对'掌握世界尖端技术'所抱有的自豪感同样取得了很大的激励效果"（三浦真悦）。

今后，该公司预计将仿真技术同样应用于对顾客的售后技术支持服务。通常，特别订购的单件产品在交货后，生产商因为没有同样的产品可以测试，一旦出现某种问题，为了查明实体机出现问题的原因，只能前往客户所在地进行售后的技术支持服务。而如果公司内使用了模拟器的运行方式，就可以检测出问题是出在硬件上还是控制软件上，并迅速提出解决方案。由于顾客进行咨询或产品出现运行不正常等情况的可能性较高，如果模拟器的方法可行，其效果是非常令人期待的。

▶ 实例研究（东芝）

迅速完成制造设备

东芝生产技术中心利用控制软件用模拟器，在无实体机的情况下，构建了可实现控制软件调试的系统，并在迅速完成制造设备的过程中获取了极大的成效。并计划挑战新的生产技术开发项目，争取早日对其成果进行实用性推广。

要想将产品按照计划投入市场，先决条件是必须开发出符合产品开发计划的设备，并且绝对不能拖延量产开始的时期。也就是说，必须和产品开发一样，缩短制造设备的开发时间。制造设备开发工程作业包括开发机构以及布线系统等实体机，并测试实体机的控制软件，该公司利用控制软件用模拟器，提高了策划方案的精度，成功实现了缩短实体机的调试工程的时间并提高了效率。

为了生产出高品质的产品，该公司的生产设备复杂并且多样化。根据生产设备的产品制造量、设备必备的功能和性能，以及使用环境的不同，必须开发出各种形态的制造设备。设备的控制系统分为产业用PC系统和PLC系统两种。如果使用PC，则和其他利用PC的设备之间进行软件互换的互换性高，并可使用C++等高级语言开发软件。而产业用PLC更加专业化，统一了开发环境和控制单元，可构建坚固的系统[①]。

▶▶ 不必再等到实体机完成即可进行调试作业

以前东芝和USHIO电机一样，都是在开发了实体机硬件后，连接控制用PC或者PLC，进行调试作业。如果发现问题，从软件方面加以修改。然而这种方法存在以下几点问题。

（1）必须待实体机完成后才能开始确认控制软件的动作。

---

① 在东芝集团的技术杂志《东芝审核》Vol.64，No.5（2009）中详细记述了该方案。这里对该内容增加了一些信息。

（2）因为在实体机完成前，无法进行实质性的调试，导致软件的不正常问题复杂化。

（3）很难区分是由于软件问题还是硬件问题出现了不正常状态。

（4）调整硬件功能或改变配线时，只能中止调试。

（5）难以确认看不到的硬件内部等处的动作。

（6）确认是否存在干扰时可能会损坏机械。

使用模拟器进行调试

如果不使用实体机就能进行调试作业，就可以解决上述的大部分问题。因此，生产技术人员都很期待引进模拟器。

然而引进模拟器也存在不利的因素。例如，做生成3D数据和设定条件等准备工作时会花费时间，要想熟练掌握操作模拟器的技术也需要投入足够的时间精力，是否适用于多种设备开发等。对此，负责引进的部门通过推行控制板和控制组件等设计标准化，在准备阶段，将在制作模型上所投入的劳力尽可能控制在最小范围内。还必须确认引进模拟器[①]后的试验效果。

东芝构建的无实体机调试系统接受控制软件的指令后，模拟电机控制板或输入输出控制组件等状态、应答的控制硬件模型，由可见电机及传感器等控制设备、机构动作的3D模拟器构成（图5-39）[②]。控制硬件的模型由该公司制作而成，关于3D模拟器，控制设备利用了模拟器中备有的标准模型，并且机构部

① 引进了“Vmech”。

② 模拟器不仅用于PC控制，还开始用于PLC控制的制造设备。

件应用了由设计人员利用CAD生成的3D数据。

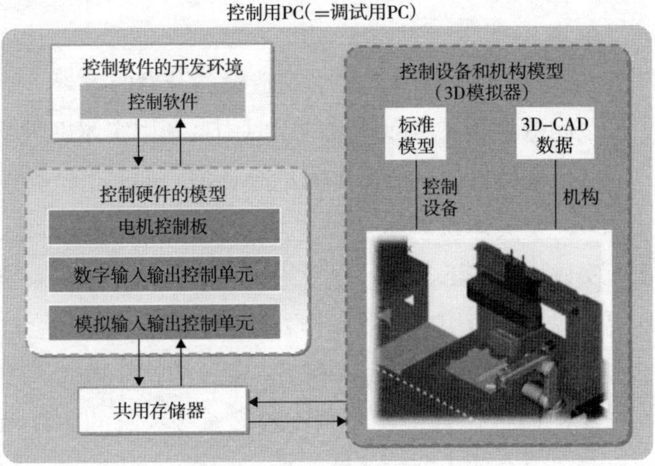

图 5-39 无实体机调试系统
控制软件对控制硬件模型发出指令，控制设备以及机构的模型开始运作。

如上所述，将控制板和控制组件等控制硬件标准化，取得了将其快速组合的显著效果。针对不同构成的设备，只要改变控制硬件的模型，就可实现模拟操作，促进了开发的进程。经过该公司的努力，更提高了引进模拟器的效果。

▷▷ 提前12天完成调试

东芝在实际的设备开发中，采用了无实体机调试系统，既缩短了开发期又提高了效率。尽管准备工作花费了一天半的时间，但是在实体机完成前就可以完成一半以上的调试工作。实体机的调试期从以往的20天缩短至8天，几乎缩短了60%的时间。也就是说，提前12天就完成了调试工作。将包含无实体机调试工时在内的控制软件的开发效率提高了 15%。并且每个部位都可在模拟机上实施单个试验，该公司认为还同时避免出现问题的复杂化。

图 5–40 中显示了适用于多个制造设备开发的效果。此图显示出了每个制造设备在实际调试的工时中，利用实体机所调试的工时，以及无实体机调试所需工时的合计值。如搬送试验设备就实现了 100% 无实体机调试。经平均计算，约 56% 的调试工作都可在无实体机模式下实施。尽管当初引进时为 45%，系统的完成度却得以提高，当用户习惯操作方法后，这个比率还会继续上升。事实证明无实体机也可完成相当一部分的软件测试。

新产品的制造设备仍需要利用很多至今未有的新技术和机制。这也意味着会产生新的匹配问题。

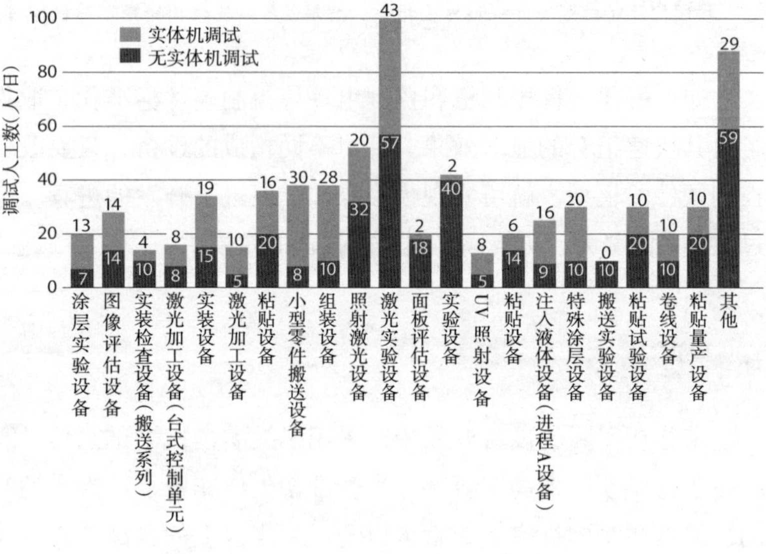

图 5–40 对每个制造设备进行调试所需的人工数

实施无实体机调试人工数超过一半的作业。

• 如果通过引进模拟器，缩短了开发软件占用实体机的时间，就有充分的时间调试硬件本身，并缩短整个设备开发项目的计划周期。即使稍微提前了生产设备的运作开始时间，也会将产品的市场投放时间提前，拓宽了商务机会的发展空间。

还可解析设备的震动问题

该系统对培训年轻的技术人员非常有效果（图 5-41）。如果准备好培训用的模拟设备，即使出现调试错误，也不必担心会损坏实体机，在安全、有效纠错的同时，学习控制软件。

该公司最新的体制之一列举了震动问题。引进的模拟器具备了让设备数据震动的功能。此功能如果结合了由构造解析软件得出的设备模型的构造特性数据，则可根据控制软件的驱动指令，在模拟器内确认发生震动的情况。作为结果，采用了包括震动在内的最佳控制方法[①]。

图 5-41 应用于无实体机调试系统的技术培训

可对初学者进行控制系统培训。(a) 培训时使用系统的情况。(b) 培训画面。

① Vmech 编入了动态的仿真语言（DCML），可再现震动状态。

今后，该公司在改善系统、提高效果的同时，还计划用于构想设计等高级工程。其机电一体化开发中心长宫内孝说："尽量扩大模拟器的应用范围。为达到此目标，必须提高和高级3D-CAD的连接性能，还需要执行器和机器人等产业机器的制造商更多地提供用于模拟器的数据。这样，不仅易于检验设计高级硬件和软件的匹配问题，甚至可检验产业机器的特性，适用范围将进一步扩大。"

▶ 要点解说

▶▶ 制定方案是前期工作的关键

机械设计和软件开发、机械设计和电气设计等设计领域间合作时，从管理方面来看，要点之一是管理设计领域间提交产品设计方案（以下简称"方案"）的时间。

在实例研究的软件开发中，特别突显出此问题。一般的产品开发中，都会以电机、机器的硬件方案为主，之后才制定软件方案。开发项目的进度一般都会比预定时间要晚，易给之后制定软件开发的方案带来影响。不仅会缩减软件开发的期间，还可能在制作出试验样品后需要更改方案时，都只能依靠更改软件完成。

▶▶ 对方案和具体实施内容一起审查存有质疑

尽管有的企业让软件开发人员参与到拟定电机、机器的方案中，但大多效果都不理想。究其原因大致有两个。其一是应尽快决定的方案迟迟未定；第二是无法确定提交怎样的方案。"早该决定的方案仍未确定"列举了典型的例子，如对完成设计方案的标准没有做出明确定义。作者新井本所在的企业在查看设计审核记录时，发现尽管可查到设计方案和详细设计内容等各个审核记录，但所签署的日期都相同。即使分开记录，也都是该企业在进行 ISO9000 认证时，以书籍等已有的开发工程雏形为参考，将方案设计和详细设计的工程内容加以区分并做出定义。尽管如此，当问及为何所署日期都相同时，回答是在实际工作中，如果没有完成详细设计就无法进行审核，只好对方案设计和详细设计同时进行审核。

这样的例子并不少见，在某种程度上，很多企业都出现过这种问题。很难定义方案设计的完成标准。现将一般的标准列出以下几点。

- 确定模块构成以及各模块的接口
- 确定模块的布局
- 确定电机、机器、软件各自的作用
- 明确采购性、制造性等应注意的部分

但在实际工作中，必须做出更具体的计划。然而，根据产品实际的不同而出现了极大的差异，要想将其具体化也并非易事。定义的方法是根据产品重要的功能、性能，在分析过去的后期工程中因变更而出现大规模的返工等情况后，最基本的要求是做到在早期阶段就预见到应决定怎样的实施方案。表 7 中列举了折叠式手机、电子计测器、图像处理设备的实例以证明上述论点。尽管设备可能过时，却可以让人迅速了解各方案的不同标准。

表 7 列举不同产品完成构想方案设计的标准

产品	特性	完成构想方案设计的定义标准示例
折叠式手机	追求小型化的极限。如果需要替换液晶或键盘零件,需要对设计进行大幅度更改。	确定液晶/键盘配置的零件
	软件和硬件均可实现功能A。但如果采用硬件方式时,会出现发热的情况;如果采用软件方式,则会因为追加专用IC,增加产品的厚度,都面临着亟待解决的难题。更改实现方法可能会引起大范围的设计方案的修改。	确定功能A的实际安装技术
电子计测器	箱体内的温度直接关系到性能的好坏,因此散热用排气通路极为重要。温度过高时,必须修改排气通路。但变更设计必须增加足够的人工量。	确定排气通路
	仅用电气线路或电气线路附加FPGA都可实现功能B,但因为方式不同,对机构的部件配置、成本以及是否容易变更方案都会产生很大的影响。更改实现的方法,可能需要大范围变更设计。	确定功能B的电气线路实装方式(有无使用FPGA)
图像处理设备	数据的处理速度直接关系到性能的好坏。因而CPU和存储的处理性能极为重要。性能不佳时,必须对CPU或内存进行更改。但同时也会增加更改设计所需的人工量。	确定CPU、内存
	可利用光学系统或者软件实现功能C。但采取的方式不同,会对处理的速度和成本产生很大的影响,如果变更实现的方式,可能会需要大范围变更设计。	确定功能C的实现方式

▶▶ 不能由技术人员制定基准

另外列举了方案设计、完成的标准以及变更决定事项的管理方法未定的例子以说明“仍未确定提交怎样的方案”。

完成的标准无法明确指出由各项目各设计人员负责的现状。

在方案设计阶段，存在很多如各零件的尺寸、线路的数量和软件代码数等不确定因素，必须花费时间、精力进行评估。如果交由项目负责人负责，则其结果是评估的标准也都各不相同。

如将各零件的长方体、圆柱等简单的形状进行建模，可举出利用字节数少的 3D 数据的应用软件进行验证，或者利用 CAE 进行解析并使用 3D 打印机打印出试验样品进行试验等很多具体实例。最近流行的 1D 仿真据说也很有成效。在采用上述方法时，重要的是在将产品完成后的最终评估指标和方案设计的评估值进行比较时，掌握评估方法和精度的关系。

管理变更决定事项的方法尚未明确指出在完成方案设计后的详细设计阶段或试验阶段，如何对新制定的变更方案作出处理。特别是对功能、性能、品质层面上很有利的提案，即使获准增加开发费用，并延长开发时间，却仍难以判断是否应该替代以前的方案。绝大多数场合都无法确定判断方法。增加开发费用以及延长开发时间所做出的“投资”，关注提高功能、性能和品质的“效果”，评估“投资 VS 成效”以及指定可作决定的负责人都至关重要。

以上是管理确定方案时，时效上的关键问题。在图 5–42 中加以总结以便参考。

<检查表>

☐ 可对变更后期工程出现的大规模返工方案进行分析

☐ 定义了完成设计构想时应确定的方案

☐ 明确了完成设计构想时应确定方案的评估方法

☐ 规定了方案的变更管理进程和管理

图 5–42 管理确定方案时间的要点

重要的是在早期阶段应决定怎样的方案且怎样确定方案。

第三部分　机械设计与生产技术 1

▶ 制作“可视化”生产工程，有效建立日本国内和海外网点的合作体制

最近，日本有很多厂商在本国内进行工程设计，而在海外的网点专门负责生产。这就要求其设计部门和生产技术部门必须做好跨越国境的协调工作。

而行之有效的方式是利用 3D 模型数据，进行“可视化”工程设计。利用采集工程信息的 DMU（数字模型工具），可将图表计算工具和文字处理器等工具生成的工程数据配合 3D 数据，或参照 3D 数据进行工程定义。

▶ 还可有效验证早期的工程

设计一个新概念产品或者改变模型的幅度较大，在完成详细的数据设计前都需要花费相当多的时间。这时如果能够利用从前的产品设计数据或设计中的数据，在产品数据完成前检验工程，

对早期完成产品制造很有效果。将生产过程中法律明令禁止的基本制约条件输入 3D 数据，设计人员和生产技术部门的负责人必须事先进行严格检查。

DMU 工具具备将 3D 数据的特定状态以截图形式保存的功能［应用 XVL Studio（LATTICE TECHNOLOGY）时］。在工程上，将出现问题的 3D 数据以截图的形式保存，并配上说明文字，相当于将整个过程录制下来。将 3D 数据和截图贴到 Excel 上，第二天以 3D 数据的形式再现，可在和此课题或问题相关的人员之间实现共享（图 5–43）。

随着设计工作的逐步完善，产品的构成、零件名称以及形状也可确定下来。并在其中的任何阶段或时间点检验工程，还可实现早期对设计反馈已发现的制造方面的问题。随着不断生

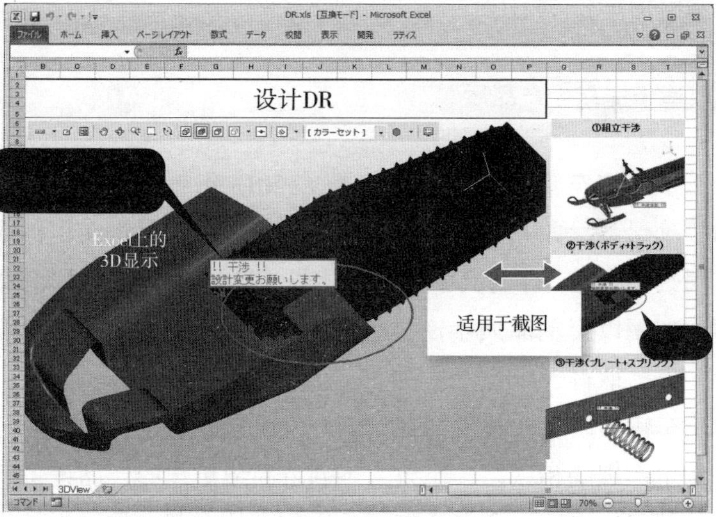

图 5–43 在工程检验的记录上，利用 3D 再现截图

Lattice 3D Reported（LATTICE TECHNOLOGY）（总部位于日本东京）的画面。

成的 3D 数据，产品和工程双方在设计上也渐渐趋于完善。

在最终阶段，利用已完成的设计模型，进行工程的最后检验阶段。如果一切按上述顺利完成，那么在最后的阶段也不会再出现致命的问题，可迅速完成最终检验工作。

这个机制对评估由一个产品衍生出的许多品种都非常有效。和各品种有关的组装工程有共同点，通过切换 3D 数据，进行高效率的检验工作。

产品的基本部分在日本进行工程检验，而产品目的地所在的客户部在海外的网点检验工程。利用海外制造点特有的产品、设备、工具的数据进行检验，可在当地的网点迅速完成制造。

▶ 实例研究（丰田汽车）

▶▶ 适于提高生产品质

丰田汽车集团的世界生产数在 2013 年超过了 1000 万辆。为了确保数量如此巨大的汽车的品质，丰田汽车正在积极推广应用数字工程。作为其中的一个环节，将 DMU 用于实际的业务中，利用以车辆品质生产技术部为中心的字节数少的 3D 数据“XVL”，取得了显著的成效。

车辆品质生产技术部在车辆开发阶段，将设计和技术定位于和生产现场相联系，是致力于制造品质更佳的产品设备及工程的部门。之所以命名为车辆品质生产技术部，是因为其将车辆品质作为生产技术的着眼点，致力于整个公司的品质问题。其业务大致分为工程设备规划和品质规划。通过引进此项业务的数字、工程、工具 XVL，可顺利采集汽车所有的 3D 数据，提高作业效率的同时，还可专用于检查品质问题。

本来，设计图面时加入了应该遵守的品质信息。因此，只要生产工程正确执行了标准的作业，应该可保证品质。但在现场，由于现场的资源有限，可能会出现在设计时没有想到的各种问题。为了避免出现这种情况，需要利用 3D 数据，预先对其品质进行确认和检验。

现将该公司工程、设备计划以及品质计划业务的 3D 数据适用项目列举如下。

（1）检验各零件是否已按照正确的组装顺序进行装配。

（2）检验搭载电机一类的大型配件时是否正确顺利完成（图 5–44）。

（3）确认工具空间是否足够以及是否有障碍物挡住作业视线（图 5–45）。

（4）作业姿势是否恰当以及能否确保作业范围等安全性（图 5–46）。

（5）确认是否有意外声响、火灾发生源等不安全因素。

最近，3D 数据的适用范围已经扩展到售后服务（图 5–47）。以前，如果没有实体机，就无法进行确认。现在，可通过 3D 数据确认相当多的部分，并且可以减少试验样品的台数。

再者，为了提高品质，在数字工程适用地域扩大的同时，近年来还可利用 XVL 和海外工厂的人员合作，对组装工程进行检验。丰田的“品质第一的 DNA”的海外市场定位，可以说 3D 工具发挥了很大的作用。

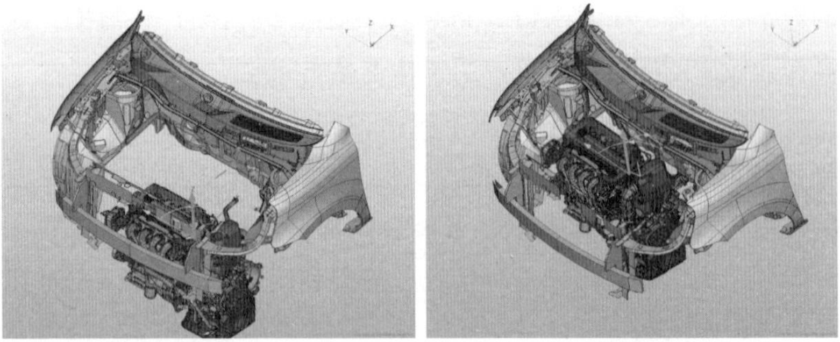

图 5-44 丰田汽车搭载电机作业的检验图像

将电机从下部装入正确位置的状态。

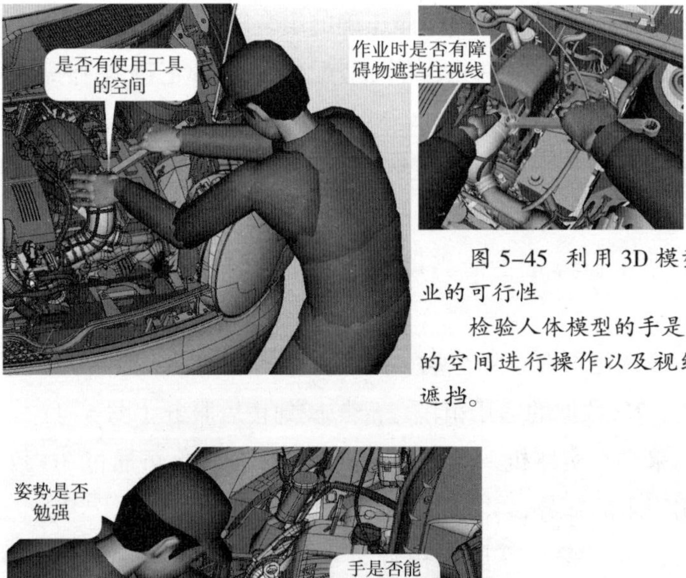

图 5-45 利用 3D 模型确认作业的可行性

检验人体模型的手是否有足够的空间进行操作以及视线是否被遮挡。

图 5-46 利用 3D 模型确认安全性能

确认是否能保持正确的姿势并且作业方法是否合理。

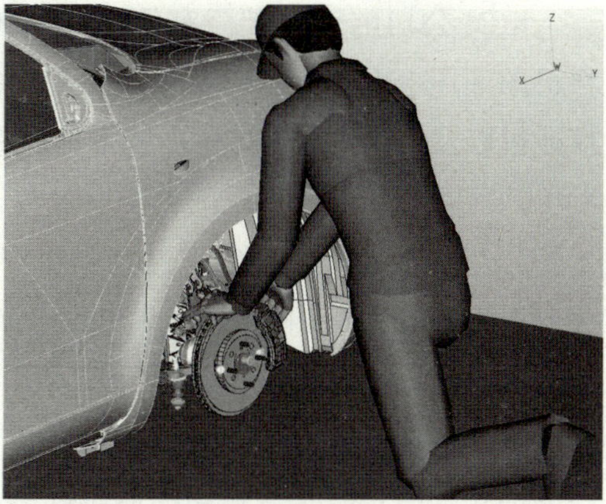

图 5-47 确认整备时作业姿势的图像

不仅用于确认组装工程的场合，在确认整备作业的状况时同样也被利用。

▶ 实例研究（KCM）

▷▷ 适用于海外生产制造 IT

从川崎重工业的建机部门 KCM 分公司（总部位于日本兵库县稻美町）开发、生产用于将砂石等倒入翻斗车的轮式装料机及其相关产品。来自海外的咨询很多，在美国的 KCMA 公司，约有 100 名工作人员正在从事轮式装料机的制造工作。并且，KCM 总部和 KCMA 公司之间共享工程信息，在迅速完成制造的基础上，充分利用了 3D 数据。

具有复杂构造的轮式装料机 3D-CAD 数据约占几个 G 的字节，很难全部显示出来。因此，将 3D-CAD 数据转换成字节数少的 XVL 格式，进行组装工程的设计和检验。而且，因为最终组装工程由美国的 KCMA 公司负责，所以在美国进行工程的设计工作。

KCM公司的设计部门利用3D-CAD分别设计构成轮式装料机的油压、电气控制以及机械要素等各项功能。机械要素指变速机以及车轴等因素。生产技术部门利用从CAD数据转换的XVL决定了用作制造单位的模块。参考“易组装吗？”“零件易采购吗？”“集装箱运输的效率高吗？”等各项指标，实现降低总成本的目标。甚至同步作业也决定了这些组装顺序。

如何简单迅速地实现美国KCMA公司的最终组装作业，取决于是否可简单快捷地将各模块搭配在一起。因此，进行模块构成的作业时，既要考虑到降低总成本，又要考虑各模块匹配的问题，使其易于最后组装在一起。

使用3D数据在实现可视化效果的设计工程信息交换上发挥了很大的作用，实现了早期阶段的设计反馈。在设计阶段就解决了制造现场出现的问题，将前期工作提前。

日美间3D和工程交换

在美国市场，为了迅速生产出必要的机种，KCM公司拟订了零件和模块的最佳采购体制。各模块在日本国内组装，输出到美国的KCMA公司。在最后组装中，必要的零件分为在当地采购的零件和在日本采购送达当地的零件两种，再由KCMA公司将这些零件组装在一起（图5-48）。

KCM公司和KCMA公司之间进行日美间的信息交换，使用XVL采集立体形状构成信息及组装工程的双方信息。通过XVL的动画显示，再现了工艺流程，并克服了语言的障碍，将组装顺序传达给KCMA公司的工作人员。日美间同时进行工程设计，挑战制造难关。

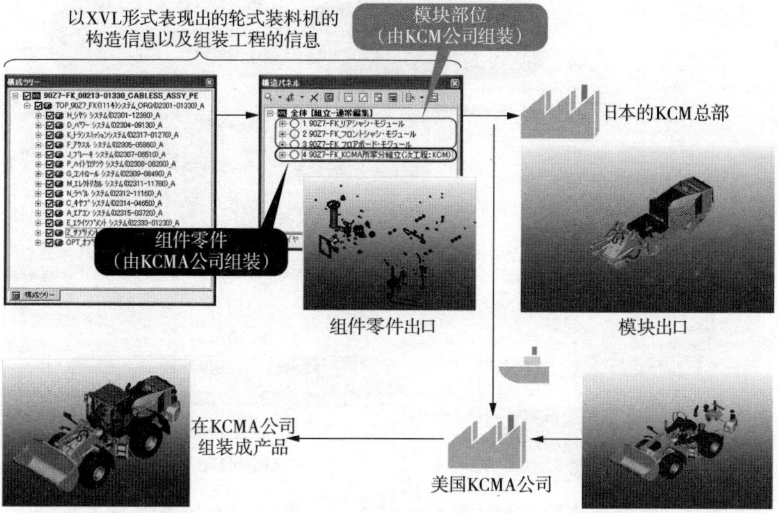

图 5-48 与 KCM 公司的海外网点合作的工程设计进程
可简单地从日本国内的网点向美国网点传达组装顺序的信息。

KCM 公司计划将 XVL 写入该公司的“建机入口网站”系统（检索、阅览图面以及规格文件等设计信息的 PDM）。如果此项计划成功，负责人只要点击和自己有关的工程，就可将此工程使用的零件名称、个数、零件编号等信息随 3D 数据一起表示出来（图 5-49）。整个产品的 3D 数据以及各个工程零件的 3D 数据同时表示出来，可直观理解各作业的内容。将来还可以在更改设计时自动更新信息，在日美间实现实时共享。

KCM 公司负责促进该项目，并同时参与创建美国网点的兼本康生说：“通过重现 How（组装顺序）、What（零件检索）能迅速再现视觉效果，可极有效地辅助当地的组装工程。并可轻松实现日美间的合作交流。”

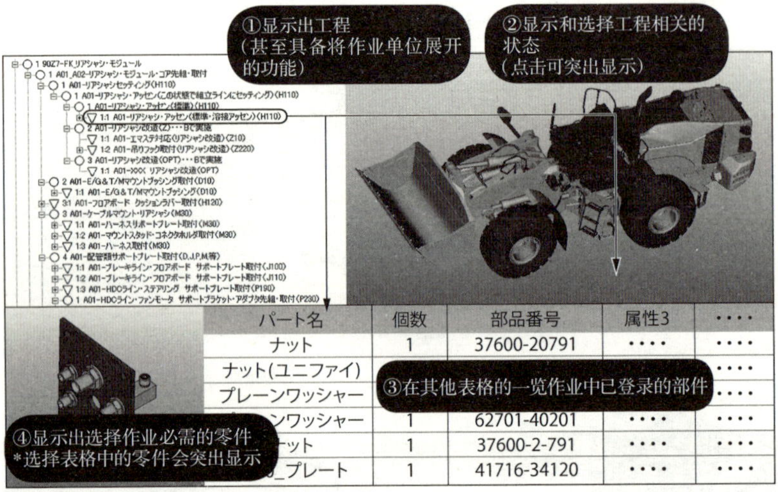

图 5–49 写入 XVL 的 KCM 公司建机门户网站（2014 年度预定构件）将零件名称、数量、零件编号等信息和 3D 数据一起显示出来。

▶ 要点解说

▶▶ 为何在工程检验上仍然无法取得进展

如上述实例所述，在产品的设计阶段进行工程检验体制的要点是“计算人工数”和“确立审查体制”。

仅检验工时的方法无法取得好的效果。然而，在分析当前从设计部门到设计现场过程的问题时，即使检验方法还未成熟，很多企业还会留有可通过检验发现的问题。在此种情况下，首先重要的是确保工时的检验实施办法。

确立审查体制，在几个相关的部门也存在需要解决的课题。观察从十年前到至今为止应用 3D 数据的情况变化，就会发现在未确定信息的设计构想阶段，仅靠设计部门推行机制，即使技术上难度较大，也能取得一定的进展。而与此相反，像工程检验等需要设计部门和生产技术部门合作的体制，现实情况却没有取得进展。

在产品的设计阶段，如果进行工程查验，在后期工程中就会减少因制造性原因而引起的返工。尽管这个观点已经得到了广泛的认可，但在现场出现的以下情况仍是该机制无法取得进展的原因。

● 由哪个部门负责组装动画制作等新工作内容仍不明确

● 将来会收到减少工时的效果，但眼下还必须计算所需的人工量

● 不同部门投入的工时可能和预期效果不一致

● 还无法判断生产技术部门及制造被委托方所能参照设计信息的底线

特别是生产技术人员兼任几个项目的企业，很多都无法取得进展。人工问题成为难以通过整个项目设计审查的难点。

▶▶ 组织管理是计算人工量的关键

那么，怎样计算人工量呢？

一般按照不同产品的项目体制进行产品开发。从设计部门、生产技术部门等各职能组织分配人员。各工作人员对项目投入的工时大都由各功能组织的管理部门决定。因此，在设计阶段，执行新的工程检验体制时，必须从各功能组织管理中，计算出为了将来可以减少返工而临时增加的工时。

计算人工量的方法分为三种：减少工作量、增加人员、提

高工作效率。减少工作量指中止不重要的项目，不开不必要的会议；增加人员不仅指录用人员，还包括（投入资金）请外部人员担任作业业务；提高效率指汇总几个工作或者引进工具，将工作内容简单化。

▶▶ 经营层面的重要作用

计算人工量出现的特殊问题有尽管投入了工时等措施，却没有取得期待效果的部门的处理问题。这些部门很多都是仅仅在宏观意义上的体制部门，却没有获得好的效果，这就需要经营层面的管理。与产品开发项目从各功能组织获取资源一样，必须调整各功能组织从经营获取的资源。

具体做法是，有的设计部门和生产技术部门的总部分开，两个部门的部长听从经理的指示。此时，必须听从部长或经理做出的调整[①]。

定位于工程检验体制的企业即使是从底层开始该机制，对上层领导明确说明投资效果，实现此体制及资源的调整。从读者的立场来看，可能觉得此倡议并不现实，但也必须保持锲而不舍的精神，尽力实现优化调整。

一般来说，项目管理改革在项目的方法检讨上容易产生偏颇。其结果多导致改革的半途而废。必须注重作为项目前提的目标和资源管理。具体可参照图 5–50 所示的各点。

---

① 现实情况中很多都是在部长间做出调整。

<检查表>

- □ 明确了工程检验时的预期效果，并规定了时间
- □ 明确了工程检验的必需工时
- □ 明确规定了从各部门总的工时中，计算工程检验工时的方法
- □ 当结果不利于耗费工时的部门时，需对耗费工时的部门加以资源投入，或者由其他部门接管该部门的此项作业

图 5-50 目标和资源管理检查表，是项目的前提条件必须做出明确定义，以免导致革新项目半途而废。

第四部分　机械设计与生产技术 2

▶ 从 3D 模型自动生成作业指导书，不能漏掉混流生产的任何细微指示

和制造线装配固定顺序相关的作业指示经常被指出存在以下三点问题。

（1）作业指示装配固定顺序查验的时间推迟。

（2）需要花费时间人力确认指导书中是否正确记载了零件，制作作业指导书的工时多。

（3）存在文化和语言的沟通障碍问题，很难顺利和海外生产点进行信息交换。

可利用数字信息解决上述问题。针对问题一，设计人员制作的 3D 数据应用已在前面的第三部分中加以说明。而对于第二点，根据 3D 模型和安装装配工程的信息，自动生成作业指导书[①]。对于第三个问题，如果使用了 3D 模型演示出装配固定的动画效果，就可跨越文化及语言障碍，传达确切的信息。

---

① 关于第二点，要求 3D 模型的数据构造必须能定义出工程。

重要的是通过自动化生成指导书，不仅避免了人力传达的失误，更戏剧性地提高了生成指导书的效率。并且，利用 Web 相关技术发送信息，以现场容易参照的形式下达指导书的指令。如图 5-51 所示，可配合 3D 模型，表示出工程及零件表、工具表、工程内作业表[①]。

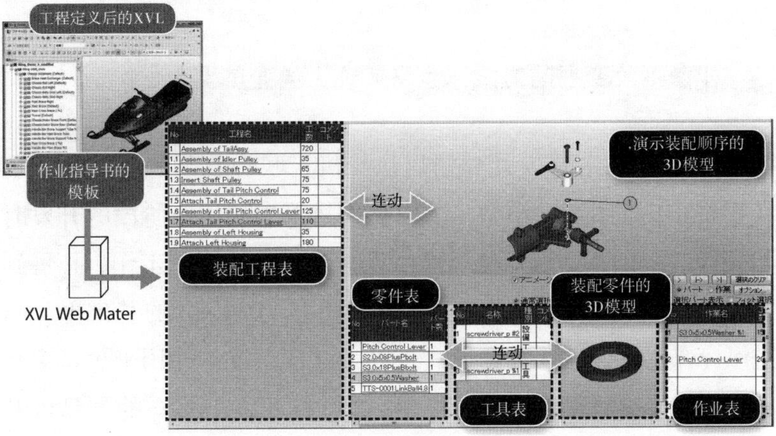

图 5-51 Web 数据库中作业指导书图例（参照 XVL Web Master 例）
将零件、工程、工具以及作业等列表合并显示，并可利用 3D 动画演示流程次序。

最近普及最多的是利用平板电脑终端在现场作参照使用。之前要求人员必须前往计算机控制中心，现在只要使用平板电脑终端，就不必再受场所的限制，即使不使用鼠标或键盘，也

① 使用字节数少的 3D 数据形式“XVL”时，分为 Web 信息发送时使用的“XVL Web Master”（LATTICE TECHNOLOGY）、制作平板电脑终端“iPad”（美国 Apple 公司）用作业指导书的“iXVL Publisher”（LATTICE TECHNOLOGY）、现场参考使用的带 Web 检索功能的阅读器“XVL Player”（免费）和 iPad 用的阅读器“iXVL Player”（免费）等。

可提取信息，并应用于制造现场。轻松动动指尖即可对3D模型进行操作，从任意角度看到想看到的部位，已成为平板电脑终端的一大魅力所在。

▶ 实例研究（三菱农机）

▶▶ 即使不改变书写方式，也可实现大的变革

三菱农机主要设计和销售拖拉机、联合收割机等农具。现在正在推广使用3D模型，从而达到将策划到生产阶段的开发时间提前的目的①。近年来，已由设计和生产的准备工作，拓展到自动生成作业指导书的实践。该公司在3D-CAD的基础上，引进了字节数少的3D数据形式XVL的3D系统。适用于少量多品种的生产。即解决如何按照销售的思路开发出多样的产品以及如何以销售的速度生产的难题。

▶▶ 使用 Excel 自动生成指导书

首先，要想实现“以销售的速度进行开发”，如果按照以前的方式，待设计完成后再进行生产准备作业，则组装工程的时间不够。在导入XVL以前，该公司都是根据设计信息，在准备生产的负责人头脑中先形成组装工程流程，然后再拟定作业

① 自2012年1月起由RYONO FACTORY（总部位于日本岛根县松江市）负责制造。

指导书表现的方法。这就要求必须掌握熟练的技术，却无法跟第三者一起探讨其内容，而且存在难以传授技术等问题。对此，利用 3D 模型，边确认组装过程的状况，边决定其顺序。这就是引进该系统的目的。

利用此系统，在设计过程中的任何阶段，只要假定大概的零件形状，就可以提前开始进行构想工程并探讨需要的工具等生产准备作业。而且，可将熟练工头脑中的工程流程“可视化”，其结果是设计人员事先将工程概要反映到设计中。

易于传承生产准备技术。促进引进该系统的三菱农机事业总部开发管理集团的河本雅史说：“今后，会改变工程设计以及作业指导书的方法。”

而且，该系统根据工程可自动生成作业指导书[①]。在 XVL 中，收纳了“何种工程中，利用何种零件，数量多少”。用户将 XVL 粘贴在 Excel 的行中，系统会根据 XVL 内的信息，自动生成作业指导书的 Excel 工作表。

点击该 Excel 工作表中的零件名称，会突出显示出相应的 3D 模型。点击被称作“截图”的二维图像，可再现原来的 3D 模型状态。也就是说，可利用截图方式保存并反复利用希望看到或希望被看到的情景模式。

该公司在自动生成前，利用 Excel，将工作表的版面按照以往的形式表现出来，这样更容易被现场接受。无论在哪个职业场合，都不喜欢出现较大的变动，当前的目标是实现“维持表面不变，本质的工程设计方法却已大幅度改变”。就像缓慢加热的水中的青蛙一样，因没有注意到周围情况的变化，而无法采

① 使用了“Lattice3D Reporter”（LATTICE TECHNOLOGY）的工具。

取相应的反抗措施。河本将这种推进改革的过程称为“慢火煮青蛙”方式。

▶▶ 可实现混流生产的作业指示

解决“以销售的速度进行生产”课题的举措是将该公司一直以来采取的批量生产方式转型为多品种混流生产方式。即生产线上的每个机种都可加以变化的方式。该公司将上述3D系统用于此混流生产的作业指示中，成功缩短了作业的时间，并且强化了部门间的信息共享。

利用Excel自动生成的作业指导书最初主要适用于钣金零件加工工艺中。然而，和钣金零件等对象物较小易于变更管理的物件不同，如果要是对产品的最终组装工程流水线使用相同的方法，那么在最终的组装和工程审查以及设计变更管理等都无法做到实时对应。因为3D模型需要将整个产品的构成都显现出来，会制作得很大，而且产品种类也会更复杂。

该公司开始着手构建工程的数据库。如图5–52中所示，工程数据库将每个农机的管理形式（每个产品的种类）工程流程的作业步骤（个别工程）综合到一起。也就是说工程流程表现了生产线的先期工程到最终工程过程中各作业步骤的顺序。各个作业步骤综合管理了各作业模块的详细信息。作业模块表现了各作业步骤中所利用的零件、工具、人工数等信息。

在现场需要确认作业步骤时，可以将相应的构成和工程在必要时从数据库中取出。

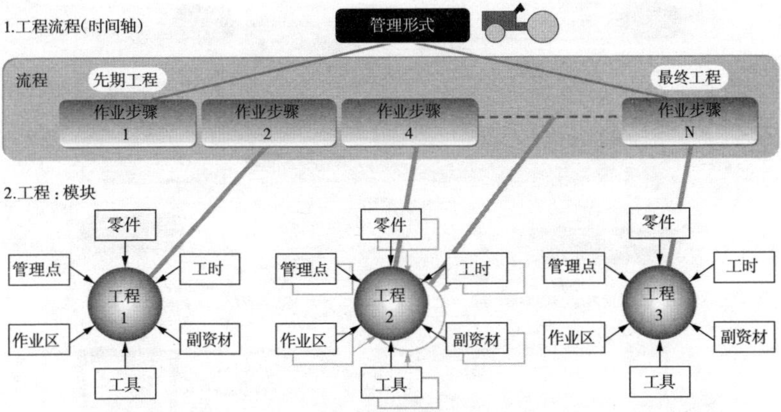

图 5-52 工程流程（作业步骤）与作业模块的工程数据库结构图
每个作业步骤都整理为零件、工具、副资材、工时等信息的作业模块，易于从数据库中提取信息。

工程信息 + 形状信息 = 指导书

图 5-53 中，将以往的作业指导书生成流程和新的流程做出了比较。从前都是设计部门使用 3D-CAD 设计后，再生成二维阻力图。利用此图，生产技术部门制作出组装工法管理表和作业指导书。现场根据下发的作业指导书进行操作。

新的流程根据工程数据库，实现早期设计和生产技术、制造各部门之间的信息共享。即根据刚设计完的 3D 模型，生产技术部门就可以制定组装工程，并将此工程信息录入工程数据库中。如果利用此工程信息和 XVL 的形状信息，可生成能通过网络传送的作业指导书。并可以反复查看作业指导书中的 XVL 数据。可从工程数据库中以 M-BOM（制造零件表）形式提取制造所需要的信息并灵活加以应用。

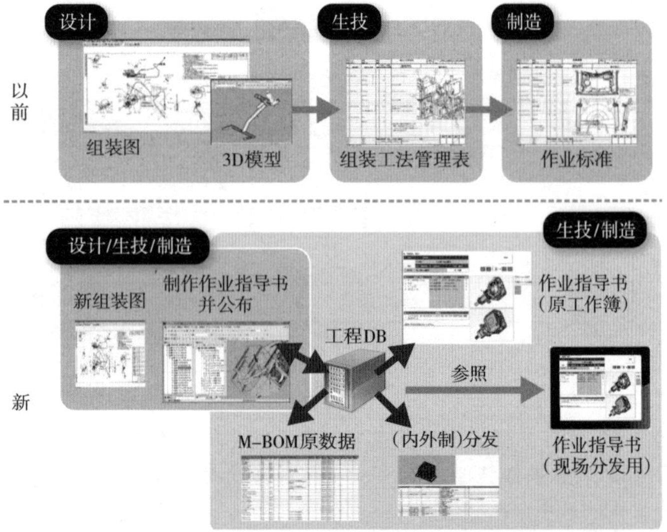

图 5-53 从开始实施工程设计到制作出作业指导书的业务流程

建立新的工程数据库（DB），可从中提取出指导书以及 M-BOM 等信息。

还可灵活变更设计。从设计变更后的新 3D 模型变换成的 XVL 形式以及已定义完工程信息的现有 XVL，系统生成对应新形状和已存工程的新 XVL。并且，在保持设计构成和工程整合不变的同时，由生产技术部门修改工程，并将其结果收录到工程数据库中。将反映了最新设计变更的工程信息在相关部门间实现共享，还可利用网络在制造现场阅览根据此工程信息制作而成的作业指导书（图 5-54）。

可预见到工程数据库对处理不同类型产品的作用。现举农机具的例子，如拖拉机是否配有舱就可分出非常多的种类。要想将如此多的品种在混流生产上组装，尽管大的工程方面具有通用性无法加以改变，但工程内的细作业则可根据有无零件或形状的不同加以改变。

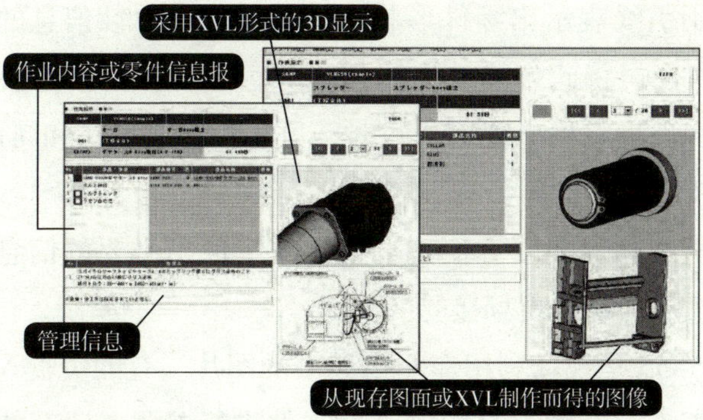

图 5-54 作业指导书图例
可将 3D 显示和 3D 模型生成的图像以及文字信息合并显示出来。

在工程数据库内部，不变的部分为工程流程，通过变化作业模块，表现出不同品种。XVL 基于工程数据库内的信息构建并生成，包含了对应单个品种的形状和工程信息。

该公司在现有基础上对系统做出了进一步的改善。目标为即使是在当今产品种类繁多的世界，仍尽可能实现工程的通用化，仅需要少量的人力物力，就可定义出各个不同产品用的组装工程。

▶▶ 争取实现在现场可见的 3D 信息

作业指导书中所用的图纸必须达到能让负责人尽快了解他（她）所负责的工作内容。特别是图纸应具备让现场作业人员从想看见的方向看到想看到的部位的效果。现实中，自动生成对此仍有限制。由熟知作业的现场作业人员或者负责生产技术的人员制作的图纸最佳。在此系统中，负责人事先指定从哪个方向查看 3D 模型。

零件形状必须对应表示出零件的编号以及相关信息。以前都是用引线表示出零件形状和属性（代表属性信息的圆形数字）。该公司将此方法改为用相同颜色表现相互对应要素的方法。当和现场意见出现不一致时，可立刻对照形状和属性信息，不必再使用编号。

画面的布局要求方便现场追加或提取出必要的信息。反复追加信息成为易被现场接受的要因。

图 5–55 是现场利用作业指导书的图片。有的负责人使用电脑进行工作，有的人打印成书面文件进行参照。还有的工作人员会在现场利用平板电脑参照指导书。现在还开始出现了使用生成注释的软件在指导书上标注的趋势（图 5–56）。

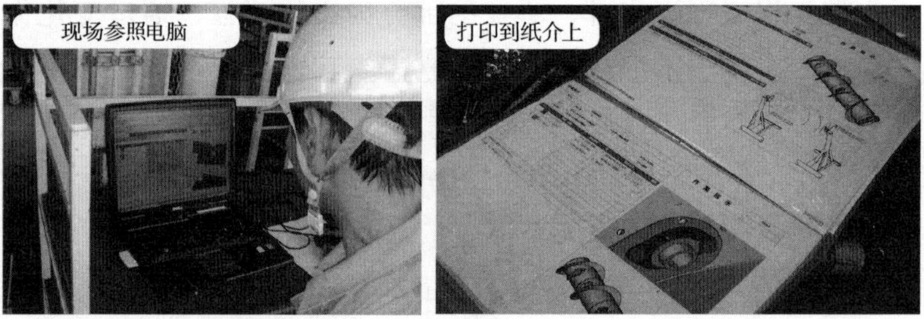

图 5–55 现场参照作业指导书图例
应现场参照指导书的要求，既可在电脑上显示，也可印刷出来。

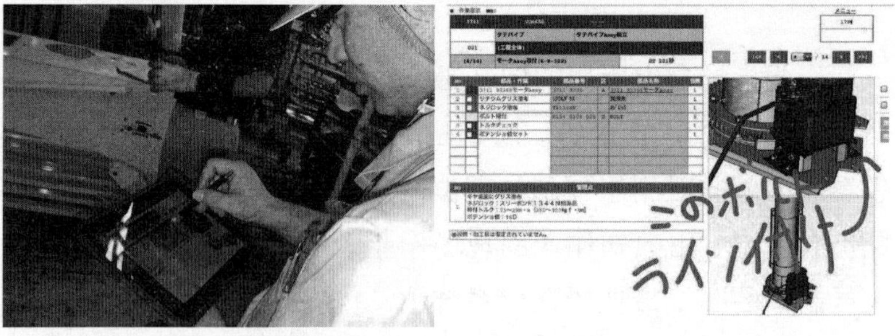

图 5–56 使用平板电脑终端（iPad）参看指导书
和书面一样，可以随时在屏幕上对内容进行编辑。

如果利用画面的共享功能，可用平板电脑终端查看远离现场的电脑3D系统画面。即使是终端，也可详细确认所用电脑的系统功能，现场查验时，用来和设计人员一起将现场实物与3D模型相比较（图5–57）。

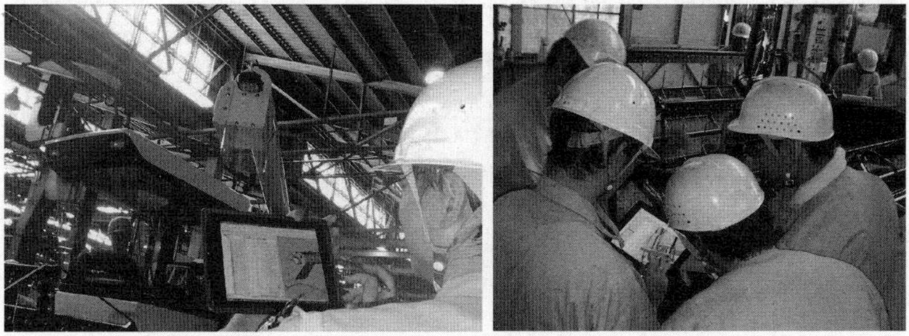

图5–57 在现场使用平板电脑终端（iPad）进行探讨

设计人员和生产负责人正在看被传送的和计算机启动的3D系统相同的画面。

在推广部门之前进行扩大

这种工程信息和3D模型搭配的结构可以在现场实现单独的“二次利用”。如图5–58所示，在往现场搬入零件时，可将确认用的3D形状打印出来，粘贴在白板上，这样在不通知推广部门的情况下进行二次利用。

图5–58 现场的“二次利用”

将零件的立体形状印刷到纸上，这样在搬入零件时更容易对零件进行管理。

以前只能通过产品

的编号确认零件，而除了对现场实物编号熟悉的工作人员以外，其他人都难以对其加以区分。如果将编号对应零件形状的图片从工程 DB 中取出，无论是谁都可以清楚识别出来。

但是，由设计人员制作的 3D 模型却很难做到如此应用。CAD 的 3D 模型以往都是设计人员希望看到的信息，但却不一定是生产技术或制造部门希望查看的信息。生产技术和制造部门尽管希望查看根据组装工程构成的相应的 3D 模型，却很难用 3D-CAD 表现出来。因此将工程 DB 和 XVL 相结合就变得非常有意义，可以很容易地制作出生产技术和制造部门所要求的 3D 图像。

尽管 IT 部门会认为这样在现场非常方便，而开发出的系统却不一定立刻符合现场的需求，甚至难以被现场接受。这就要求 IT 部门定位于现场，提供根据现场自身的需要生成系统。

▶ 要点解说

除了前面所提到的工程设计以外，作业指导书还必须吸收制造现场人员的见解，因此，生产技术组织与制造组织的合作就变得更为重要。一旦开发设计组织和制造组织脱离，就很难实施该体制。

例如，海外工厂正存在此问题。但却也正是因为海外工厂理解作业工序的需求比国内工厂强烈，会更积极主动地寻找解决问题的办法。最难的是对公司外进行委托制造的场合。现以与受委托制造方合作为例，不仅针对作业工序的问题，还列举出以下四点（图 5-59）。

<检查表>

☐ 站在改善受委托制造方管理业务的视点，进行为提高品质的业务改善

☐ 明确受委托方在管理区分上有无开发设计阶段的合作

☐ 把重点放在对业务参差不齐的管理上

☐ 品质损失成本包含在受委托方的评估/选定的指标中

图 5-59 在与受委托制造方合作方面，业务改革上的检查表

制造被委托给其他公司的情况下，给受委托方的指示内容将给品质、成本方面带去显著的影响。这里提到的要点也适用于在公司内部进行制造的情况。

▶▶ 提高品质

第一，为提高品质在业务上所做的改善，对被委托方的管理业务进行改善。即尽力避免因为作业工序内容或运用不当而出现质量问题。在进行风险分析、问题原因分析、业务改善措施方案等方面，针对被委托方要求的方案提交方法、被委托方的运用检查方法以及和被委托方之间的合同内容等方面进行改善。

有些人认为这是理所当然的事情，也有不少人认为在现场被委托方出现某种问题进行原因分析时，只有督促其加以注意。当被委托方运用方法错误时，甚至会认为是被委托方的问题。

然而，不是说不直接在本公司提高品质就没有办法，可以考虑改善或用中途检查的方法以提高品质。

第二，在区分管理被委托方时，明确是否在开发设计阶段就进行合作。首先，将开发设计过程中，公布信息的被委托方和开发完成后（一般是在稳定生产后）进行生产委托的被委托方进行区分。接着，决定开发设计过程中的数据公布时间以及公布范围的方针和规则。如果以上各项定不下来，那么在实例

中所介绍的制作作业工序指导书以及和审核有关的时间、负责人和信息管理等各项都无法顺利确定。

▶▶ 减少预算偏差

第三，制作作业工序指导书、审核和生产试验样机评估时，对作业的残留问题进行重点管理。在委托方和被委托方之间，很难做到将所有的详细信息共享，这样容易将标准内容作为中心。可是，由于标准发生变化，就会出现很多品质问题。例如，对新上任的作业负责人所进行的教育方法比以前简单，或者在作业中间休息时以及使用工具的制造商更换等场合。

在制定作业顺序时，预测作业偏差的问题后，重视将其降低到目标水准。具体做法为将作业顺序的审核检查表以及试验样机评估检查表的整个项目从标准作业和作业预算偏差问题的两个角度进行检查。

另外，在提高作业品质的基础之上，在评估选定的被委托方时包含品质损失费用在内等指标同样很重要。品质损失费用指在品质成本中，因品质问题而花费的费用。由品质问题相对应的人工费、经费、重新试验评估、制造代替品等材料费及经费等构成，也被称作失败成本。

在品质成本中，预防成本、评估成本大多包括了评估选定被委托方的指标的计算要素，很多并不包括品质损失费用。因为对新的被委托方很难算出品质损失费用。

其结果导致了选择第一感觉购买价格便宜的海外被委托方，而技术人员为了解决相应的问题经常需要坐飞机往返于两地。尽管感觉上损失了很多，却因为无法直观品质损失费用，因此很难将此费用以数字的形式表现出来。很多企业都无法将购买组织的评估指标和品质损失费用联系起来，针对此点必须进行改善。

“通过共享 3D 数据来提高设计效率”的主题是组织间的合作，曾经在大办公室中的所有有关人员通过各自的工作进展所进行的意识改革，也就是说团队精神成为那个时代成功的主要原因。现在，各部门都在寻求最小限度的资源推广业务，并且网点遍及全世界。因而设计制造的委托进展状况无法再靠单纯的意识改革就可简单地做到。

“通过共享 3D 数据来提高设计效率”要点：第一部分为项目管理；第二部分为进程管理；第三部分是资源管理；第四部分是合作伙伴管理。但一定要进行意识改革。在运用“通过共享 3D 数据来提高设计效率”检查表等资料的同时，也要找出适合读者的事业环境的方法。

佳能 MJ 新 3D 解决方案

▶ 3D 打印机 +MR 系统

在 3D 化设计数据的进程中，高度的 3D 数据输出方式格外引人注意。而 2D 显示却让人无法充分感受到 3D 数据的优势。需要寻求充分利用 3D 数据且易于向用户传达信息的输出方法[①]。

具体的解决方法之一为利用虚拟现实感（VR）。和二维显示不同，利用 3D 数据，可观测到和实物相同的比例感以及立体感。

利用 3D 打印机制作实物，也是有效输出 3D 数据的方法。如果追求触感及操作感，则非实物不可。迄今为止，重现实物所需要的时间与成本一直是棘手的问题，而 3D 打印机的普及正解决了这一难题。

2014 年 4 月 10 日，由佳能 MJ（日本佳能市场部）启动的 3D 解决方案将这两种方式组合起来，准备了发展 VR 的 MR（复

---

① 在此背景下，从策划、设计到开始批量生产的过程中，不仅是开发过程，连销售、服务以及维护等各领域，都会应用到 3D 数据，并且使用人群的范围也会越来越大。

合现实感）系统与 3D 打印机（图 5-60）作为 3D 数据的输出方式。不仅根据各自的用途加以区分使用，更将如何搭配组合以便充分发挥其各自的优势提上议程。从而最佳表现出接触部分和可视部分，既提高了检测精度，又降低了成本，缩短了工作时间。

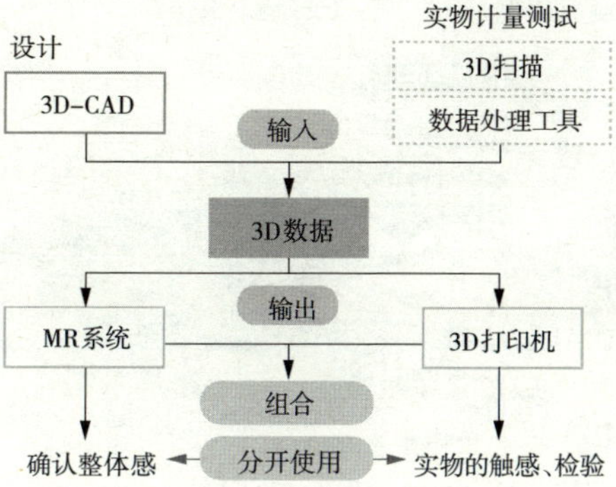

图 5-60 佳能 MJ 的 3D 解决方案

3D 打印机和 MR 系统作为 3D 打印机的输出方式，既可以分开使用，还可以组合搭配使用。

▶ MR 将实物和 CG 的双重完美结合

佳能 MJ 集团公司（佳能 ITS）自 2012 年开始供应 MR 系统"MREAL"①。MREAL 指头戴式可视设备（HMD）前面附带的摄像头拍摄下的真实影像与 3D 数据虚拟的图像（CG）重合，在 HMB 上显示的系统（图 5-61）。HMD 附带了可检测到用户位置和姿势的传感器，据此将真实摄像与 CG 进行高精度重合。

HMD 如此将真实的影像和 CG 结合并表现出来，使得用户无法再对二者加以区分。当然，直接触摸那就另当别论了，因为 CG 是无法产生触感的，这就需要使用到 3D 打印机了。3D 打

① 以制造业为主的 30 多个公司引进了本产品。

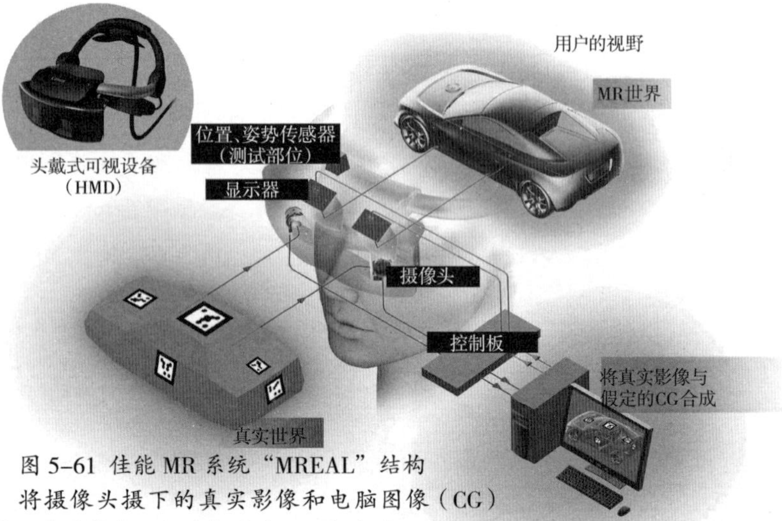

图 5-61 佳能 MR 系统“MREAL”结构
将摄像头摄下的真实影像和电脑图像（CG）重叠，在头戴式可视设备器（HMD）上显示出来。

印机可将打印品配置到 MR 系统的现实世界。

例如，使用 3D 打印机，仅打印出两轮车的把手部分，并且固定到合适的位置（图 5-62），在此状态下，只要用户装上 HMD，即可看到 CG 显现的两轮车的详细车体，同时又感受到了握着手柄的触感（图 5-63）。尽管使用 3D 打印机打印出整个两轮车无论在时间还是成本上都不现实，但如果和 MR 系统搭配使用，只要准备最低限度的实物即可实现。

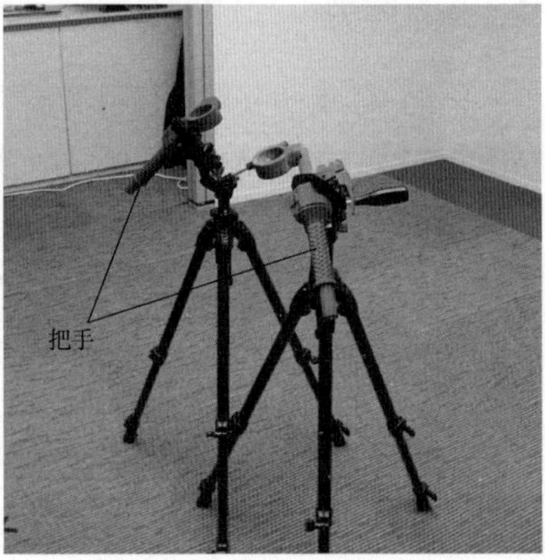

图 5-62 3D 打印机打印的两轮车把手和 MR 系统搭配使用。

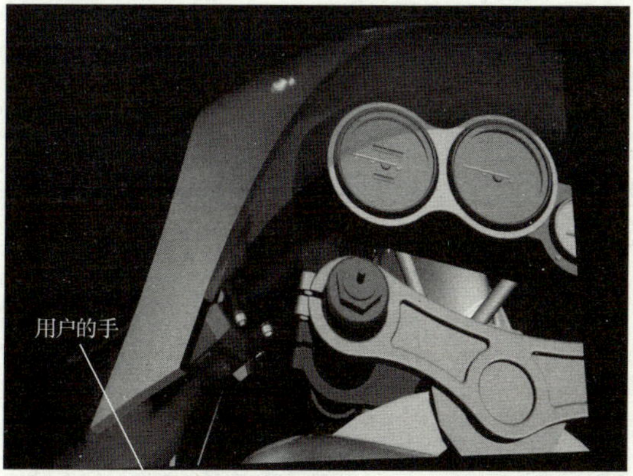

图 5-63 MR 系统显现的图像

同时显示出人手（左下方）和 CG。真实情形为用户握着图 5-62 中所示的把手。

MR 系统的优势在于可变化产品的颜色、大小以及形状，还可看到其内部的构造，在表现上非常具有灵活性。并可轻松地显示出巨大的物体构造。与此相对应，3D 打印机打印出的立体实物可实现保持触感和可操作性的用途。充分利用上述二者的特点，既保证了高检测精度，同时又降低了成本，缩短了工作时间。

▶ 扩充 3D 打印机产品的规模

随着 3D 解决方案事业的展开，佳能 MJ 借机增进了和美国 3D Systems 公司的合作伙伴关系，扩充了 3D 打印机产品的规模[①]。同时，增强了 MR 系统和 3D 打印机的销售、支持体制，提

① 3D Systems 公司的 3D 打印机分为民用、专业和工业三个领域。2013 年 11 月，佳能 MJ 产业机部门开始销售与工业有关的机型。此次，该公司 BS（商业系统）部门就民用和专业两范畴，和专卖店签订了合同。

高了服务顾客的能力[①]。

3D 解决方案不仅解决 3D 数据输出的问题，在输入问题上，加载了佳能 ITS 的“SolidWorks”或“NX”等 3D-CAD 功能，以后会扩大到 3D 扫描以及点群处理等数据处理工具等事业范围。尽管和 3D 扫描有关的具体产品规模还未定，但已预定在此产品领域使用 3D Systems 公司的产品。

佳能 MJ 的目标是让 3D 解决方案融入到制造业、建筑、教育各领域，甚至进入医疗领域。目标定为 2016 年在同类事业中，创下 100 亿日元以上的销售额。将来，佳能独立开发的 3D 打印机也将扩大规模。

---

① 首先在东京，安排了 5 位服务于消费者的技术支持工程师（CE）。到 2014 年 6 月底，又增加至 7 人。覆盖了日本的北海道、东北、关东、中部、近畿、中国、四国、九州等地域。并计划于 2014 年内，在日本的各省都将安排 CE。

06

3D 打印新产品开发

随着 3D 打印机的进步，3D 打印机已经能满足越来越多的需求。其魅力更是延伸至食品制造等与普通消费者息息相关的领域，以及利用 3D 打印机接受成型委托的服务领域。

对应600万色的全彩3D打印机

▶ 单色造型速度提高了35%

3D打印机作为一种能在短时间内得到试验样品的立体模型的工具而备受关注。

最近，想在模型表面上色的需求日益高涨。虽说在造型完成后上色的方法也是有的，但如果3D打印机能在一开始就制作出全彩色立体模型的话，就能省不少功夫。能够实现这个目的的，是一种通过喷墨打印机的喷嘴喷出的黏合剂来固定粉末状材料的3D打印机。

美国3D Systems公司的日本法人“3D Systems Japan”（本公司位于东京）在2013年5月开始发售这种3D打印机的新产品“ProJet x60”（见表8）。虽然以前同种打印方式的3D打印机是作为“ZPrinter”的系列产品而逐渐发展的，但后来与该公司的品牌“ProJet”合并了[①]。机型名字的数字后两位（十位和个位）

① 因为追加了ProJet x60系列，ProJet品牌的装置的造型方法大致分四种。其余的三种都是使用光硬化性树脂的类型，有通过扫描激光使光硬化性树脂液面硬化的类型；通过喷墨打印机喷头喷出光硬化性树脂，然后通过光使其硬化的类型（这种类型也可以使用蜡作为造型材料）；锁住薄膜上的光硬化性树脂并用通过的光照射的类型。

为“60”的产品群都是同一个系列。

ProJet x60 的产品阵容基本上与 ZPrinter 相同，对应最大造型尺寸或彩色的，有无去除多余粉末的功能等的差异共有六种。而且不只是更改了系列的名字，在产品性能方面也进行了加强。

▶ 颜色种类达到 600 万以上

在 ProJet x60 系列的六种机型中，有两种机型（ProJet 160/360）因只能使用无色透明的粉末材料，所以立体造型的颜色与粉末材料大致相同都为白色。其余的四种可以使用彩色粉末材料，通过调整喷出位置与材料用量，就可以对立体模型进行上色。

特别是高端机型 ProJet 660Pro 与 ProJet 860Pro，利用 CMYK（分四色：青、红、黄、黑）模式的四种颜色的黏合剂，可以呈现出 600 万种以上的颜色（如图 6-1）[①]。据该公司说，这两款产品能够呈现“Adobe Photoshop”软件上百分之九十的颜色，而以前的 ZPrinter 最多只能呈现出 39 万种颜色。

图 6-1 用 ProJet 860Pro 制作的立体模型：因为高精确度化的黏合剂喷出量以及粉末材料的改良，可以成功呈现出 600 万种以上的颜色。

---

① ProJet 260c 和 ProJet 460Plus 使用的是 CMY 三种颜色的黏合剂。

颜色再现性的提高是通过黏合剂喷出量的高精确度化，以及粉末材料的改良实现的。为 ProJet x60 新研发出的粉末材料“VisiJet PXL Core”，比 ZPrinter 所使用的粉末材料显色度更高①。

对于这样颜色再现性大幅提高的高端机型，该公司还增添了能提升造型速度的模式。具体来说，就是使用无色和黑色黏合剂的“草图模式”。用这个模式制作出单一颜色的立体模型，再加上基层厚度为 180 微米（比全彩色模式的 100 微米还要厚），二者相辅相成，造型速度最高可以提升 35%（如图 6–2）。

图 6–2 提升造型速度的草图模式：左边是彩色模式下制作的立体模型，右边是用草图模式制作的立体模型。草图法可以比彩色模式最高提升 35% 的速度。

① ProJet x60 和 ZPrinter 所使用的造型用材料没有互换性。另外，该公司还准备了三种浸泡材料，将制造出的模型浸泡在其中可以提高模型的强度和颜色鲜艳度。

表 1 "ProJet x60" 系列的产品阵容

（使用黏合剂固定粉末材料的3D打印机。根据最大造型尺寸、有无彩色打印功能等分为六种机型）

机型名称	 ProJet 160	 ProJet 260c	 ProJet 360	 ProJet 460Plus	 ProJet 660Pro	 ProJet 860Pro
最大造型尺寸（毫米）	236×185×127	236×185×127	203×254×203	203×254×203	254×381×203	508×381×229
颜色数量	单色（白色）	64色	单色（白色）	280万色以上	600万色以上	600万色以上
最小积层厚度（毫米）	0.1	0.1	0.1	0.1	0.1	0.1
Z方向造型速度（毫米/小时）	20	20	20	23	28	5~15
分辨率（dpi）	300×450	300×450	300×450	300×450	600×540	600×540
打印喷头数	1	2	1	2	5	5
喷墨喷管数	304	604	304	604	1520	1520

（续表）

机型名称	 ProJet 160	 ProJet 260c	 ProJet 360	 ProJet 460Plus	 ProJet 660Pro	 ProJet 860Pro
除尘功能	可选	可选	自身装载	自身装载	自身装载	可选
自身外形尺寸(毫米)	740×790×1400	740×790×1400	1220×790×1400	1220×790×1400	1880×740×1450	1190×1160×1620
自身重量(千克)	165	165	179	193	340	363
输入数据形式	STL,VRML,PLY,3DS,FBX,ZPR					
自身价格(日元/不含税)	218万	378万	398万	598万	898万	1498万

▶ 还提供了手写面板终端设备用的程序

除此之外，该公司还为美国 Apple 公司的智能手机 iPhone 和平板电脑 iPad 提供了名为“3DPrint”的应用程序，用于确认装置的运转状况（如图 6–3）。即使不在装置边上也能确认造型的进展状况以及黏合剂的剩余量，进而实现了高效化运用。

造型用 3D 数据的编辑路径“3DEdit Pro”（原名 ZEdit Pro）也经过改良了。除了可以对应 64 位系统的 OS 之外，还强化了自动配对性能，并添加了选择 / 置换类似形状等功能。

装置本身不含税的价格从 218 万日元的 ProJet 160 到 1490 万日元的 ProJet 860 不等。粉末材料 14 千克为 183000 日元、无色黏合剂（1 升）为 37000 日元、黑色黏合剂（1 升）为 33000 日元、各种颜色的 CMY（各 0.3 升）分别为 13000 日元。

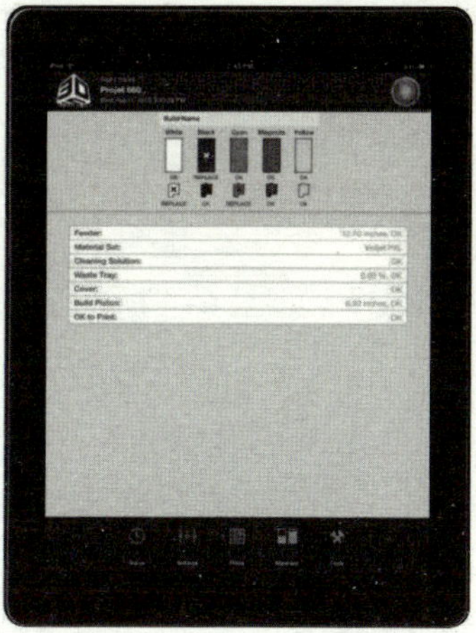

图 6–3 手写面板终端设备用的程序：可以远距离确认黏合剂的剩余量和装置的运转情况。

美国“CES”展会上，陆续推出了面向3D复印机甚至食品的3D打印机新产品

2014年1月7日—10日，在美国的拉斯维加斯召开的“2014 International CES”展会上，不仅展示了各自的电子器械，并且依次展示了其最新研制的3D打印机新产品（如表9）。在2013年12月德国召开的“EuroMold 2013”展会上，主打产品是面向制造业等行业的专业3D打印机。而CES展会主要展示了以普通消费者为对象的3D打印机新产品，以及以前没有的3D打印机新机型。

▶ 复制立体模型

美国AIO Robotics公司展示了“ZEUS”（如图6-4所示）产品。此款3D打印机在采用了内置加热器的可动头中挤喷出热可塑性树脂功能的基础上，增加了同一箱体内3D扫描功能，可实现从立体模型形状生成3D数据的功能。该公司还上调了集资“Kickstarter”的资金。预定从2014年7月开始发售供货。

表 9 “2014 International CES” 展会上主要展出的几款 3D 打印机

制造商名称	产品名称	最大的成型尺寸(mm)	简要
3D Systems 公司	Cube 3	152×152×152	该公司最早的样机“Cube”的后续(第三代)产品。预定价格不超过1000美元。
	CubePro	275×265×240	是以往机型“CubeX”的后续产品。和CubeX一样,最多搭载了3个造型头以及2个材料墨盒。可接无线,并可控制成型区域的氛围。
	ChefJet	约200×200×150	属于利用黏合剂固定粉末类型的3D打印机。可使用砂糖、糖果、巧克力等食材。成型尺寸更大,并包括了具备全彩功能的“ChefJet Pro”机型。
	CubeJet	不明	可全彩成型的低价机。采用利用黏合剂固定粉末的方式。价格大概在5000美元左右。
	CeraJet	不明	使用黏合剂固定陶瓷粉末。价格预定为1万美元以下。
AIO Robotics 公司	ZEUS	260×180×150	内置扫描仪,可在直径251mm×高178mm的范围内工作。是一种多功能复合机,仅一台就可完成实际物体的3D数据化及3D打印的功能。采用热熔解积层法的成型方法。
Digital Wax Systems公司	XFAB	直径180×高180	可边硬化光硬化性树脂边向上牵引类型的3D打印机。受其他公司低价机的影响,以低于5000美元的低价机投入市场。
MakerBot 公司	Replicator Mini	100×100×125	采用热熔解积层法的3D打印机的新成员。和已有产品相比,增加了成型范围小和成型范围大两种机型,共有三种机型。内置新开发的造型头和照相机,可监测成型的状况。
	Replicator	252×199×150	
	Replicator Z18	305×305×457	
XYZ Printing 公司	da Vinci	200×200×200	采用热熔解积层法的3D打印机。使用一种ABS树脂材料。最早发售的da Vinci 1.0的价格仅为499美元。

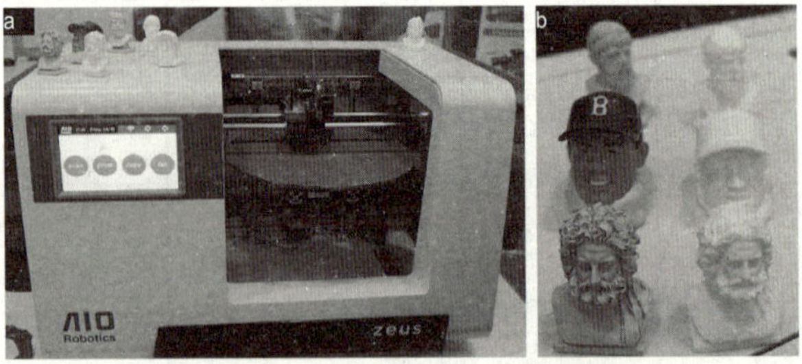

图 6–4 “ZEUS” 多功能复合机，具备了 3D 扫描和 3D 打印的功能

一个箱体中同时搭载了 3D 扫描与 3D 打印两种功能（如图 a）。图 b 左边一列为立体模型原型，右边一列为“ZEUS”扫描左列的原型后打印出的 3D 立体模型。

ZEUS 的菜单栏内包括“扫描”“打印”“复印”“传真”四个选项。扫描与打印可各自单独执行其功能，复印则是扫描与打印两功能连续执行的结果。也就是说 3D 复印功能相当于将 3D 扫描功能采集的数据原样 3D 打印出来。通常，执行 3D 打印机扫描功能采集数据时，需要进行校正等工作，以便转换成 3D 打印功能的输入数据。但是 ZEUS “具备了自动修复功能”，该公司工作人员介绍说。

▶ 3D 打印食品

能打印出能吃的立体食物的 3D 打印机吸引了大家的眼球。如图 6–5 所示，这款名为“ChefJet”的 3D 打印机，是由生产 3D 打印机的大厂商美国 3D Systems 公司展出的。采用从喷墨嘴挤喷出黏合剂的方式，仅将粉末材料的端面形状硬化[①]。粉末材

① 3D Systems 公司将此项技术称为“CJP（ColorJet Printing）”。

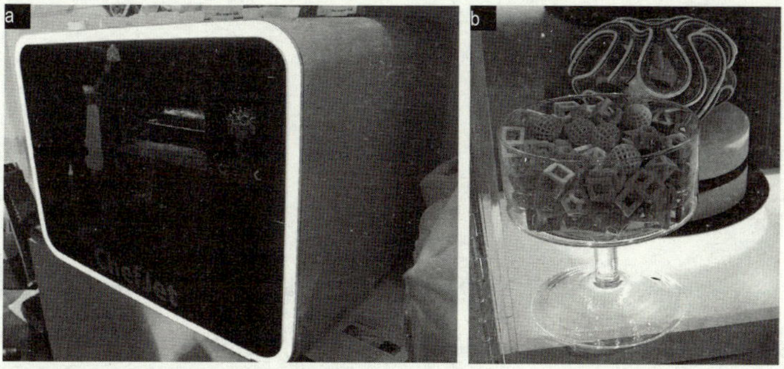

图 6–5 可打印食品的“ChefJet”

此款 3D 打印机使用了可食用材料进行打印。将黏合剂喷到粉末材料上，使其硬化。(a) 为黑色的“ChefJet”。(b) 为“ChefJet Pro”，打印出的全彩点心仿佛近在眼前。

料和黏合剂都可食用，可以打印各种形状的巧克力、糖果以及固体砂糖等。尽管 ChefJet 仅能打印出黑色一种颜色，但其高级机型“ChefJet Pro”则可以通过使用各种颜色的黏合剂，打印出全彩的形状，打印的范围也更广。但此款全彩机型因为关系到粉末材料的色彩，所以无法打印巧克力。ChefJet 于 2014 年后半年产品化，价格大概在 5000 美元左右。

美国 3D Systems 公司还推出了“CeraJet”和“CubeJet”两款产品，都属于利用黏合剂将粉末材料固定类型的 3D 打印机。“CeraJet”使用陶瓷粉末材料，打印出陶瓷器般的立体模型。“CubeJet”用来打印全彩的树脂模型[①]。以上介绍的产品都计划于 2014 年后半年开始发售，CeraJet 的定价约为 1 万美元以内，

① 3D Systems 公司在 2013 年 12 月的“EuroMold”展览会上，发布并展示了具备全彩成型功能的“ProJet 4500”。因其采用的成型方法和 CubeJet 相同，可将 CubeJet 看作 ProJet 4500 的低价机型。

CubeJet 大概在 5000 美元左右。

▶ 已有主打机型的后续机型

3D Systems 公司不仅展出了新领域的产品，且继“Cube（Cube 2）”和“Cube X”（以消费者为对象的 3D 打印机已有机型）之后，又陆续推出了其后续产品。计划在 2014 年第二季度发售。设计焕然一新，采用了和上述 ChefJet、CeraJet 以及 CubeJet 通用的圆角设计。同时减少了可动件的裸露部分，更提高了其安全性能。

和 Cube 2 相比，“Cube 3”① 的最大成型尺寸值稍高，搭载的打印头也从以前的一个增加到两个（如图 6–6 所示）。同时选用了新的材料墨盒，更加易于使用。值得一提的是，价格下调至 1000 美元以内。

另一方面，“CubePro”作为 CubeX 的后续机型，可搭载 2 个材料墨盒，并有 3 种模式，可搭载 1~3 个打印头，大大超越了 CubeX 的功能②。更大的变化之处在于，CubeX 的箱体为开放型，CubePro 则改成密闭型。从而控制成型区域的环境，进而提高了成型的精度。价格约为 3000 美元。

---

① 有时将“Cube 2”或“Cube 3”都直接简写成“Cube”。

② “CubePro Duo”搭载了 2 个打印头，“CubePro Trio”搭载了 3 个打印头。

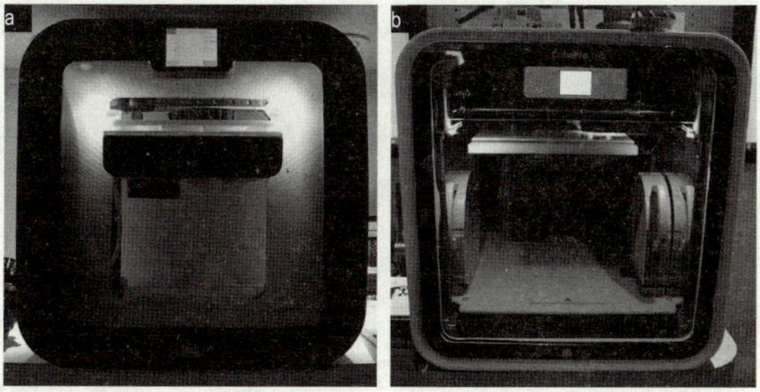

图 6–6 “Cube 3” 和 “CubePro”

“Cube 3”（图 a）是 3D Systems 公司推出的第三代机型，最高定价 1000 美元。而 “CubePro”（图 b）作为已有机型 “CubeX” 的后续机型，采用了密闭型箱体，可控制成型区域的氛围。

▶ 大中小机型增加

在以消费者为对象的 3D 打印机市场上，和 3D Systems 公司同样知名的美国 MakerBot 公司，展出了成型区域不同的三种机型（如图 6–7）。

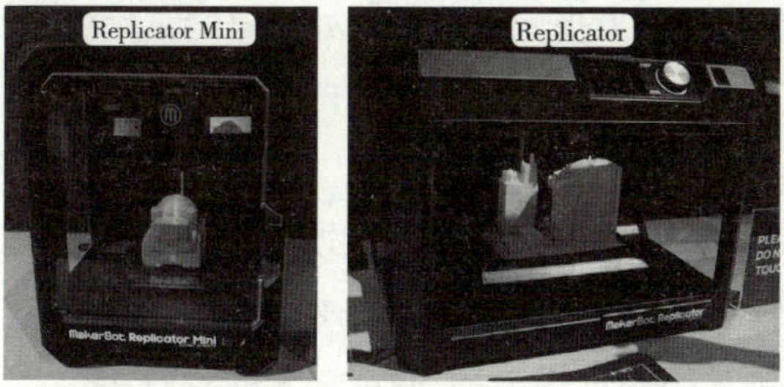

图 6–7 MakerBot 公司的新产品

图中展示了三种机型。即和以往机型大小相同的 “Replicator”，更小的机型 “Replicator Mini”，以及大型机 “Replicator Z18”。三种机型都内置了照相机，可监控成型的进程。

首先，和现有的“Replicator 2”相比，“Replicator”的成型区域扩大了约 11% 。并搭载了新开发的打印头、3.5 英寸彩色液晶显示屏以及可监视成型区域的板载照相机等配件。计划在 2014 年 2 月开始发售，价格为 2899 美元，比 Replicator 2 高出 100 美元。

接下来在 2014 年春天发售的产品为小型机“Replicator Mini”以及大型机“Replicator Z18”。与 Replicator 相比，功能上略有差别，Replicator Mini 不带 USB 存储以及网络连接功能，且并未配置彩色液晶显示器。Replicator Z18 追加了提高成型领域内温度的功能，打印大型物品时精度更高。Replicator Mini 的价格为 1375 美元，Replicator Z18 的价格为 6499 美元。

▶ 500 美元以下的低价机

XYZ Printing 公司展出了价格仅为 499 美元的“da Vinch 1.0” 3D 打印机。而该公司的“da Vinch 2.0”（价格为 649 美元）和“da Vinch 2.1”（价格约为1000美元）机型正处于研制开发阶段。“da Vinch 2.0”的打印头增加到 2 个，“da Vinch 2.1”搭载了可触屏。计划将于 2014 年夏天开始发售。

受低价趋势的影响，专业 3D 打印机也出现了低价的趋势。例如，产品的表面性状口碑很好的意大利 Digital Wax Systems（DWS）公司展出了预计销售价仅为约 5000 美元的“XFAB”型 3D 打印机（图 6-8）。该公司生产的已有的 3D 打印机，即使属于低价机范畴，价格也都在数百万日元左右，“XFAB”的发布，大幅降低了产品的价格。

图 6–8 由 DWS 公司投入的低价格机“XFAB”

定价仅为 5000 美元，和该公司现有的机型相比，价格大幅降低。可以和竞争对手企业投入的低价机相抗衡。

据该公司知情人透露，在维持性能不变的基础上，非常难以实现低价化。但在大量投入低价机的背景中，可看出陆续加入 3D 打印机市场的竞争企业的增多产生了很大的影响。

开发砂糖和陶器造型用 3D 打印机

▶ 潜入巨大的服务领域

3D 打印机不仅被应用于开发现场，给制造、物流以及销售等行业也带来了变革。在这些方面，美国走在了世界前列。2014 年 8 月中旬，记者对美国主要的两家企业进行了采访。

大型 3D 打印机厂商美国 3D Systems 公司（南卡罗来纳州罗克韦尔）计划在 2014 年发售可打印砂糖点心和陶瓷器的 3D 打印机（图 6–9）。3D 打印机致力于实际产品的制造，成型材料

图 6–9 开拓 3D 打印食品、陶瓷器的新市场

也不再限于树脂或金属。

有读者质疑“有必要用 3D 打印机制作吗”？针对此类疑问，记者采访了 3D Systems 公司 Chief Marketing Officer 的 Cathy Lewis。

首先是砂糖点心。眼下关注使用 3D 打印机打印“食物”等日常生活中所用素材的人在增加。但更重要的是该公司对 3D 打印机打印食物的未来前景所做出的规划。

Lewis 做出了如下的设想，“将适合个人的营养食物制作成喜欢的样式”。尤其是很多老年人，经常会为从自然食品中摄取适量的营养下很大的功夫。如果使用 3D 打印机，就可以更方便地制作符合个人的营养搭配食品，可以更细致地对个人的营养状况加以管理。

以往在谈起 3D 打印机时，已大篇幅地阐述了其满足个性化形状的优点。如果成分方面也能进入个性化阶段，衍生出新事业的可能性会更高。

那么，利用 3D 打印机打印陶瓷器，又会产生何种意义呢？Lewis 指出“对保持了几千年相同传统工艺的产业，增加了生产领域的灵活性”。

确实，如果使用 3D 打印机，更容易设计出网状器皿等器物，而这是“制陶器用的转盘”等传统工艺很难做到的。在发扬光大上釉、烧锅等传统技艺的基础上，利用 3D 打印技术，衍生出的新陶瓷器产品让人拭目以待。

3D Systems 公司计划开拓 3D 打印机的新市场。因只考虑到“制造实际产品”，日本始终专注于射出成型、冲压、切削加工的成本、强度以及生产时间的比较。但 3D 打印机应用方法的变化会拓展事业机会。而美国在这方面走在了世界前列。

▶ 走进巨大的服务领域

服务领域指从外部接受利用 3D 打印机成型的委托。这方面的最大厂商是美国 RedEye 公司（明尼苏达州明尼阿波利斯郊外），是始于大型 3D 打印机厂商 Stratasys 公司（总部位于美国和以色列）的一个事业部门的公司。

在经过严格的护照检查后，记者才被允许进入该公司的工厂，对墙边并列摆放的 90 台 3D 打印机（图 6–10）深感震惊。如果将成型工厂熟悉的射出成型机全都换成 3D 打印机，就可以理解记者当时的感受吧。

因为 RedEye 是 Stratasys 公司的子公司，90 台 3D 打印机中，该公司的“FORTUS400”等被称作 FDM（热熔解积层）成型方式的 3D 打印机占了多半。从窗外往室内看，几台机器正在积层相同的形状。负责人（Director of Global Partner Network）Jeff Hanson 介绍说：“这些都是用于组装纸工机械（做纸浆的机械）的部件。”最近，接受的订单的成型物中，超过三成都是实际制品，而不是试验样品。

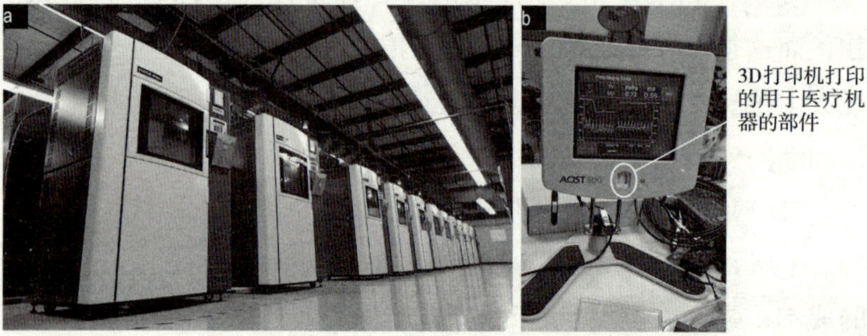

图 6–10 设置了 90 台 3D 打印机的 RedEye 工厂

ATM（自动存取机）等的生产量在数十至数百台，这些产业机械以及无法预见销售前景的“初期组”制品在委托制造的部件中占了很大的比例。价格是根据尺寸以及使用材料的量分别确定。其他的3D打印机正在打印的试验样品，是由韩国汽车制造商委托制造的车前面板的一部分①。

记者进行采访的时间是2014年8月中旬，当时还未在该工厂看到金属成型用3D打印机。但Stratasys公司于2014年8月收购了具有金属成型优势的美国服务局的两大公司，与RedEye公司合并。Hanson说：“从此在材料和成型方式上不再受限。”②

再朝工厂里面走，可以看到两名男性员工正在打磨一个高3米的人体模特。这个房间是专门用来做后续处理工作的，如去除支架材料、将成型物表面打磨光滑等后续处理工艺。因为还没有可以制作如此大型成型物的3D打印机，所以都是先成型各部件，然后将它们黏合在一起，但乍一看是无法看出接缝处之所在的。

“打磨整理（后处理）的工序对服务业必不可少。”Hanson强调说。尽管订货和交付数据都已经系统化，但针对如何完成让顾客满意的作品，就必须与顾客保持密切的交流、沟通。实际上，RedEye公司的工作人员的大多数业务都是和客户打交道，满足客户的要求。

① 除Stratasys公司生产的3D打印机外，还配置了数台Objet公司（2011年和Stratasys公司合并的以色列的同类型企业）的3D打印机。

② RedEye（充血之目）的公司名称源于该公司的生产体制，意思是“24小时不间断工作”。实际上，90台3D打印机的操作都是由电脑进行统一化管理，工厂中不见人的踪迹。只在“成型结束的时间”，由工作人员取出成品。

就笔者所知，迄今为止，日本还没有如此大规模地接受3D打印机制造委托的企业。在询问Hanson是否可以进驻日本时，“茂木先生（当时的日本经济产业大臣茂木敏光）来视察时，也希望我们在日本开展事业。我们也正在探讨是否可行。”如果提供和美国相同规模的服务，3D打印机生产实际制品的速度在日本也会加快。

日本专业厂商致力于新一代 3D 打印机的研制开发，目标是 5 年后速度提高 10 倍、精度提高 5 倍

日本的经济产业省启动了开发代表世界最高水准的 3D 打印机的专业项目。在日本 2014 年的政府预算中，对“以三维成型技术为核心的制造改革项目”，预计投入 40 亿日元。其中，“新型产业用 3D 打印技术开发”最多投入 32 亿日元，“超精密三维成型系统技术开发”最多投入 5 亿 5000 万日元。已就这两个项目，公开向社会招募委托开发商[①]。

前者的对象为可打印金属材料的 3D 打印机（以下简称“金属 3D 打印机”），后者的对象是打印铸造用模型的 3D 打印机（以下简称“砂型用 3D 打印机”）。在 3D 打印机各自的领域中，以德国为代表的欧美企业居于领先地位，设备具有开发与应用两方面的优势。日本当务之急是努力提高本国的产品竞争力。

在金属 3D 打印机和砂型用 3D 打印机的开发项目中，不仅

---

① 2014 年 1 月 29 日—2 月 28 日向社会公开招募。而且，此立项由于是在 2014 年度预算中实施，因此在预算确定以前，必须先决定中标企业。最终实施内容以及合同的金额在与经济产业省协调后决定。再者，“以三维成型技术为核心的制造改革项目”中包括了“新一代三维内外计量评测基础技术开发”（预算金额为最高 2 亿 5000 万日元），于 2014 年 2 月 14 日—3 月 17 日公开进行招募。

要开发研制包含控制程序在内的成型设备主体，同样也要对研发周边配件加以重视，如对新的粉末材料及实现后期处理自动化等课题的开发研制。

▶ 电子束与激光束

在金属 3D 打印机的开发项目中，烧结、熔融金属粉末常用电子束和激光束两种方法（图 6–11）。无论采用何种方法，目标均定为将当前的成型速度提高 10 倍，将产品的精度提高 5 倍。并在项目结束后的 2020 年，将产品进行实用化推广。

具体措施为无论采取哪种方式，最终要实现的目标为成型速度 500cc/h；采用电子束方式时的精度达到 ±50 微米，采用激光束时的精度达到 ±20 微米。并且，两者在最大成型尺寸及设备主体销售价格上的最终目标也相同，即最大成型尺寸在 1000mm × 1000mm × 600mm 以上，而设备主体的销售价格在 5000 万日元以下。

为实现上述目标，在电子束和激光束高性能化的同时，必须开发适合各方式的新型粉末材料。在工程项目中，同步进行金属粉末细微化[①]、颗粒直径分布紧密化、优质耐热耐腐蚀性新合金以及防锈等粉体修饰技术的开发研制工作，确保产品的高品质化和低成本化。

---

① 开发可使用颗粒直径在 20 微米以下粉末（除钛系新材料合金外）的技术。

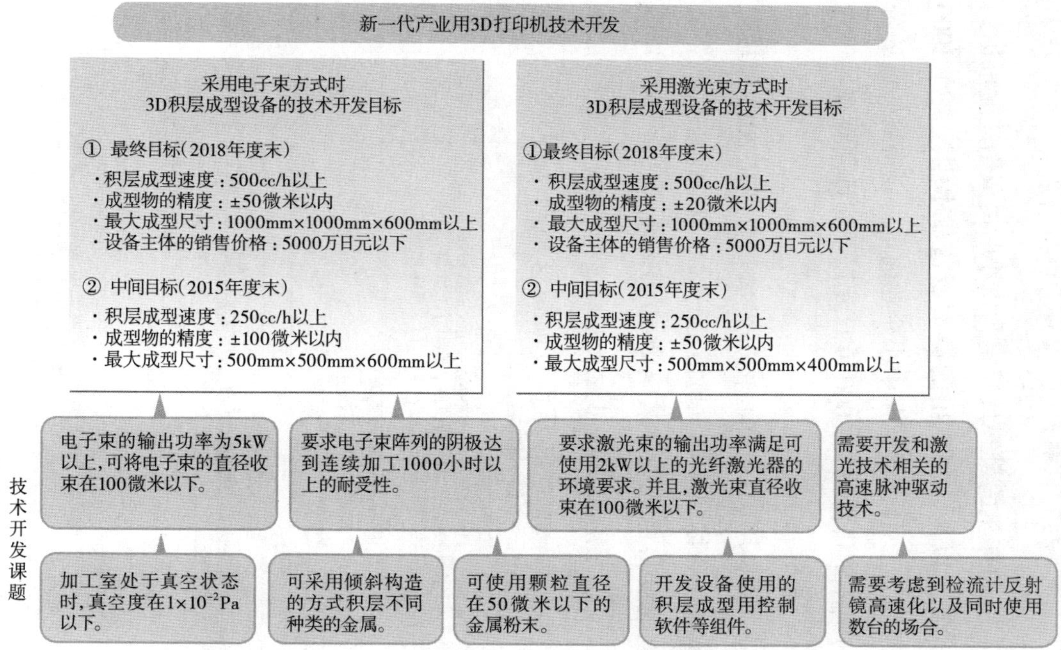

图 6-11 金属 3D 打印机的开发目标与技术课题

假定对金属粉末采用照射电子束或激光束两种方式。无论选择哪种方式，最终目标为将当前的成型速度提高 10 倍，将产品的精度提高 5 倍。

▶ 砂型用 3D 打印机的目标为成本低并且速度快

砂型用 3D 打印机的最终目标定为每小时的成型速度可达到 10 万 cc（100L）以上，制作出的铸型制造成本则控制在 1000 日元 / 千克以下。而且，即使在中小企业内也可以得到广泛的普及，设备的主体销售价格在 2000 万日元以下。计划将在 4 年内完成此项目（图 6–12）。

实际上，砂型用 3D 打印机的开发项目曾经在 2013 年被开展过一次。项目名称同样是“超精密三维成型系统技术开发”，最终的成型速度目标也同样被定为 10 万 cc/h。只是 2013 年的

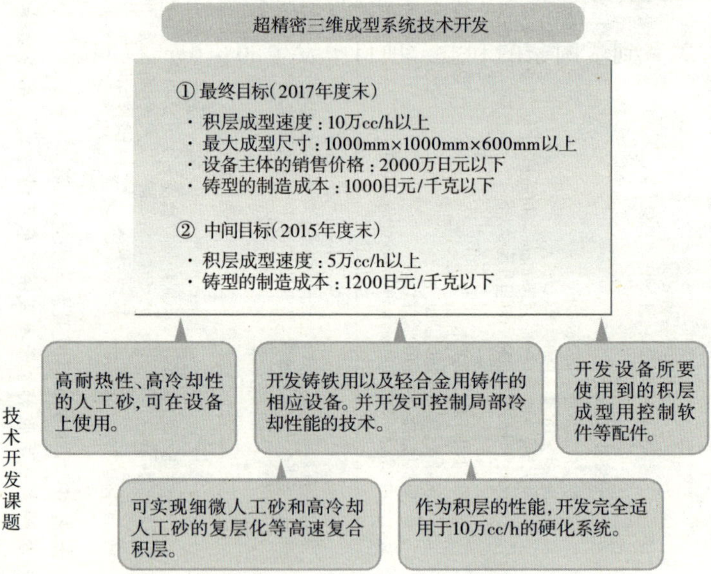

图 6–12 砂型用 3D 打印机的开发目标与技术课题

通过提高成型尺寸和成型速度，进而提高生产性能。而设备价格的压低，有助于提高铸型成本的竞争力。

砂型打印机开发项目的预算规模被定为最高 5000 万日元，而此次的预算规模则增加了近 4 倍。

和金属 3D 打印机一样，开发粉末材料同样是砂型用 3D 打印机的重点之一。基本上，是采用从喷墨嘴中挤喷出黏合剂硬化人工砂粉末的方法，所以必须同步开发适用于高熔点金属铸造的人工砂及黏合剂，并要考虑到影响铸造进程的破裂性等因素，开发可将不同砂混合积层的组件。

▶ 需要考虑到知识产权问题

由于此次将新一代 3D 打印机实用化以及事业化的开发项目，关系到了国家的利益，项目中发生的知识产权问题，原则上属于策划人。因此，在项目推进过程中，事先做好专利调查，尽量避免出现专利纠纷等问题。

项目中，实用化的 3D 打印机不仅可以让日本国内以及日本各制造商大展身手，还要进驻国际市场。因此，生产的产品必须符合 ISO（国际标准化机构）以及 ASTM 等国际规格。

两年后（2015 年末），将开展开发项目的中间评测工作。检测是否达到了图 6-11 和图 6-12 中记载的中间目标值，并对试验样机等作出性能评测。

07 价格与成本革命

3D 打印机生产厂商以低价格在 3D 打印机市场提高存在感，低价格将使 3D 打印机得到更广泛的普及。

3D 打印机不仅增加了成型的最大尺寸，并可同时制造几个产品，进而提高了生产性

新推出的 3D 打印机产品加大了打印出的立体模型的最大尺寸。以前，制作大的立体模型仅能采用缩小实物尺寸或分块打印后组合等方法，现在可以直接使用新型 3D 打印机直接打印出整个和实物同样大小的模型。

并且，因为最大成型尺寸增加，还可以同时打印出几个小的立体模型，使得新型 3D 打印机更具优势。不仅单位时间内生产量提高，更降低了运行成本。

▶ 立体模型的体积增加到 10 倍大小

2012 年 12 月 5 日，美国 Stratasys 公司合并了以色列的 Objet 公司，图 7–1[①] 中所示为新 Stratasys 公司生产的新产品 “Objet1000” 型 3D 打印机。最大成型尺寸（底盘尺寸）扩大到长 1000mm × 宽 800mm × 高 500mm。

---

① Objet1000 的价格现在仍未定。从 2013 年第二季度起，开始供应一部分顾客，预定将于 2013 年下半年全面供应。

图 7–1 最大成型尺寸 10 倍于已有机型的“Objet1000”

和已有的机型相比，可成型 10 倍体积的立体模型。假定其长时间内连续运转，还需要考虑其喷墨嘴驱动机构等的稳定性。

“Objet1000”型 3D 打印机采取从喷墨嘴挤喷出光硬化性树脂的方式。与已有的采取相同方式的机型“Objet Connex500”的最大尺寸（底盘尺寸为长 500mm × 宽 400mm × 高 200mm）相比，最大成型尺寸的体积增加了 10 倍。立体模型的质量也增至最大 200kg。

另外，由美国 3D Systems 公司的生产的新产品“ProJet 3500 HD Max”，尽管设备的最大成型尺寸和已有机型相同，都是 298mm × 185mm × 203mm，但即使在其高精细模式下，仍可打印出和最大尺寸相同的物品（图 7–2）[①]。可在“ProJet 3500”系列的几个不同的打印模式中，选取不同的速度以及详细度，而旧机型一旦设定在高详细模式下打印，最大成型尺寸就会变小。

例如，在最高精细度 XHD 模式（750dpi × 750dpi × 1600dpi）下，以前机型的最大成型尺寸为 203mm × 178mm × 152mm，ProJet 3500 HD Max 可打印约 2 倍体积的立体模型。现在的目标

① ProJet 3500 HD Max 的价格约为 1300 万日元。预定 2013 年第一季度开始供货。并且，该公司将开始提供和 ABS（丙烯腈—丁二烯—苯乙烯的三元共聚物）具有相同物理特性的树脂“VisiJet X”。

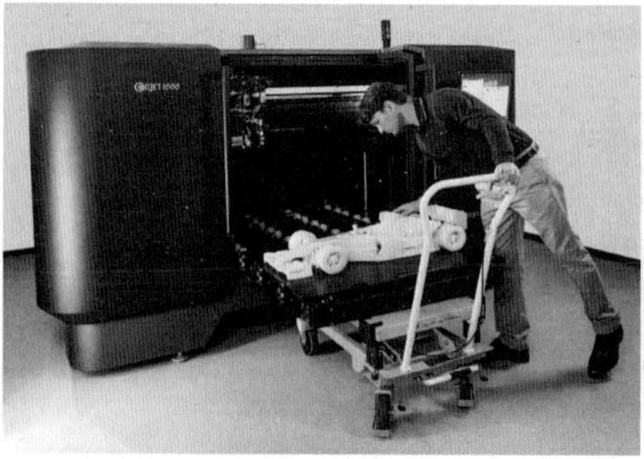

图 7-2 增加了高精细模式下成型尺寸的“ProJet 3500 HD Max”
各成型模式的最大成型尺寸均为 298mm×185mm×203mm。并兼具“iPad”和“iPhone”通信的操作功能。

是提高高精细模式下的处理速度，并且在已扩大最大成型尺寸的基础上，提高高精细立体模型的生产性。

Open Cube 公司的低价格 3D 打印机产品

▶ 在国内生产且用日语标明使得操作更加简便

当国外厂商的产品大范围占据低价格 3D 打印机的市场份额时，国内能够与之相抗衡的产品也上市了。这就是 Open Cube 公司（本公司位于横滨市）于 2013 年 8 月 14 日推出的“SCOOVO C170”（如图 7–3）。装置本体价格为 18 万日元（不含税）。是由该公司设计研发，并在位于群马县的合作工厂内组装而成的国产 3D 打印机[①]。

图 7–3 Open Cube 研发的低价格 3D 打印机“SCOOVO C170”：很多零件是在国内制造的，机身也在国内组装，因此维修等售后服务能够迅速执行。操作软件和指南也使用日语标记，即使是新手也能得心应手。另外，机身前面和两个侧面的保护罩是可选配件。

① 大部分的零件由国内供应。操作软件等，则是以 3D 打印机免费软件“RepRap”为基础研发而成的。除此之外，日本生产商所生产的低价格打印机还有 Hotproceed 公司（本公司位于福冈市）的产品“Blade–1”。

正因为如此，“修理能够在短时间内完成”（该公司董事长兼社长的坂口信贵）。与很多国外厂商制造的3D打印机不同，不仅打印机操作软件的菜单和操作指南是用日语标示的，连售后的应答也采用日语。把像这样的国产机所特有的优势作为武器，谋求在由国外厂商领先的低价格3D打印机市场得到广泛的普及。

▶ 初期发售批次在当日售罄

在2013年8月8日受理预约的时候，初次生产和二次生产的量（合计一百台）在当日售罄[①]。今后预计会调整生产体制，最终达到月产三百台的目标。

SCOOVO是采用通过内置发热器的喷头喷出热可塑性树脂来制作立体模型的制作方式的打印机[②]。材料是PLA（聚乳酸），而且该公司准备了约十种颜色（如图7–4）。关于材料价格，一卷（1千克）售价为4742日元（不含税）。最大造型尺寸为高175毫米 × 宽150毫米 × 纵深150毫米，最小积层厚度为100微米。

Open Cube其实是面向亲自动手制作电脑的abee公司（本公司位于横滨市）的关联公司。据说，当初开始讨论3D打印机

---

① 预定于2013年10月1日出货的第三次生产的量也已售罄。8月中旬的时候会接受预计于10月25日出货的第四次生产量的预约。

② 通过喷头的左右移动（装置的宽的方向）、固定立体模型的装置台的前后移动（与纵深方向相同）制作断面形状。积层高度由喷头上下方向的移动（同样高度的方向）来操控。

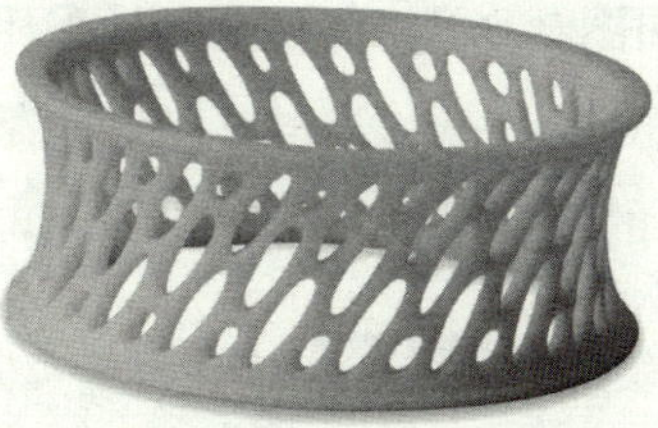

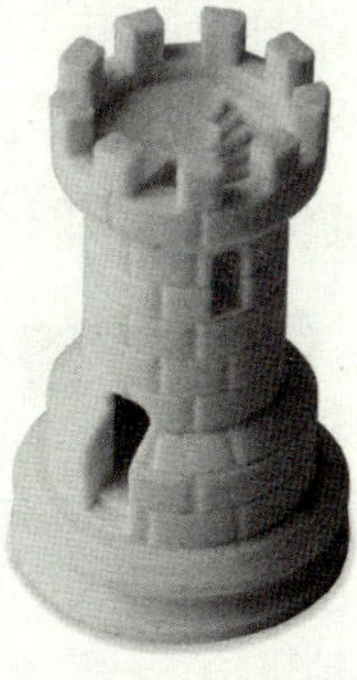

图 7–4 用 SCOOVO 制作的立体模型：可移动喷头中的热可塑性树脂边融化边被喷出。制作模型所选用的原材料是直径为 1.75 毫米的 PLA 树脂。

的产品化时，是由于 abee 公司的主力产品——品种多、量少的 PC 壳可以用 3D 打印机制造出来，所以便产生了与 abee 公司自身存亡是否相关的议论。但坂口认为“自公司产品能够被 3D 打印机制造出来的话，相反会更有趣了”，于是下决心将 3D 打印机产品化。

之后便开始了具体设计，一边活用在 PC 壳上所积累的技术，一边对金属制机壳部分的性能与成本进行预估，最后下决心发售①。“价格一开始先设定为低于二十万日元，装置大小是能容纳喷墨打印机的尺寸”（坂口）。

▶ 两种模式的设定画面

通过读取 3D 数据设定制作参数，并将其转化为操作 3D 打印机数据的这款操作软件“SCOOVO STUDIO”，有“高级设定”

---

① 内部底架为厚 0.8~1.6 毫米的钢板，外板采用相同的厚 2.0 毫米的铝合金板材来确保强度，提高精确度的准确性。此外，对于外板的砂光加工和耐酸铝处理，也借鉴了处理 PC 壳的经验。

和“简易设定”两种模式（如图 7–5）。高级设定是采用具体数值来设定基层厚度和制作密度等的方式，“也可以挑战制作超过商品说明规模的不到 0.1 毫米的积层厚度”。

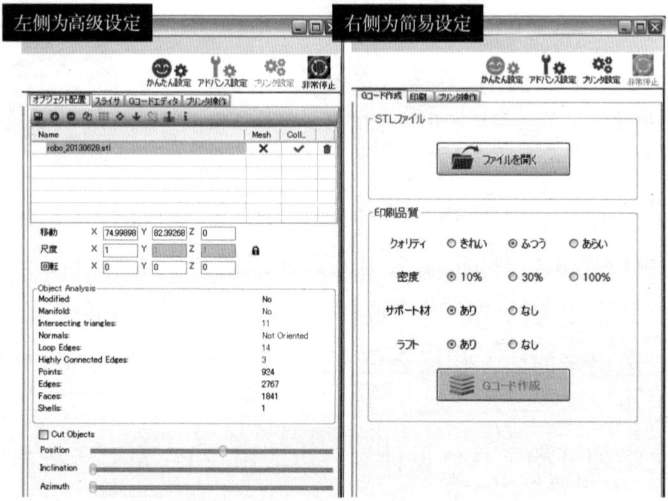

图 7–5 打印机操作软件的画面：拥有可以分别设定积层厚度和打印速度的“高级设定”，和只需设定、选择预先准备好的“简易设定”这两个模式。

但是，这种设定方法适用于那些熟知 3D 打印机特性的人群，但现在的 3D 打印机是以普通人为购买的目标对象，特别是对于那些没有操作经验的人来说，这种设定方法更是难上加难。所以为了让没有操作经验的人也能制作出精美的立体模型，还准备了另一种简易设定画面。

简易设定通过“精美”“普通”“粗糙”来表示基层厚度的差异，只需从中选择就可以了。而且连制作密度也预先准备了选项。

▶ 扩大产品阵容

到 2013 年 8 月为止，售卖 SCOOVO C170 的直营网站只有“Open Cube 网上商店”。坂口表示，“正在不断收到从量贩店和代理店方面来的进货请求”，但是，骤然扩大产品销路是需要慎重考虑的。

比起这个，首先需要考虑的是商品展示室与试售商店等设施的设立。不仅能够下载 / 上传用于 3D 打印机制作的 3D 数据，还可以实现共享所掌握信息，开设这样的登录制交流网站也在计划之中。

今后还要研讨扩充商品的阵容。是提高 SCOOVO C170 的性能，还是使其小型化等具体的方法虽然还没有决定，但坂口说:“2013 年内想要推出一款新产品。”

虽然现在有贴防护胶带来固定制作台的方法，但也在探讨使用黏合剂来固定的方法。“正在寻找一种是水溶性，还要考虑到可以确保其安全性的最适合的材料”

低价格 3D 打印机市场的用户群正在急剧扩大。因此，国产 3D 打印机能够表现出多少存在感呢？ SCOOVO 会是其中的领军产品。

表 10 “SCOOVO C170”主要的规格

最大造型尺寸 (高×宽×纵深/毫米)	175×150×150
最小积层间距(微米)	100
喷头数量	1

（续表）

本体尺寸 (高×宽×纵深/毫米)	404×376×333
本体质量(千克)	约15
除去支持方法	消散式
电源	100V~240V　50 / 60Hz
文件数据传输方式	经由USB2.0电缆
制作材料	PLA（直径为1.75毫米的长纤维）
支持系统	Windows XP/Windows Vista/Windows 7/Windows 8
附属品	AC适配器、PLA长纤维(1千克/白色)、USB电缆(A–B型)、防护用胶带、线板支架、USB储存器(”SCOOVO Studio”、测试用3D模型数据组、使用说明书)、硬件保修书

陆续推出日本产 3D 打印机，价格低廉

▶ 在开放性源码的基础之上，开发出各自独特的具有竞争性的功能

在每台仅售 10 万日元的 3D 打印机的市场中，可见到越来越多由日本国内制造商生产的 3D 打印机（如表 11）。很多制造商采用从内置加热器的可动头挤喷出热可塑性树脂的“树脂熔解方式（FDM）”，以从“RepRap 项目”① 中衍生的开放性源码为基础进行开发。

▶ 中小两企业共同开发

作为日本产 3D 打印机的开拓者，HOTPROCEED（总部位于日本福冈市）的“Blade-1”和 OPEN CUBE（总部位于日本横滨市）于 2013 年 7 月开始销售的“SCOOVO　C170”都属于

① RepRap 项目：2005 年，英国巴斯大学的阿德里安·珀斯教授开始研制“可以自行复制的制成型机器（3D 打印机）”。并在网络上公开了相关的技术信息。

表 11 日本产价格低廉的 3D 打印机

制造商名称		SMILELINK/DEVISION-ENGINEERING	OPENCUBE	S研究所	Genkei	HOTPROCEED
产品名称		 DS.1000	 SCOOVO C170	 MOTHMACH 3DP222	 atom 3D Printer	 Blade-1
开始发售日		2013年11月	2013年7月	2013年6月	2013年4月	2012年5月
主要参数	最大成型尺寸长×宽×高(mm)	105×105×105	175×150×150	200×200×200	140×140×135	100×100×100
	积层厚度(mm)	0.05~0.35	0.1	0.1	0.025~0.3	0.1~0.4
	机器主体的外形尺寸长×宽×高(mm)	270×280×255	404×376×333	370×362×495	325×275×268	360×300×310
	质量(kg)	约5	约15	10.5	约3	约5
主体价格(不含税、日元)		17.5万	18万	约11万	约16.17万(成品),约12.36万(组装配套元件)	13万

（续表）

制造商名称		SMILELINK/DEVISION-ENGINEERING	OPENCUBE	S研究所	Genkei	HOTPROCEED
材料	推荐（可使用的材料）	ABS、PLA、尼龙	PLA	ABS、PLA	ABS、PLA、HIPS[*a]、尼龙、木材树脂[*b]	ABS、PLA
	材料的参考价格	5000日元/kg（ABS）、7500日元/453.6g（尼龙）	4980日元/kg	3750日元/kg	5000日元/kg	4000日元/kg

★a HIPS：高耐冲击性聚苯乙烯。★b 木材树脂：混合了木材粉末的素材。atom设定选项中的射出机构时，还可使用流体材料。

RepRap 系列的 3D 打印机。2013 年 11 月，SMILELINK（总部位于日本东京）与 DEVISION–ENGINEERING（总部位于日本横滨市）共同开发的“DS.1000”投放市场[①]。

DS.1000 的控制板、打印头（热端）、控制用固件、操作软件、生成 G 编码的软件等都使用了开放性源码，减轻了开发的负担。两公司预定将 DS.1000 的产品数据、软件的补丁程序以及项目资料作为开放性源码公开。

图 7–6 DS.1000

DS.1000 的特点是可使用尼龙（聚酰胺）成型材料（图 7–6）。此款 3D 打印机不仅价格低廉，而且既可使用一般的 ABS（丙烯腈–丁二烯–苯乙烯的三元共聚物）树脂和 PLA（聚乳酸）材料，又能使用尼龙材料，“具备了柔软的特点，期待在不同于以往的新用途中发挥作用”。

▶ LINK 机构的 DERUTA 型 3D 打印机

已经进入到低价 3D 打印机市场的日本厂商，进一步扩充其发展的规模。例如，S 研究所将可同时搭载几个打印头的机型产

① SMILELINK 公司进行了产品策划，并具备了金属加工的专业技术知识，负责产品的制造与销售。DEVISION–ENGINEERING 公司由于在面向机床的软件开发方面经验丰富，负责产品的设计以及软件开发等工作。

品化。HOTPROCEED 预定今后将进一步开发低于 10 万日元的廉价 3D 打印机。

Genkei（总部位于日本东京）计划于 2013 年内开始发售稍加变化的 3D 打印机[①]，将其命名为"DERUTA 型"。一般的 3D 打印机都是通过上下、左右、前后移动打印头（或者成型台），打印出立体形状。对此，DERUTA（三角洲之意）机型采用顺着三根支柱上下移动从打印头延伸到三个方向的连杆端的方式，来控制打印头的位置（图 7–7）。

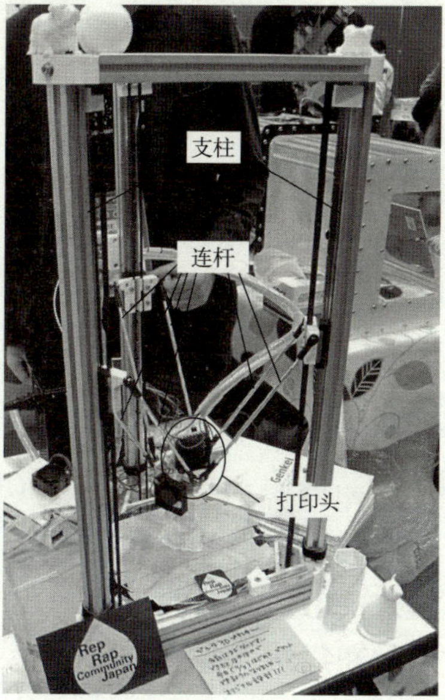

图 7–7 DERUTA 型 3D 打印机
使用连杆将沿着三根支柱上下移动的部件和打印头相连。

尽管在国外，采用相同方式的 3D 打印机已经产品化，但是日本国内的制造商却刚刚起步。相同方式机型的优点在于既确保了高度方向大的成型领域，而且还可以轻松地上下或斜向移动打印头，而不再仅限于水平方向移动。

实际上，美国 Makerbot 公司是当今面向个人的 3D 打印机的最大的生产制造商之一，该公司生产的"Replicator"最早也是从开发 RepRap 系列的 3D 打印机起步的。所有的日本厂商尽

① Genkei 于 2013 年 4 月开始发售的"atom 3D Printer"，由 RepRap Community Japan 的核心成员开发而成。加藤大直既是该公司的代表，也是 RepRap Community Japan 的代表。

管不必成为像 Makerbot 那样的公司，但从今以后，日本生产的 3D 打印机会抢占更大的世界市场份额。

▶ 新的国外产品

日本制造商抢占低价机市场的同时，国外的厂商也在不断提升产品的附加值。英国 botObject 公司的“ProDesk3D”正在成为人们关注的焦点。此机型采用了热熔解积层法，并能打印出全彩制品（图 7–8）[①]。据 botObject 公司的日本总代理店 eee 公司（总部位于日本神户市）消息，将于 2013 年开始在日本发售。

图 7–8 “ProDesk3D” 打印出的样品

打印头中混合了五种颜色的材料，呈现出不同色彩。

价低机中很多采用了树脂熔解方式，此类 3D 打印机可在几个打印头中装入各种各样不同颜色的材料，从而实现打印品的部分着色效果，却无法显现出准备材料以外的色彩。

对此，ProDesk3D 在每个挤喷出材料的打印头中，装入五种颜色的材料，通过调整材料的搭配比例，呈现出微妙的颜色。

---

① 美国 3D Systems 公司的“ProJet x60”系列（可挤喷出带颜色的粉末材料黏合剂）以及 Mcor Technologies 公司的“Mcor IRIS”（可积层彩色印刷纸）都是具备全彩成型功能的 3D 打印机。

现在仅能在逐层的方向发生颜色变化，以后的发展方向为横向颜色同样可以变化。ProDesk3D 的价格为 648000 日元（不含税）。尽管价格略高，但因为具备了全彩功能，在 3D 打印机中仍属于性价比很高的机型。尽管其在表现力方面仍有未知的部分，但丝毫不影响其成为令人期待的机型之一。

花 119800 日元，就可以购买 3D 扫描、打印机复合机，轻松进行 3D 复印

XYZ Printing Japan（总部位于日本东京）于 2014 年 11 月 13 日开始销售在一个箱体中，集成了 3D 扫描和 3D 打印功能的“达芬奇 1.0 AiO”（图 7–9）。使用 3D 扫描仪把实物的形状数字化，再用 3D 打印机成型，结果相当于使用 3D 打印机执行了复印功能。价格为 119800 日元（含税）。

图 7–9 XYZ Printing Japan 发售的“达芬奇 1.0 AiO”

兼具 3D 扫描与 3D 打印功能。

▶ 不到 5 分钟即可完成扫描

3D 扫描功能首先是把对象物置于设备内中央下面的旋转台上面。从正面看，旋转台的右侧下方和左侧上方设有扫描用传感器，在此处对对象物表面照射上下方向的线形红色半导体

激光。然后用 200 万像素的照相机读取。旋转对象物品，扫描整个表面的形状（图 7–10）。

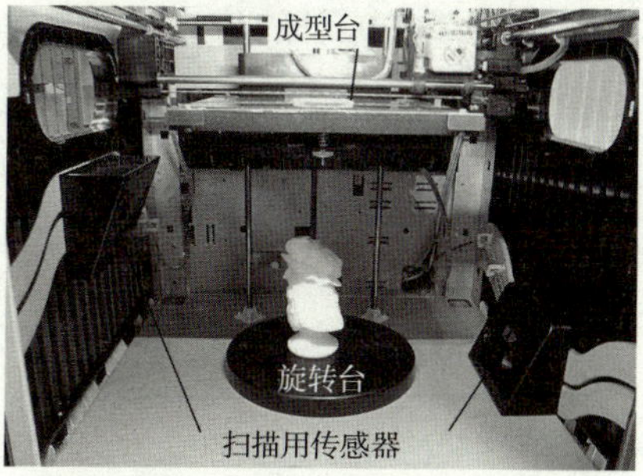

图 7–10 达芬奇 1.0 AiO 的内部构造
旋转台右下和左上角的黑色箱体是扫描用传感器。上方可见 3D 打印机的成型台（扫描时避开）。

扫描的对象物品的最大尺寸为直径 150mm× 高 150mm，旋转台的最大承载量为 3kg。旋转台第一次旋转时，使用右侧的传感器扫描，再旋转一次时，使用左侧的传感器扫描，共旋转两次（需要的平均时间为 288 秒），扫描的精度为 0.25mm。成型台之外，另备有旋转台。

连接电脑，将扫描的数据合成并且 3D 数字化。如果有激光照射不到的地方，自动将数据补充完整，生成无间隙的 3D 数据。配备的平滑功能，可将整个表面的凸凹处理平整。扫描过的 3D 数据可以以 STL 的形式保存。

和该公司提供的“达芬奇”系列的 3D 打印机一样，“达芬奇 1.0 AiO”采用了从加热器内置的可动头中挤喷出热可塑性树脂的热熔解积层法。可动头只有一个，搭载的喷嘴直径为 0.4mm。最大成型尺寸为长 200mm× 宽 190mm× 高 200mm。积层厚度有 0.1mm、0.2mm、0.3mm、0.4mm 的 4 个档位可供选择，成型速度快。

材料除了以前使用的丙烯腈－丁二烯－苯乙烯的三元共聚物（ABS），还增加了聚乳酸（PLA）。PLA 首先被按照五种颜色（黄色、白色、黑色、蓝色、红色）的顺序销售。ABS 在以往 13 种颜色的基础上，增加了金色和荧光洋红两种颜色。每盒材料墨盒（600g）的价格均为 3280 日元（含税）。

设备主体的外形尺寸几乎和现有的达芬奇一样，都是宽 468mm × 高 510mm × 深 558mm，质量为 23kg。

08 未来商业模式

Ricoh 加入 3D 打印行业

2014 年 9 月 8 日，Ricoh 发表了将要加入 3D 打印机的相关行业。以少量生产试验样品、产品等在业务上希望应用到 3D 打印机的企业为对象，除销售 3D 打印机以及供给消耗品外，还计划提供相关的服务[①]。

关联服务指提供成型服务、引进 3D 打印机以及成型方面的咨询，Ricoh 本身大概在 20 年前就开始使用 3D 打印机了，对 3D 打印的理解很深。所以会进一步提供和试验样品、少量生产等制造方面的咨询服务（如图 8–1）。“关联服务的销售额可达到和销售 3D 打印机以及消耗品相同的规模”（该企业总部新事业开发中心 AM 事业室室长大谷正树）。

据预测，到 2020 年，全世界的 3D 打印机市场将达到约 20 兆日元[②]。Ricoh 也同样预见到其市场的成长，“仅卖 3D 打印机给顾客，对顾客来说，无法充分发挥其真正的价值”（大谷）。因此，针对用户企业利用 3D 打印机的目的，为用户选择合适的

---

① Ricoh 称为“Additive ManufactuRing 事业（AM 事业）”。网点“RICOH Rapid Fab”设置在 Ricoh 新横滨事业所和同厚木事业所。新横滨作为展示点，厚木则作为成型服务以及咨询点。

② 日本经济产业省预测。

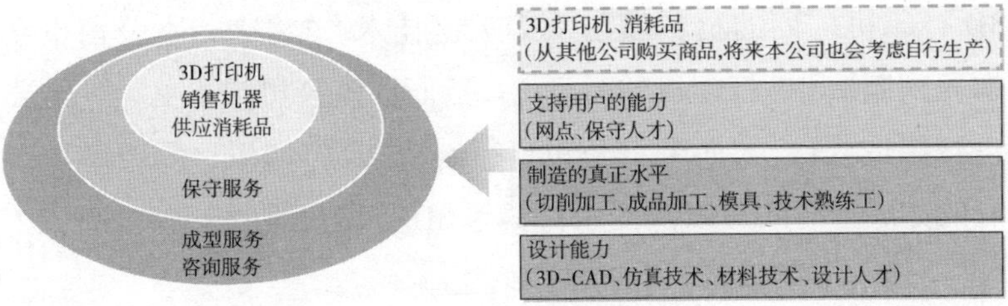

图 8-1 Ricoh 的 3D 打印机相关事业及其资源

图左为事业内容，图右为资源。只有掌握制造知识以及 3D 打印机成型等知识，才能充分利用 3D 打印机。Ricoh 不仅具备了这些条件，还拥有很多复印机事业的服务网点，可强有力地支持 3D 打印服务事业的发展。目前，Ricoh 仍需要从其他企业引进 3D 打印机的硬件设备，将开展自行研发、生产的方案提上议程。

3D 打印机，提出模具或切削加工组合等建议，以在服务上加大重视力度。

想通过 3D 打印机对某开发设计过程进行创新时，根据设计对象的不同，应选择的 3D 打印机也不同。例如，在制造用于流体的试验样品时，如果对象在一个左右气压的气体环境下，适合采用树脂熔融积层方式，而如果是液体时，最好采用光成型设备或者喷射树脂的方式。因为树脂熔融积层方式的成型过程中，可能会从层间的缝隙间漏出液体，以致无法进行技术检验。“尽管大家都容易选择认知度高且价格便宜的树脂熔融积层方式，但这种方式真的适合自己吗？此时就需要相关的咨询服务”。

为了更好地提供此项服务，Ricoh 公司掌握了使用 3D 打印机的专有技术知识、复印机服务网点以及开发设计能力等资源。实际上，唯一缺少的是 3D 打印机主体以及消耗品。为此，该公司将从美国 Stratasys 等公司引进 3D 打印机主体及消耗品。

尽管没有 3D 打印机主体和消耗品，但 Ricoh 掌握着提供给

3D 打印机厂商的材料喷射头等关键技术。“将来，本公司也会加入到制造 3D 打印机的行列”。然而，该公司却不见得一定要自行制造硬件。“如果本公司自行制造 3D 打印机，需要解决现有的如成型时间短以及使用材料等 3D 打印机难题”（大谷）。

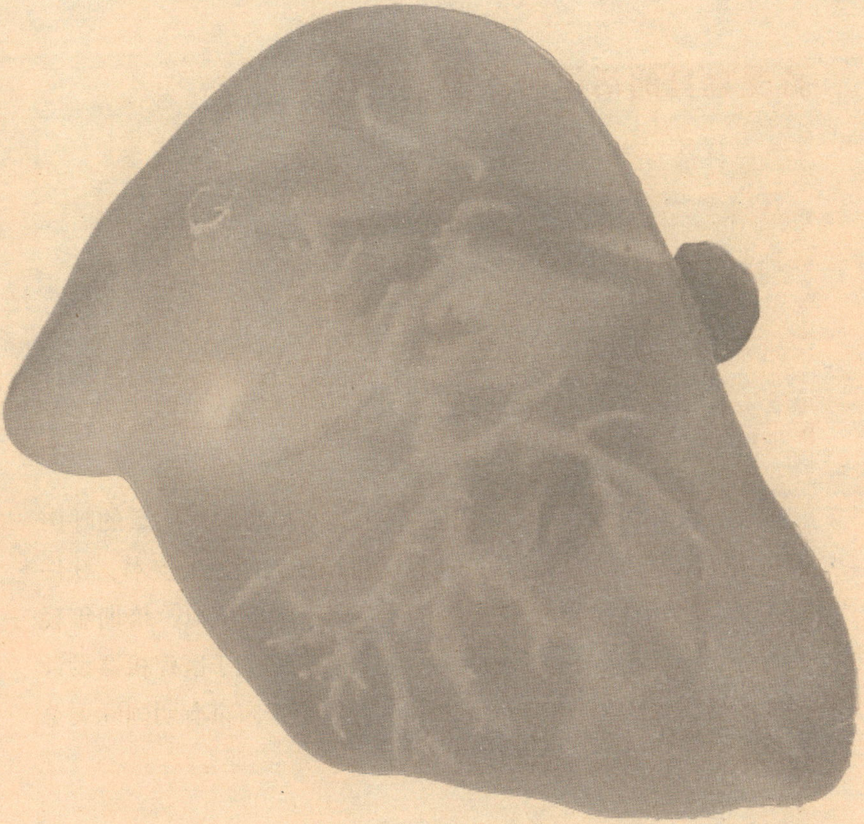

09 3D 打印 + 医疗

3D 打印机成为提高医疗质量的重要技术之一。

备受瞩目的活体脏器模型化技术

▶ 医疗展示会“MEDTEC Japan 2014”

现在，在医疗领域，利用可视化技术提高医疗质量的呼声很高。而其中一项即是利用 3D 打印机以及成型加工技术、软件等工具，将活体脏器模型化，并试着用于术前模拟、培训年轻医师等场合。在 2014 年 4 月 9—11 日召开的关于医疗机器设计制造的展会“MEDTEC Japan 2014（会场位于东京有明国际展览会场）上，相继进行了此项展示。

▶ 可进行假定模拟操作

心脏具有复杂的构造和形状，仿真的难度很大，此次展会上，法国 Dassault Systemes 公司和 crossEffect（日本京都）展示了心脏的模型化技术。

首先，Dassault Systemes 公司利用有限要素解析（FEA）的模拟技术，开发出了跳动的三维心脏模型（图 9–1）。随着被称作“The Living Heart Project”的公司内部项目的开发，面向医疗用设备和机器开发用途的软件，计划将于今后的 3 年内实现其产品化。

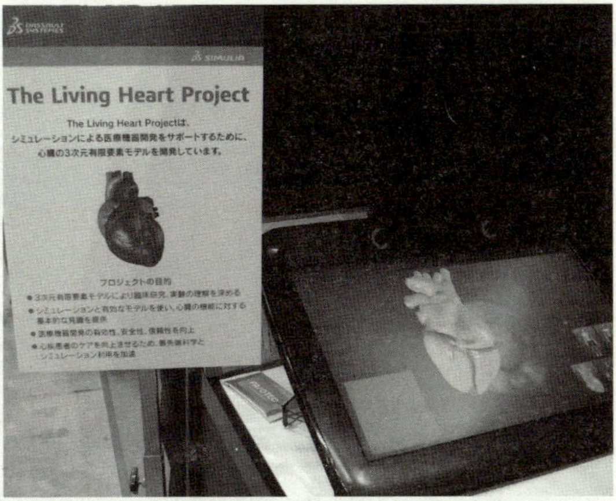

图 9-1 Dassault Systemes 公司展示的可跳动的三维心脏模型

利用美国 zSpace 公司的三维映像系统，可在显示器上演示出跳动的三维心脏。

此次技术未采用 3D 打印机等方法，而是利用软件再现心脏的三维构造及心跳。特点是利用软件进行模拟检测。例如，将起搏器埋入心脏时，可先行模拟心脏功能出现了怎样的变化。因此，也达到了降低开发医疗用设备或器械成本的目的，并缩短了时间。

展示会上，利用美国 zSpace 公司的三维映像系统，可看到显示器显示出的跳动的心脏的三维映像。戴上专用眼镜，移动触屏笔，可观察到不同方向的心脏截面。在今后的 1~2 年，将和特定顾客共同验证所开发出的心脏模型将怎样忠实再现实际心脏的三维构造和功能。

应用真空注型技术

crossEffect 基于 X 线 CT 设备扫描的图像数据，真实再现心脏的立体模型，将其命名为“超软质心脏模拟器”，并作出展示

（图 9–2）。其特点是不仅是心脏表面，连心脏的内部都可做到精密再现。

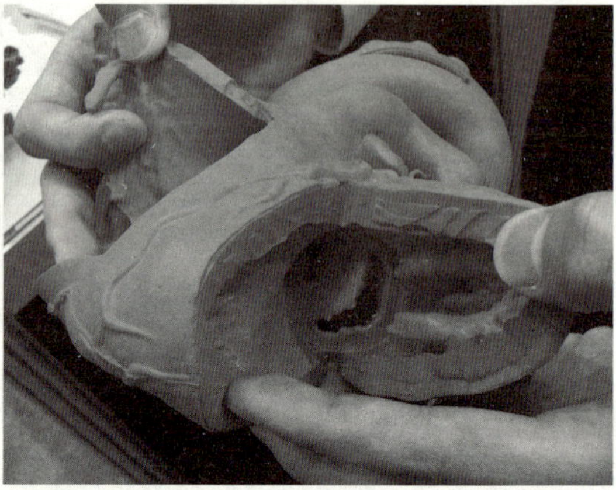

图 9–2 crossEffect 制造的超软质心脏模拟器

特点是甚至可精密再现出心脏的内部构造。

该公司利用了以往用于汽车、建筑、家电等领域制作样品（用于确认形状等用途以及机械零件样品）的真空注型技术，将其应用于医疗领域。真空注型指往接近于真空状态的槽中，将树脂流入模具中，成型树脂产品的方法。本次展示的超软质心脏模拟器，是将普通 3D 打印机打印出的主模型形状复制成特殊的硅胶模型。在日本国立循环器病研究中心的协助下，共同开发该模拟器。

并且，该展会所展出的超软质心脏模拟器，还荣获了表彰医疗机械设计制造领域日本国内创新产品的 MEDTEC 创新大奖。

▶ 将成为可使用保险的范畴内产品

今后，牙科领域的模型化技术开发进程也将得到加速发展。

从 2014 年 4 月开始，作为牙齿的填充材料，和金、银、钯银合金一样，与 32 颗牙齿部分相关的利用牙科用 CAD / CAM 设计制造的混合树脂，正式成为日本国内医疗保险范畴内的适用对象。白色材料的混合树脂更接近于白色的牙齿颜色，从审美的观点来看，比金牙或银质牙齿更易被患者接受。但以前一直不包含在使用医疗保险范围内，所以治疗费用很高。

应此趋势，此次的展示会场上，DataDesign（总部位于日本名古屋市）展示了用于牙科领域的 3D 扫描仪（由加拿大 Dental Wings 公司制造）和切削加工机（rolandDG 制造）（如图 9–3 所示）。

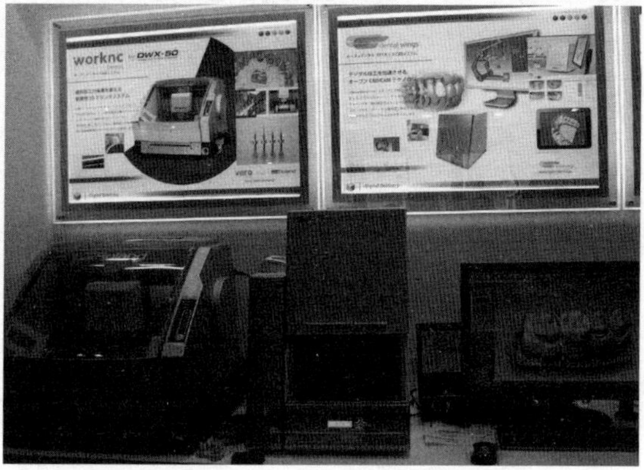

图 9–3 牙科用 CAD/CAM 设计的混合树脂可纳入参保范围

由加拿大 Dental Wings 公司制造的 3D 扫描仪（右）和 rolandDG 制造的切削加工机（左）。

另外，FASOTEC 展示了使用 3D 打印机打印的彩色活体模型（图 9–4）。是由 StratasysJapan（总部位于日本东京）于 2 月刚开始在日本国内发售的可同时使用三种树脂的 3D 打印机“Objet500 Connex3”打印出的产品。通过组合青色、洋红和黄色等复色树脂，实现多色成型。据此可用来区分“动脉、静脉和门脉等不同颜色的活体模型。广泛应用于解剖学等新领域”。

图 9–4 FASOTEC 生产的复色活体模型

由 Stratasys Japan 生产的 3D 打印机“Objet500 Connex3”打印出的产品。

FASOTEC 现在正在开展使用 3D 打印机的“医疗工程服务”。根据图像诊断设备摄影采集的数据资料，忠实再现三维活体模型的成型服务。以后，此服务会将多色活体模型技术纳入该项目中。

医疗 × 制造

▶ 实例　周边机器

▶▶ 心脏模型 ×3D 打印机 CROSSEFFECT

精致再现真正心脏的心脏模型

对术前方案起到不可估量的参考作用

"做得真好！太了不起了！""技术史上的又一大革命！"……心脏外科医生们看着眼前精致的、和真的心脏质感相似的树脂心脏，发出由衷的赞叹（图 9–5）。开发此心脏模型的是以应用 3D 打印机等设备制造试验样品为主的 CROSSEFFECT（总部位于日本京都市）公司。该公司的软质心脏模型得到了医生们的高度评价，并入选 2013 年度"第 5 届制造日本大奖内阁总理大臣奖"（由日本经济产业省主办）。

▶ 从 CT 数据到 3D 模型的制作过程

该公司开发的心脏模型（该公司称之为活体模型）是在 CT 扫描的数据基础上制作而成的，连细微处都真实再现了真的

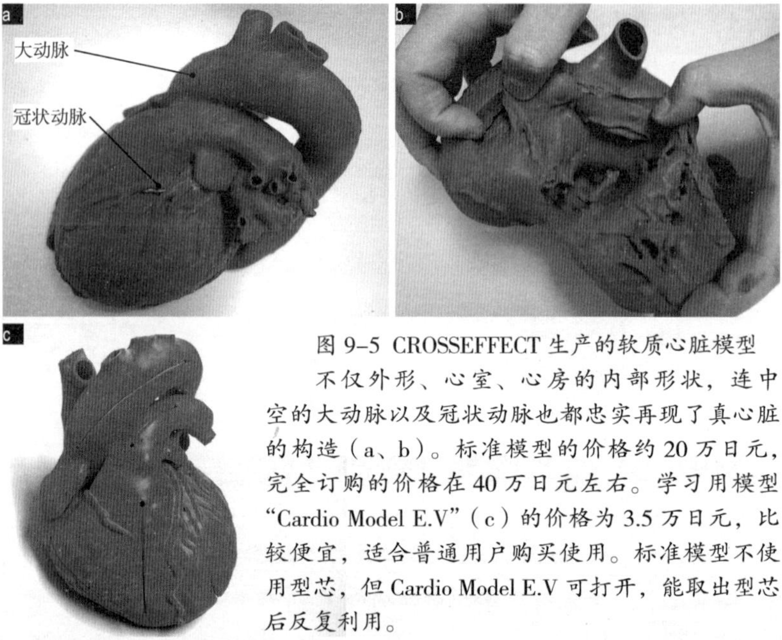

图 9–5 CROSSEFFECT 生产的软质心脏模型

不仅外形、心室、心房的内部形状，连中空的大动脉以及冠状动脉也都忠实再现了真心脏的构造（a、b）。标准模型的价格约 20 万日元，完全订购的价格在 40 万日元左右。学习用模型“Cardio Model E.V”（c）的价格为 3.5 万日元，比较便宜，适合普通用户购买使用。标准模型不使用型芯，但 Cardio Model E.V 可打开，能取出型芯后反复利用。

心脏。而且，质感也和真的心脏相近。如果制作心脏病患者的心脏模型，就可以重现病患部位的情况，对术前制定手术方案（例如，如何在最短的距离内到达患部，如何尽可能地减少患者的负担）起了极大的参考作用。

而且，可将手术刀切入心脏模型，模拟真实的过程。先在脑海里形成对真实心脏的情况的印象，在真正的手术过程中，可起到更好地预防失误和不必要的浪费，进而提高手术效率的作用。

此模型既可用于导管[①]以及手术机器人等医疗器械的开发试验，又可作为医学院学生的实习素材。通过观察接触模型的内

① 导管：指插入血管内的软管。

部，可直接感触到复杂的心脏构造。“可称为立体教科书。”

▶ 掌握医学知识，进行修正操作

制造心脏模型的过程如下。首先，利用软件，将 CT 数据制作成 3D 模型心脏的数据（图 9–6）。但是，CT 数据不仅反映心脏，也反映周围脏器、骨骼以及脂肪等状况。而我们真正需要的仅仅是心脏的数据。所以必须将周围脏器、脂肪、心膜等不用的数据删除，再对摄影不鲜明部位的数据进行修改。

做好心脏的 3D 数据后，利用 3D 打印机制作心脏模型。此模型可精密再现血管、心室、心房等内部构造。

然而，由 3D 打印机打印出来的硬质树脂模型无法用手术刀切开，也就是说无法用来模拟手术的过程。可以把这个模型当作主模型，再用硅胶制成新的模具。流入两种注型用软质氨基甲酸乙酯树脂，混合固化后，制造出真空注型的心脏模型。再现的心脏模型连心室内部以及中空的冠状动脉都清晰可见。

“数据是关键”。如上所述，从 CT 数据到制作 3D 模型，必须对数据进行选择取舍并且修正数据。哪些数据是反映心脏的数据、哪些数据无用，看起来好像有洞的是因为实际心脏疾病组织欠损所致，还是因为 CT 数据丢失所致。“提炼数据并对数据进行修补更正，都需要扎实的医学知识功底。”

当初，负责人为了了解相关的医学用语，不断地向医生们请教，花很多时间自学了医学知识，现在已经可以通过电子邮件和医生们进行专业的交流沟通。

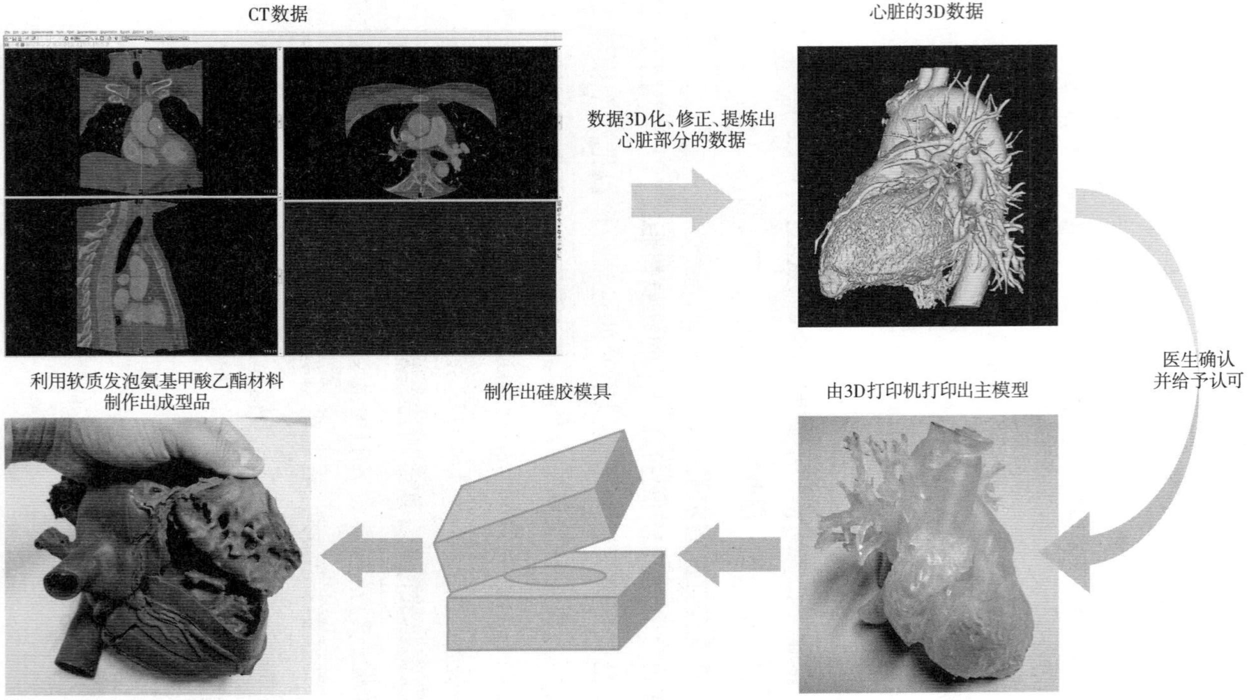

图 9-6 心脏模型的制作流程

使用软件，将采集到的 CT 数据三维（3D）数字化，经修改、提炼后生成心脏 3D 数据。基于此 3D 数据，使用 3D 打印机打印出主模型，制作出硅胶模具。将混合了两种液体的软质发泡氨基甲酸乙酯树脂流入硅胶模具，制作出心脏模型。

▶ 复杂形状一次成型

复制了外形形状的一对硅胶模具和复制了内部构造的型芯的一次成型技术，是该公司引以为豪的关键技术。要再现形状复杂的心脏，在去掉模具时，因结构过于复杂，通常不能简单地打开模具取出型芯。然而，该公司生产的软质心脏模型采取一次成型的方法，省去了将分割开的各部分独自成型后再重新组合的工序。

特别是心室和心房的内部构造极其复杂。尽管未公布详细的成型方法，但据推测是采取了消失铸型般的成型办法，即将复制的内部形状的型芯熔化掉。现在，在采集了 CT 数据后最短 4~5 天左右，即可制作出成型产品。

该公司不仅制造心脏模型，肝脏或肺等模型也可订购。既有软质模型，又有内部构造一目了然的硬质透明树脂外壳的模型。按照不同的用途，可供应不同的活体模型（图 9–7）。

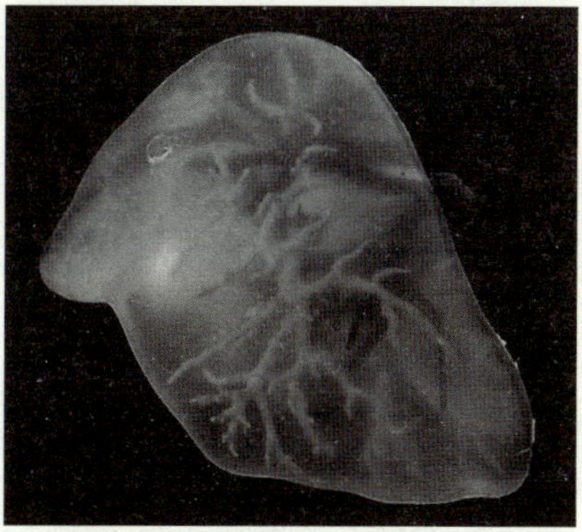

图 9–7 肝脏模型

采用软质半透明树脂材料打印出的整个肝脏的模型，血管和胆管等可通过不同的颜色加以区分。内部构造一目了然。

▶ 医疗将是多样化顾客群中的一个领域

最早 CROSSEFFECT 开发心脏模型的契机缘于一次关于能否用树脂重现因患有先天性心脏缺陷，需要做外科手术的婴幼儿的心脏的咨询。日本的大阪国立循环器病研究中心的医生在得知该公司正在试验制造树脂制试验品后，委托该公司进行此项目的开发研究。

尽管有 CT 数据，就可在电脑画面上看到三维立体的心脏模型，但如果想在术前加以练习以加深理解，就希望有实际的模型可以触摸，甚至可以使用手术刀。再者，制作出具有和真的心脏相近的柔软质感的模型也是一大难题。

约有 1% 的婴幼儿可能会患有某种先天性心脏病，其中有 40% 需要采取外科手术的方式进行治疗。为了不给弱小的心脏造成负担，医生一直都希望能在手术前检验如何在最短的距离内到达患部。

从前，该公司以“世界上最快的样机”为目标，申请制造电机制造商等产品开发的试验样机。现在将顾客从行业类别上区分，覆盖了从家电、娱乐用机器到产业机器等不同的行业部门。因为顾客群行业范围分布广，开发的技术可通用，不会局限于某个特定的企业或业界，因而降低了事业上的风险。

在与不同行业企业的交易中，有时也会遇到对方提出希望从复杂构造的模具中取出漂亮的成型品的要求。“在解决顾客提出的这类难题的同时，增加了技术储备，对心脏模型的开发起到了很大的促进作用。”

▶ 争取被纳入医疗器械范畴

以心脏为代表的活体模型因为不属于医疗机器，不受药物法规的限制。但是，对于患者来说，因无法使用医疗保险，所以很难扩大需求。当务之急是争取其被纳入医疗器械范围。

具体的做法是，现在和日本国立循环器病研究中心合作，利用心脏模型进行术前模拟操作，定量评估可将手术的效果提高到怎样的程度。希望利用好于 2018 年修改诊疗报酬的机会，正式将其登录为医疗机器。现在正朝着此目标和取得医疗机器制造业资格的方向努力。

除此以外，竹田还希望增加材料的品种。现在是使用注型用软质氨基甲酸乙酯成型，可使用的材料很有限。如果能实现用射出成型用树脂成型，可用的材料种类则会一下子增加很多。一旦实现了用适用于活体的树脂或生分解性树脂成型，将来就可能拓展到埋入体内等连模拟程序都达不到的更广泛的应用范围。

10 3D 打印 + 印刷技术

只要在办公位置上叫一声，就可以自动过来的“打印机器人”

▶ 应用了自动运转的 3D 映像技术

使用笔记本电脑或平板电脑在工作区或者咖啡厅办公的人越来越多，被称作“游牧工作者”。富士 Xerox Corporation 针对此类人群，开发出搭载从未有过的功能的新型打印机，将其命名为“自动行走式打印机”。只要从自己的座椅上召唤一声，这个机器人就会自动将必要的文件打印出来（图 10–1）。该公司与东急不动产以及产业技术综合研究所（以下称为“产总研”）合作，在 2014 年 7 月—8 月，开发出了东京工作区试验样机，并且实际做了检验实验。

一说到在室内自动行走的机器人，脑海里首先就会浮现出美国 iRobot 公司生产的“Roomba”等打扫用机器人。

图 10–1 富士 Xerox Corporation 开发出的自动行走式打印机的外观

假定预备给在工作区或咖啡厅中的“游牧工作者”使用。打印机已收入其中，从外观上看不出是打印机。

富士 Xerox Corporation 的自动行走式打印机也和扫除用机器人一样，利用相同的原理进行自动行走。即（1）可掌握自身在房间中所处的位置信息；（2）为了到达目的地，精确计算出所需要行走的路线；（3）检测出行走中出现的障碍物，并自动绕开行走。

有人认为“算不上技术上的革新内容”。实际上，产总研希望在此自动式行走打印机上利用汽车的自动运行等技术，搭载仍处于开发阶段的最新技术。

▶ 像人一样行走

首先，我们先看一下自动行走式打印机是怎样运作的。

在实践检验试验中，将办公分区的休息区作为应用场所（图 10–2）。在休息区场地中，配备了可围坐四人的五个圆桌，

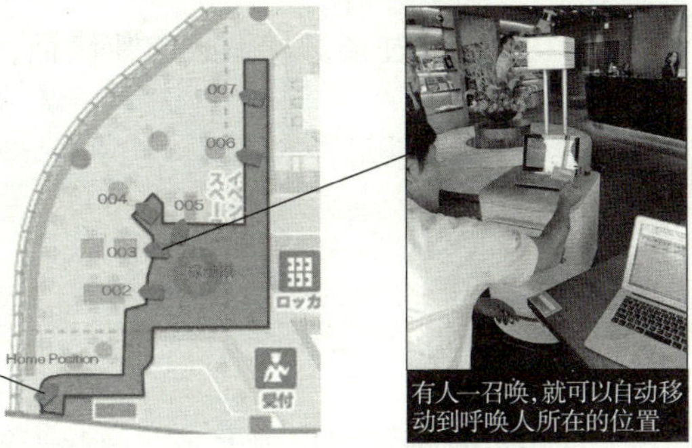

图 10–2 自动行走式打印机的运作区域

在进行实际测试的“青山商务机场”工作区，可召唤打印机的休息区坐席共有七处。通常设置在区域的一角且处于待机状态，只要有人从坐席上召唤，就可自动计算出到目标坐席所在的路线，绕开障碍物移动到目标坐席。

以及四个长方形桌子，每个长桌可坐四至六个人。中间都间隔了宽度约为 1.5m～2m 的过道。自动行走式打印机在这些过道间移动，直至到达目标坐席。

有七个地方可以召唤自动行走式打印机。用户只要将其所在坐席上预先准备好的卡片上所注明的 Web 网站的 URL 输入自己的电脑中，就可以打开启动打印机驱动程序的云服务的页面。在打开的网页中，拖入希望打印出的文件，打印机就会向着该坐席方向移动。打印机停到坐席边后，用户将桌上的卡片插入打印机的读取器中加以确认后，即可打印出所选文件。

现在就出现了一个简单的问题。富士 Xerox Corporation 为什么当初选定打印机作为自动行走式的目标对象呢？在咨询了负责开发项目的该公司研究技术开发总部市场技术研究所组长山本滋后，理由极其简单。“游牧工作者”有这个需求。“由‘游牧工作者’一个人负责的工作很多，很难从电脑处或堆满货物的坐席边走开。而且，在工作区和顾客商谈的情况也越来越多。如果打印机自动过来，就不必中断谈话，仍可拿到所需要的文件。”（山本滋）

▶ 生成详细的 3D 地图

“打印机直接到用户边上来”说起来容易，将其实现却面临着各种各样的难题。例如，尽管都是工作分区或者咖啡厅，但每个房间的尺寸和形状都不同，摆放的家具形状及其位置也都不同。如果打印机自身无法掌握详细的房间状况，是无法做到正确移动到指定位置的。因此，产总研的关键点在于开发中的

3D 映像技术（图 10–3）。

解决问题的关键在于打印机主机上所搭载的两台 LRF（Laser Range Finder）。一个在主机上方较高的位置上，另一个设在主机下部前方位置。前者的作用更重要。

LRF 通过水平旋转激光束的照射部，读取周围存在的固形物的位置以及形状。可是，仅靠水平旋转只能读取二维（2D）数据。因此，自动行走式打印机上部的 LRF 还可以斜向倾斜移动旋转轴，获取 3D 数据。

此技术源于为实现汽车的自动运转而开发的技术。可获取半径约 30 米范围内的 3D 信息，

图 10–3 将房间状况利用 3D 映像完全再现的技术

富士 Xerox Corporation 采用了由产业技术综合研究所（产总研）开发的 3D 映像技术。首先，初次使用时，需要推着打印机在整个屋子里走一圈。这时，打印机上部的 LRF（Laser Range Finder）会利用激光束将整个房间照射下来，并取得详细的 3D 数据。实际运作时，再从上部的 LRF 中射出激光束，读取状况，将读取的数据和已获得的 3D 数据相比较，得出自身所处的位置。并从主机下部前面所设置的另外一个 LRF 中，检测出人或者地面上的物品等障碍物，并实施避让。以上为使用该技术所读取的 3D 数据的图像。

即使在室外也可使用。“尽管很多人认为利用 GPS 即可简单地实现自动运转，但有时 GPS 根据周围的环境，是无法正常运行的。为此，现在将生成路面的详细 3D 地图作为开发的主要方向。”（产总研知能系统研究部门总研究工程师兼任智能移动研究集团研究组组长松本治）

最开始要用手推着自动行走式打印机，将房间的每个地方都要走到，包括角落也不能漏掉。利用上面的 LRF 获取整个房间的 3D 数据。打印机自动记忆这些数据后，就可以自动计算出到达目的地所要行走的最短路径。移动过程中，打印机还会使用 LRF，掌握周围的状况。在和最先采集到的地图对照后，可确认自身所在的正确位置。

山形大学将电子电路印刷技术运用到 3D 曲面中

▶ 利用柔软型胶布转印导电性墨水

山形大学有机电子学中心的教授时任静士研发出一项能在三维表面转印导电性墨水形成配线的技术。它采用的技术是设备初期投资低、材料使用量少、消耗能源低、生产性高的高效电子电路元件制作方法，因此备受关注。没有这项技术之前只能在平面（二维）上进行[①]。

但若能在曲面和凹凸表面进行电子电路印刷的话，用途就非常广泛了。时任说："例如用于形成汽车和飞机中央控制台部分的曲面触摸屏、用零件表面的印刷配线代替线束等，市场需求应该很大。"[②]

---

① 该研究中心还研究出一项能在厚度为 1 微米以下的超薄模上印刷电路的技术。此薄膜也可以贴在三维曲面上。

② 除此之外的用途还有：制作智能手机外壳天线，形成圆顶状三维天线与电磁盾，在各种容器表面形成电路等。

▶ 模仿凹凸形状的胶布

研发的印刷手法是制作图章使用的移印法与胶印凹版印刷相结合的方法（如图 10–4）。移印法通过柔软的填充物材料将墨水转印到产品上，但是一次能够印刷的面积有限。

于是，在胶印凹版印刷中胶布的部分上使用了与移印法相似的柔软度且厚度达到 50 毫米以上的材料。这样，即使产品呈凹凸形态也能用胶布的表面模仿并变形成该形状了（如图 10–5）。

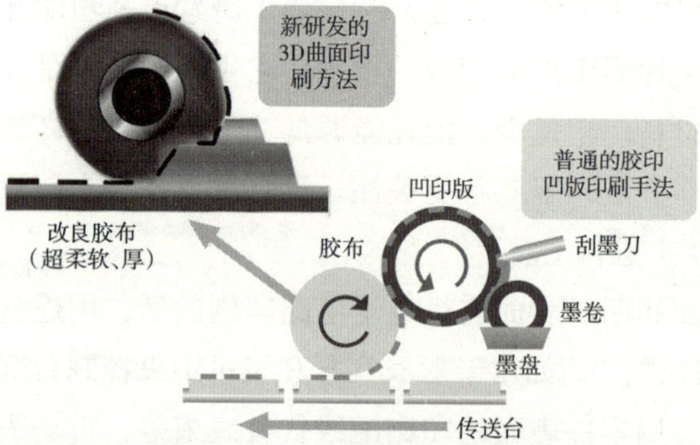

图 10–4 3D 曲面电子电路印刷的实现手法：将可以仿制曲面但打印面积受制约的移印法与胶印凹版印刷相结合。具体采用厚且柔软的胶布作为材料。

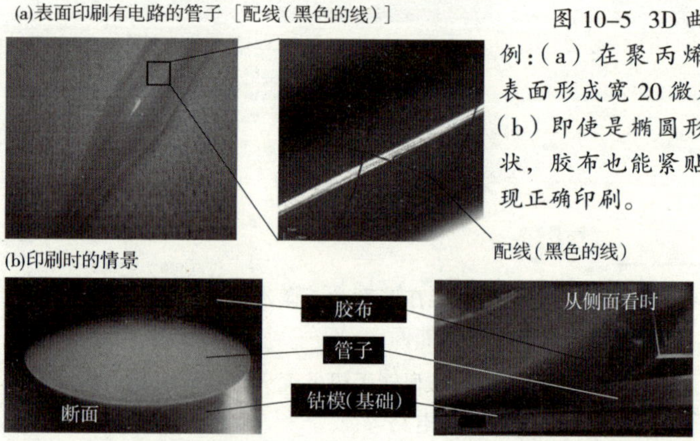

图 10–5 3D 曲面印刷案例：（a）在聚丙烯（PP）管表面形成宽 20 微米的配线。（b）即使是椭圆形的断面形状，胶布也能紧贴管子并实现正确印刷。

该研究中心在研讨 3D 曲面印刷技术的同时，也在推进电路的细微化。目前的计划是将宽几十微米的配线降低到宽几微米的程度。

此外，该研究中心还在进行将喷管喷出导电性墨水的这种方式适用于三维曲面的研究。时任表示“正在逐步统一构思”。未来的目标是把该印刷技术与制作立体模型的 3D 打印机装置相结合，制造出能够在制作模型的同时形成配线和电路的装置。

11 3D打印与商业伦理

在 3D 打印机上安装防止违法成型的软件，可识别枪支等危险品及仿造品的数据

3D 打印机具有成型灵活性高和可独立生产的特点，所以隐藏着巨大的革新的可能性。然而，随着低价机的普及，一般家庭或者个人，都能配备 3D 打印机，而且利用网络下载 3D 数据的需求也会越来越大，这些都是亟待解决的课题。

其中有由 3D 打印机成型的实物的合法性问题。即使在日本，也开始有越来越多的人担心会有人非法制造或持有利用 3D 打印机制造的枪支等危险物品。而且，随着侵犯到产权的复制品的流通，以及由 3D 打印机制造出的物品导致的事故，而需要追究制品责任等情况，都成为亟待解决的问题。

针对此状况，日本大日本印刷（以下简称“DNP”）于 2014 年 5 月，发表了开发安全程序的声明，此程序可阻止 3D 打印机被用来执行制作带有侵权嫌疑的复制品或枪支等危险品。该公司与和 3D 打印机有关的企业、团体以及提供信息安全服务的企业合作，目标于 2017 年末实现该软件的实用化。

▶ 将数据与黑名单加以比较

由 DNP 开发的安全程序，采取将成型物的 3D 数据和必须

得到法律承认许可才能制造的产品（黑名单中所列的物品）的3D数据进行比较的方法，辨别是否属于违禁物品（图 11–1）。一旦判断物品一致或相似，就会停止 3D 打印机的成型运行操作[①]。还可追加登录黑名单对象物品的数据。

利用 3D 打印机成型的立体模型的形状，大多采用了以表面呈三角形集合体形式表现的多边形数据[②]（STL 等数据）。DNP 开发的安全程序利用自身的算法简化了多边形数据，可快速和

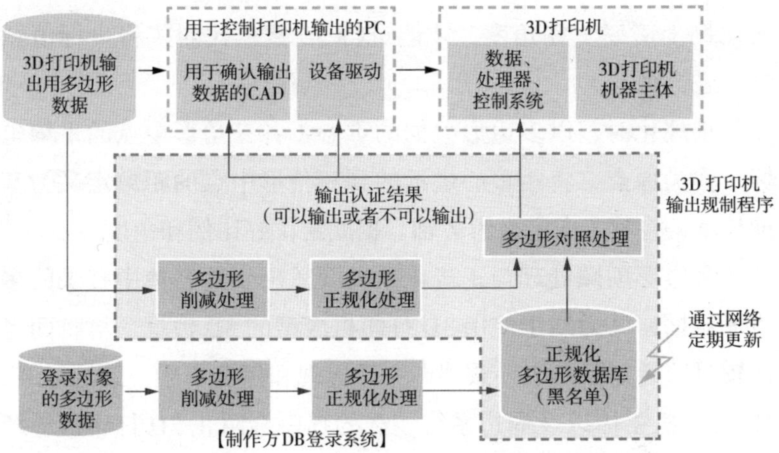

图 11–1 3D 打印机的输出规制系统概要

将要用 3D 打印机成型的 3D 数据与黑名单数据库中登录的 3D 数据（多边形数据）相比较，结果一致或相似时，3D 打印机会被控制以致无法执行输出的操作。

---

① 除规定了输出的限制外，还考虑附加其他功能，以防止非法利用流通的 3D 数据。

② 实际上，编辑、变换多边形的数据即为控制被 3D 打印机操作的数据。执行追加支撑部分的形状、分割需要积层的截面形状（切片）、喷挤出材料以及照射激光、硬化等具体操作。

黑名单中对象物品的多边形数据进行比对。

简化多边形数据的理由大致分为三个。第一，在数据库中登录了多边形数据和粒度，这样比较容易进行比对。第二，吸收了形状的微小差异，提高了比对的鲁棒性。第三，减少了比较对照的计算负荷，从而加速处理的速度。具体的处理方法为：删除对整个 3D 形状影响很小的三角形，同时删除或修改相邻的三角形[①]。

接下来，对简化的多边形数据做“正规化”处理。必须输入比例（倍率）和角度，才能进行 3D 数据比对（将坐标值微分，进行判断）。

正规化时，以多边形数据的重心（各三角形中点的平均坐标）作为原点，将距重心最远的到三角形中点的距离定义为基准长度，将其方向定义为 Z 轴。据此定位好比例和角度。

多边形削减处理与正规化处理既适用于黑名单中登录的多边形数据，又适用于使用 3D 打印机成型的 3D 数据。再将两者比较对照后判断是否一致[②]。一旦出现和黑名单中一致的结果，3D 打印机主体以及周边系统装载的程序会阻止 3D 打印机继续执行操作。

---

① 设定多边形的目标数值后，反复执行削减三角形的操作，直到达到此数值。

② 比照处理的步骤分两个阶段进行。首先，在设定好坐标原点和比例的阶段，比较表面积（或者体积）。匹配后进入第二阶段，即进行坐标值比较（计算各多边形顶点间距离的总和）。

▶ 部分比较对照的功能

实际上，这种方法需要在黑名单中登录和比较对象的 3D 数据几乎相同的形状。然而实际上，可能会出现追加或变更过一部分的 3D 数据，或者将几个部件组合后的 3D 数据。遇到这些情况，就对比较对照的技术提出了更高的要求。

在部分形状发生追加或变更时，为防止角度误差增大，将修正角度的变更量限定在 90° 以内。另外，针对由几个部件组合的复合模型，大致采取以下两种方法。

方法之一是通过查找两者的三角形有无相似的部分，从而达到比较对照局部的目的。另一个方法是在正规化前，先将 3D 数据分割，再进行比较对照的方法（图 11–2）。实际上，在检验模拟枪支的 3D 数据样品时，通过和黑名单中登录的枪身的 3D 数据相比对，得出了一致的结果。

今后，DNP 还将继续和 CAD 软件以及信息安全等相关事业单位合作，检验该程序的有效性，继续促进加强实际运用的体系，进而更安全地使用 3D 打印机。力争起到预防非法持有危险物以及侵权行为的作用，并防止因流通或组装了伪造的机械或消耗品而发生的机械破损等事故。

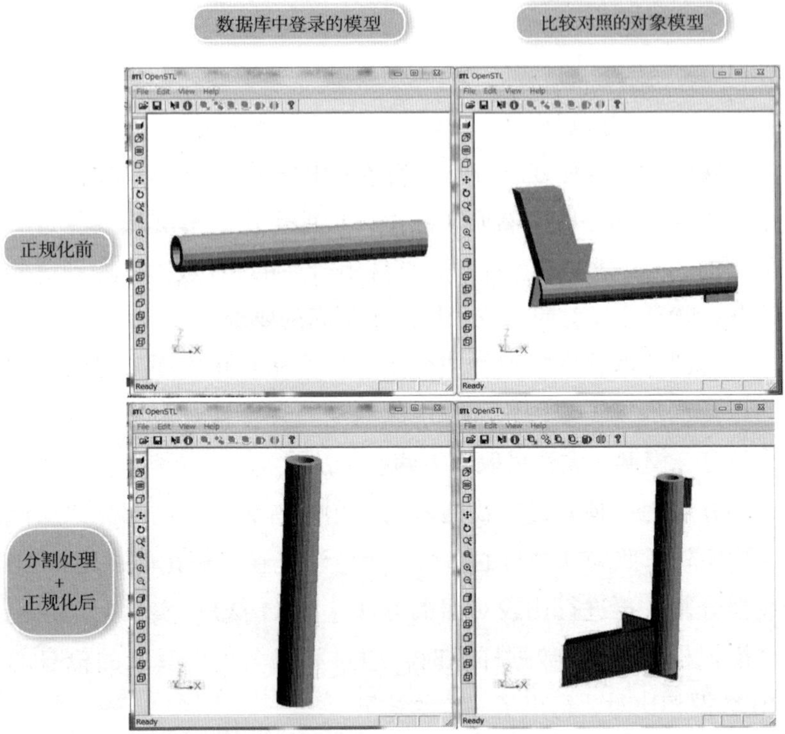

图 11-2 比较对照复合形状的图例

分割成部件多边形后正规化，辨别组装物品的一部分是否与黑名单中的 3D 形状一致。

定价：28.00 元

定价：36.00 元

定价：30.00 元

定价：32.00 元

定价：32.00 元

定价：32.00 元

定价：38.00 元

定价：26.00 元

定价：36.00 元

定价：22.00 元

定价：32.00元

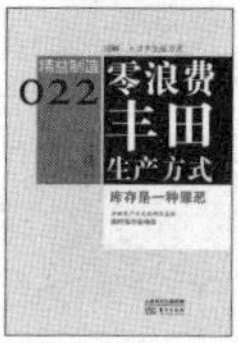

定价：36.00元

定价：36.00元

定价：36.00元

定价：38.00元

定价：28.00元

定价：38.00元

定价：36.00元

定价：38.00元

定价：36.00元

定价：36.00 元

定价：46.00 元

定价：38.00 元

定价：38.00 元

更多本系列精品图书，敬请期待！

图书在版编目（CIP）数据

工业 4.0 之 3D 打印 / 日本日经制造编辑部 著；石露，杨晓彤 译．—北京：东方出版社，2016.4
（精益制造；35）
ISBN 978-7-5060-8995-1

Ⅰ．①工…　Ⅱ．①日…　②石…　③杨…　Ⅲ．①互联网络—应用—制造工业—立体印刷—印刷术—研究—中国　Ⅳ．① F426.4

中国版本图书馆 CIP 数据核字（2016）第 079090 号

精益制造 035：工业 4.0 之 3D 打印
（JINGYIZHIZAO 035:GONGYE 4.0 ZHI 3D DAYIN）

作　　者： 日本日经制造编辑部
译　　者： 石　露　杨晓彤
责任编辑： 崔雁行　高琛倩
出　　版： 东方出版社
发　　行： 人民东方出版传媒有限公司
地　　址： 北京市西城区北三环中路 6 号
邮　　编： 100120
印　　刷： 北京文昌阁彩色印刷有限责任公司
版　　次： 2016 年 5 月第 1 版
印　　次： 2021 年 11 月第 4 次印刷
开　　本： 880 毫米 ×1230 毫米　1/32
印　　张： 12.75
字　　数： 265 千字
书　　号： ISBN 978-7-5060-8995-1
定　　价： 49.80 元
发行电话：（010）85924663　85924644　85924641
